中國學術思想 研究輯刊

十 編
林 慶 彰 主編

第30冊

章實齋經世思想研究

賴 哲 信 著

花木蘭文化出版社

國家圖書館出版品預行編目資料

章實齋經世思想研究／賴哲信 著 — 初版 — 台北縣永和市：
花木蘭文化出版社，2010〔民99〕
目 4+216 面；19×26 公分
（中國學術思想研究輯刊 十編：第 30 冊）
ISBN：978-986-254-359-7（精裝）
1.（清）章學誠　2.學術思想　3.哲學
127.49　　　　　　　　　　　　　　　　99016466

ISBN - 978-986-2543-59-7

中國學術思想研究輯刊
十　編　第三十冊　　　　　　　ISBN：978-986-254-359-7

章實齋經世思想研究

作　　者　賴哲信
主　　編　林慶彰
總 編 輯　杜潔祥
出　　版　花木蘭文化出版社
發 行 所　花木蘭文化出版社
發 行 人　高小娟
聯絡地址　台北縣永和市中正路五九五號七樓之三
　　　　　電話：02-2923-1455 ／傳真：02-2923-1452
網　　址　http://www.huamulan.tw 信箱 sut81518@ms59.hinet.net
印　　刷　普羅文化出版廣告事業
封面設計　劉開工作室
初　　版　2010 年 9 月
定　　價　十編 40 冊（精裝）新台幣 62,000 元

章實齋經世思想研究

賴哲信　著

作者簡介

姓名：賴哲信

生年：民國 43 年

學歷：

　　羅東國小、省立宜蘭中學初中部、高中部畢業

　　國立台灣師範大學中文系、中文研究所碩士班畢業

　　私立輔仁大學中文研究所博士班畢業

經歷：

　　板橋重慶國中教師

　　台北私立中興、延平中學教師，台北公立南港高職、中山女高教師

　　私立實踐、銘傳商專教師，私立輔仁、東吳，國立台灣大學教師

　　現任育達商業科技大學教師

論文：

　　民國 95 年，讀寫合一的小說教學

　　民國 96 年，場面建構工具的設計

　　民國 96 年，韓碑的敘例與創例

　　民國 97 年，台灣新詩教育的耕耘面

　　民國 97 年，傳統劇種，行銷新貌－以阿忠布袋戲為例

　　民國 98 年，從流行到經典 — 談都會愛情代言人十一郎的歌詞藝術

　　民國 98 年，湊成華麗—明華園的舞台奧秘

　　民國 99 年，莊子的生活美學

　　民國 99 年，從事件晉身為史料的關鍵──權力、時間與互文

提　　要

　　本論文以章實齋的《文史通義》為研究文本，以章實齋所處的乾嘉時期的考據風氣為學術背景，以道器論、經學、方志學、史學、文學、校讎學建構其學術體系，而以經世精神揭櫫其學術旨趣。

　　在實齋的學術生涯中，因為厭棄乾嘉學風一以考據為是，所以刻意回歸清初的經世精神，希望強化學術的濟世功能。他夠過系列著作，首先澄清方志學的本質，以為志書當作國史補編，當以記人傳事為寫作重心，希望讓志書在地理資料的寄存之外，更有歷史或政治的參考價值。接著他又拓展教讎學的範圍，想讓校讎包有目錄的性質，希望讓校讎學（其實應該是目錄學）具有思想史的功能，幫助讀者獲取更好的學習效果。隨後，他大量寫作史學論文以開闊志學的空間，加強了志書的寫作水準，也豐富了志學未盡周延的理論。而後實齋更繫文學於史學，以史學代經學，融史學、文學、經學於一鑪，展示了體大思精的學術格局。及至知命之年，實齋又提出抽象的道作自家學術的根本原理，以器為所以見道的憑藉，說明天下沒有可以背離人事的空理；同時並發表系列經說，提出古代官師確曾合一、六經皆史、周公立法而孔子

傳教的系列說法，讓經學就是經世之學的觀念益加顯豁，最後更自繫其學術淵源於浙東學派之中——實齋的諸多論題便這樣，隨著年齡的逐漸增長，逐層推衍完成。

　　以上是章實齋的成學歷程，但是本論文建構體系不依年之先後，卻依體系的構成講，所以先道器，而後經說、方志學、史論、文論，而殿以校讎學，以作本論文的架構。所以先道器論，這是因為章實齋的一切學說，都可歸約到他的「道借器顯」說。所以次群經說，是因為只有透過經論，才能將抽象哲學的道器論改用更通俗的學術語言已與世仁溝通。經說的精神在移經入史，而移經入史的思考方式須以實際的工作修志來落實，所以次之以方志學。方志學是實務，史學理論、文學理論、校讎學則是相對而生的方法，所以緊接其後以論述而足成之。

　　總之，本論文希望透過逐層剖析，將章實齋所以扭正當代學風的苦心，強調經世精神的熱情抉出，也將他在經學、史學、文學、志學、校讎學的成就與以表揚，當然在面對其理論缺陷時，也不吝於給予嚴正的批判，但期望能給章實齋和他的《文史通義》賦予一個恰當的學術定位而已。

目

次

緒　論

第一節　章實齋的學術宗趣

　　所謂經世思想，是一種以經世濟民爲主題的主張。它是中國儒家思想的重要傳統，是中國知識分子實踐人間關懷的途徑。它或以立德、立功、立言的型態面世，或以文以載道的言論出現，或以得志澤加於民的面貌呈示，或以爲生民立命、爲萬世開太平的抱負演變，它希望所有的學術都能有它的實際功能，而不僅是空疏的學理。

　　本著這種入世的精神問世，歷代學人志士在中國寫下了一頁頁璀璨的歷史：先秦諸子首先提出平治天下的計畫，漢代桑弘羊等繼續以經濟改革爲漢王朝提供了堅實的政經基礎，三國才士各爲其主奔忙，也爲天下生民請命，唐宋文人則祭起載道的大纛希望徹底修正文學的本質，宋朝慶歷改革與熙寧變法以務實的主張力求富強，永嘉學派主張義利雙行、王霸並進，清初與道咸年間的學者也紛紛爲經世濟民而努力，民國建國初期志士們勇於捐軀——雖然口號、行動不同，流貫著救世的熱情則相當一致。

　　經世濟民的理念，就如此地流貫在各朝代、各地方、各階層的學者與志士之中——即使是被清初學者譏爲袖手國事、空談心性的宋明理學，其實也是一種經世精神的展現。因爲宋明時期同論心、性、理的諸多學者同時相信，世人除了透過修身、齊家的途徑，不可能達成治國、平天下的責任；爲了救國救天下，他們要從修身養性作起；爲了透徹知曉人性所以誠、善的究竟，他們開始論心、甚至推到更抽象、更玄遠的理與氣。他們自有一番救世的熱

情，他們不只是玩弄光景。〔註1〕

　　只是明朝末年，學者因為救世心切，認為前輩精研的心性之學雖然崇高深妙，對於國事的振衰起蔽卻是緩不濟急。他們主張學者應當自學校挺身而出，當為國事、天下事憂心，如東林黨人；他們希望學術不只是說理論心，更主張學者有義務自歷史歸納出一套套實用的理則，提供給當政者方便取用的施政綱領，如清初四大家。一切學術不再純以心性修養為主體，他們一概朝著經世致用的實學方向邁進。

　　於是明末清初的學風展露一個基本意向，那便是崇實棄虛；而且對應於「空談心性」的毛病，一切說法都側重於現實社會事務。難怪葛榮晉先生將它稱之為實學，說這時期的學術「基本特徵是崇實棄虛，就是鄙棄空談心性，而在一切社會領域和文化領域提倡崇實，即實體、實踐、實行、實習、實功、實心、實念、實言、實政、實事、實風等等」〔註2〕——當時的學者確也是多朝著這一種經世濟民的軌跡前進，例如：顧炎武曾以《天下郡國利病書》揭露當時土地兼併、賦役不均的黑暗面，希望藉此提升國家的經濟管理水平；〔註3〕王船

〔註1〕　葛榮晉先生說：「『實學』作為一種獨立的學派和主導的社會思潮，發生在中國明中期至 1840 年鴉片戰爭前的三百年間，這是毫無疑問的。但是明清實學思潮的產生，就其思想來說，它來源於宋明理學，而又對立於宋明理學，這也是毫無疑問的」，並舉出實證說，宋代學術在本體論上提倡實理說，在倫理道德上，程朱學派提倡躬行實踐，在經濟上提倡明道致用論，證明宋代果然已經帶有許多實學的因子。語見〈實學是什麼〉，《國文天地》六卷四期（1990 年 9 月），頁 74。

〔註2〕　語見氏著〈實學是什麼〉，《國文天地》六卷四期（1990 年 9 月），頁 78。

〔註3〕　另外顧炎武〈郡縣論〉說：「天下之人，各懷其家，各私其子，其常情也……用天下之私，以成一人之公。而天下治。夫使縣令得私其百里之地，則縣之人民，皆其子姓，縣之土地，皆其田疇……自令言之，私也，自天子言之，所求乎治天下者，如是焉止矣。」明明是論政治制度的東西，在骨子裡卻透顯著對傳統說法的移易——《大學》八德目齊家治國一節常常引人疑竇。因為一個人固然能將家庭照顧得很好，卻未必保證自己便有機會出任官職，進行治國大業，並且將國家治理得很好。為了彌補這個命運上的限制，理論上的缺失，有學者主張這個家是指卿大夫階級，由士之自身到卿之家與諸侯之國，自是一階一階的升級，說來一點也不唐突，如徐復觀先生的《先秦人性論史》便如此主張。可是徐先生沒考慮到的是，這種說法固然顧及了家國之間的躍升，卻沒注意到誠正修齊的內在工夫，那這就不得不讓顧先生專美於前了。顧先生主張齊家之後所以能接治國，與制度無關，卻與執政者的心態相涉。顧氏以為，執政者能齊其家，並本著在家時候愛子之心，移來關愛人民，自然能治好國家。這種說法，比徐先生更精緻，更合理。

山透過研究歷史，寫出《宋論》、《讀通鑑論》，提舉許多有關治國平天下的建議以供當局借鏡；黃宗羲的《留書》、《明夷待訪錄》探討歷代治亂之跡，談論政治、教育、軍事、財政等關係乎天下興亡的重大問題，寄望後世明君能夠採行以濟天下，經世的意味都相當明顯。〔註4〕即使南明胤絕，教這批學者無可避免地成了先朝遺臣。可是家國顛覆的殘酷事實並沒有讓他們灰心頹志，反倒讓他們痛定思痛，更不自覺地將自己對家國的熱情，一概朝反對理學的方向作思考，認定宋明之亡於異族，和學者之專論心性有關。〔註5〕

　　這批學者反躬自省，他們質問自己，同樣是遵循聖人言語以治學，為什麼漢唐造就的是一番盛世，而理學學者卻會墮入虛無之途？他們懷疑，是不是近代學者對先聖先賢的經典詮解有了錯誤，才會讓原本可遠可久的聖書，卻對當世起不了一絲一毫的作用？從此他們開始想就古代的經典重新作詮釋，嘗試重新整理古代的典籍。這種回歸原典，面對真實的學風，由顧炎武在《亭林文集》的〈答李子德書〉之宣稱：「讀九經自考文始」，學界研考經書的風氣便算正式揭開了。〔註6〕

　　康熙中葉以後，窮經研古之風逐漸興起，其時閻若璩、胡渭並稱，同以考據名家。如閻氏主要著作有《古文尚書疏證》、《潛丘札記》、《四書釋地》、《困學紀聞三箋》等，並以《古文尚書疏證》推翻歷代迷信《古文尚書》的

〔註4〕　這種思潮，展現的面貌很多，有以繼承東林自居的，有以反理學為號的，有以復興古學為說的，而要以經世致用為主意。其中因為多以天下事為關懷重點，所以有人直以「外王經世」來稱呼這股思潮。如文大博士生黃尚信的論文《明末清初的儒學發展》便如此主張。

〔註5〕　陳祖武先生說：「清初知識界對理學的批判與總結取徑不一。顧炎武、王夫之等人，走的是對王陽明心學進行不妥協批坪的道路。而黃宗羲，則是以學術史的編纂，通過數百年理學發展史的總結，去彰明學術遞嬗軌跡。孫其逢、李顒、湯斌等人，卻又選取了會合朱陸學術的途徑，試圖以調停折衷去謀求學術發展的新路。錢謙益、胡渭、毛奇齡等人，則側重對宋儒經說的否定和漢唐著疏的表彰，而與理學分道揚鑣。獨有顏元、李塨、費密等人，對程朱陸王之學概與排斥，別闢蹊徑，溯源周孔，以六藝實學的講求而充分體現清初學術的批判理學精神。因此，就宏觀而論，清初諸儒的學術實踐，殊途同歸，從不同的側面，不期然而然地集中到同一個時代課題上來，這就是對理學進行批判和總結」。語見氏著《清初學術思辨集》頁292。

〔註6〕　顧炎武在學術上主張「博學於文」，他希望學者能由紮實的知識，做經世濟民的後盾。可是這口號稍稍一轉，便成為「通精致用」，再一轉，便成為「讀九經自考文始，考文自知音始」的考據路線了。也因為這個原因，所以學者多稱顧炎武為清代考據學之父。

錯誤，斷爲僞作，給《尙書學》，甚至是我國的政治學發動了一次極大的思想革命。因此得以被《四庫全書》尊仰，稱作考據學的開派宗師。胡氏的主要著作有《易圖明辨》、《禹貢錐指》、《洪範正論》等，將宋明以來以象數說《易》、迷信《書經》十六字心傳的種種理念完全推翻，所以也得《四庫全書》敬之爲「有功聖學」。不僅造就了一己的學術名望，也開啓了博稽經史的學術風氣。

這種學風讓當時的學者不知不覺的專務於經典的研讀，這種學風的研究方法也許精確縝密，現實功能上卻離人事越來越遠。前期學者重視經世濟民的實學走向，在此期不免有些迷失。因爲閻、胡二先生的的具體成就，震撼了學界人心，讓後人發現，原來踏實的考據能顛覆空疏的講說，而且以爲必須有這種踏實的治學步驟，然後有堅實的學術成果；認定所有的經典，假若不經過這種考據工夫，學者所作的論述往往虛浮無妄；而所謂引經據典，只可能是挾經自重，硬將世人帶入萬劫不復的錯誤路徑之中，後果相當可怕。所以後繼者人人認可考據，以爲非如此治學，學難厚實；非講究考據，論難周延。於是考據學的風氣，便由此正建立了。〔註7〕等到江蘇學者惠棟崛起，獨張漢幟，主張：「經之義存乎訓詁，識字審音，乃知其意。是故古訓不可改也，經師不可廢也」，〔註8〕更明確地開啓了漢學的學術流派。〔註9〕從此，我們看到的是一大串的考據著作，面對的是一個個力學苦讀的士人，只見學者一意以鑽研經典爲掌握聖人精神唯一途徑，而不自知已經淪喪了治學的根本目的；他們乃將前期學者痛下苦功，專以提供當局行政長策，寄望後世昇平的熱情忘卻。

當這種僵滯的學術風氣已經傳開，加上幾場文字大獄接踵而來，更叫天下學者噤口，於是遂將清初活潑潑的學風，帶入一個僵固的隘徑中。從此考據鼎盛，即使面貌上有吳派、皖派或常州學派、陽湖學派的的差異，但其後學，於經世濟民這一主軸，終是越流越遠，例如吳派以惠棟爲首，而弟子江

〔註7〕 當然我不是說傳統以顧炎武爲考據學之祖的說法有錯誤，我只是說清初學界即使講考據，也一定有他經世濟民的意念在支持著，只可惜這條路越走越窄，於是後人只記得顧炎武的考音，卻不記得他的日知錄裡頭的考據多是以史學經世的條目。

〔註8〕 語見惠棟《松崖文鈔》卷一〈九經古義述首〉。

〔註9〕 錢大昕說清代至惠棟，然後「漢學之絕者，千有五百餘年，至是而粲然復備矣。」語見《潛研堂文集》卷三十九〈惠棟先生傳〉。

聲、余蕭客、王鳴盛、錢大昕、王昶爲羽翼，專以尊古經、守家法爲究竟，格局較爲狹隘已不必說。皖派以戴震居首，戴震雖有義理頭腦，著作《孟子字義疏證》，提出「理欲不二」的說法，但弟子段玉裁、王念孫、王引之則將全副精力投注在文字、聲韻等訓詁中。吳派、皖派的學者終於把清代學風帶上更爲呆板的框限裡，而前期學者的經世理念至此蕩然，最後乃竟同時流露出一種只准全心鑽研古籍，人間諸事皆必暫置一旁的專側姿態。

所謂剝極必復，物極必反，再強勢的潮流裡，也會帶有反激的分子在。乾嘉學風因爲狹隘至此，於是想爲學術另找出路，認定埋首鑽研考據的同時，當昂首看看天下事務的想法也慢慢興發；而明末清初諸大儒所主張：爲學必需有益於世的觀念，也如春風拂過雪地，綠芽紛紛冒出一般，又在繼起的某些學者心中慢慢孳長。而浙東學派後勁，如邵廷采，如章實齋便是一個個鮮明的例子。

邵廷采深信「儒者之學，固以經世爲驗」，〔註10〕以爲君子立說，不可背離人生。在他的一生中，雖然沒有機會落實理想於現實，卻終以紙筆，留下十二篇的《治平略》和六篇《史略》，記錄個人所有的思想精華，以供後人采擇。章實齋推尊邵氏，〔註11〕也對當代質實的學風感到不耐煩。並藉著邵氏的提引，繼續宣揚學以經世的主張，大步地跨過了乾嘉學者專事考據的泥淖，遙接到清初最質實的經世學風。〔註12〕

當然，章實齋因爲出身於考據盛行的乾嘉時代，所以他的論題也跟當代重合；例如時人有目錄學的著作，章實齋也有與之相應的校讎理論；當時最盛行的是經學，或由經學延續出來的史學，所以章實齋也有多篇討論經學及史學的文章；同樣的，當時流行方志學，所以章實齋也有方志理論；而文壇主流是桐城派，所以章實齋也自有與之相對的文學理論。只是因爲章實齋有特異於時趨的經世理念在身，因此即使有與當代相同的論述範疇，卻有與時

〔註10〕邵廷采《思復堂文集》卷一〈明儒王子陽明先生傳論曰〉語。

〔註11〕實齋曾經跟邵晉涵襃獎邵廷采的《思復堂文集》，以爲作品在子史之間，高過一般文人，乃五百年來所罕見。事見《文史通義》〈邵與桐別傳跋〉。

〔註12〕吳志鏗云：「由於特殊的時代背景及家學淵源的影響，廷采的著作綜合史學與理學爲一體，即藏理學於史學。他的著作特色雖與當時學術思想發展的新潮流——藏理學於經學大不相同，卻都是時代潮流的產物……按理應夠資格成爲一派宗師，惟其局面不夠閎闊，學術成就有限，故終爲主流派所淹沒。不過後來章學誠得其啓發，終能另創新局」。語見氏著〈邵廷采的史學〉，台北師大《歷史學報》第十七期結論部份。

人有不一樣的論述觀點。

他以為部錄群書除了能夠方便讀者尋索書籍以外，還需要帶有思想史的功能，讓讀者在尋索群書的同時，能同時獲得一種清楚的學術流變大綱——這是他對校讎學的特識。他認為方志學必需有益政治，還須具有史料的特質，可作國史補編——這是他對方志學的基本主張。在方志學與校讎學都已成熟之後，章實齋更順著天性，朝著史學鑽研下去，提出了：纂述史著必需具備才學德識的修養，史著須具經世的功能；為了強調經世的作用，章實齋又主張敘述時要略古詳今以與古史互補，體例上要採用通史以豐富史料；為了方便讀者的研讀，章實齋更主張兼融各體，博採各家之長，以利歷史事實的鋪陳；主張敘述時無妨善用目錄與自注，以便世人研閱；倡議修纂《史籍考》這種宏編鉅著，以收納史料——這是他的史學論述。〔註13〕

為了強調史學的重要，他將史學與文學劃分為二。他根本不給文學以獨立的生命，所以當代提出的性靈說、肌理說，甚至是評點學文的教學方式他都認為不是正理。他批判袁枚、方苞等人，說他們學說有缺失，人格有缺陷，並不僅因為對他們的修養有不滿，更主要的理由是因為他們對文學的獨立價值，在判定上有極大的歧異。他以為文學只是為傳記寫作而存有，假若不是為了替史學、為人世而服務，它根本沒有獨立存在的必要。章實齋對文學的地位相當壓抑，他要文學完全屈服在實用之下。他的文學理論終究只是依著史學理論而衍生，而文學到底也只是史學的附庸而已。

而對經學，章實齋也貫注實用精神在其間。他論《易》、論《詩》、論《書》、論《禮》都著重在他的史料義或實用義，和一般學者之齗齗於校讎的瑣屑不同。他說述《易經》本質時，提出了六經皆史的口號，著重它明時改制的應世義；論《詩》時又以文學史的觀點來解釋《詩經》的背後意義，有強烈的史學意趣；論《書經》時，章實齋界定經書的本質為可作行政參考、人世借鏡的政府檔案或史料，極力想將經書的本質扭作史料，有將經學收納到史學之中的野心；而且在文中，章實齋還自古而今地就各本史書分體分類慢慢敘下，將之當作是在寫作一篇史學史以及史體辨析的論文。至於論《禮》，更就

〔註13〕章氏天性傾向史學，所以讓他的研究多以史學為重心。他未弱冠就在史學上有特出的表現。他在〈家書三〉上說自己在十五六歲時，就「力究紀傳之史而辨析史體」，直「若天授神詣」；又因為父親身為縣令，讓實齋得有機會助纂縣志，促成實齋以方志學與校讎學為發端的學術走向——先與友人論修志，並在四十二歲以前，完成了《天門縣志》、《校讎通義》等重要著作。

《周官》溯源，說明各種學問都必需與人事有關，凸顯經書的實用意義，同時糾正當代鑽研學問卻不留意民間疾苦的疏失，經世的意趣最是明顯。

　　章實齋在論述經學時已經將他的學問宗旨制定作經世與實用，可是卻未曾說明他的學理依據。直到他寫作〈原道〉時，才提出道字作他的根本理念。認爲產生萬物的形上根源是道，一切學問離不開人事，也不應該悖離人事。偉人之所以偉大，是因爲他掌握到這個自然之脈動，與道這個引動天下萬物的根源力量相合，並以之處理當世事務。在章實齋的想法裡，道器終需合一，並以爲治學必不可離開人事。

　　章實齋這種思想架構的精密度與開闊度，已自特出於當時，而以實學經世作個人學術的主軸，賡續前清學者的精神，啓迪道嘉以下的經世學風，在專重考據的乾嘉時代，實有承先啓後的特殊意義。

第二節　章實齋的成學歷程

　　章實齋的思想歷程可以分作醞釀期、奠基期、立教期、尋根期四個階段。

一、醞釀期

　　章實齋幼年愚騃，在十六歲時因父親的指導，開始對史學有所體悟，引發對史學體例研究的高度興趣；〔註 14〕二十歲時，又因爲父親的教誨，對文學賞析有了更深一層的領會；〔註 15〕期間更因爲自家對《韓昌黎集》的深度

〔註14〕他在〈家書三〉說：「十五六歲時，嘗取《左傳》刪節事實；祖父見之，乃謂編年之書仍用編年刪節，無所取材，曷用紀傳之體分其所合？吾於是力究紀傳之史而辨析史體，遂若天授神詣，竟成絕業」，說明實齋幼年即有鑽研史學的性向，而其繼續朝向史學發展，跟父親（〈家書三〉是一封實齋寫給兒子的信，所以所謂祖父，便是實齋的父親。）的適時啓迪與鼓勵，有很大的關係。又，實齋爲他的老師柯紹庚先生作〈柯先生傳〉傳，傳文說：「學誠年十六……不肯爲應舉文，好爲詩賦，不得其似，又編纂春秋家言，戲爲紀表志傳，自命史才」，前半說他不屑爲時文的史學傾向，雖然喜歡文學，卻無法深入體會文學技巧的窘澀，以及，就《春秋》作《史記》，化編年爲紀傳的嘗試。以時間與作爲來說，這和他在〈家書三〉中敘述的受教於父親的事件是相同的一件事。可與此事相參。

〔註15〕實齋在〈朱崇沐校刊韓文考異書後〉裡說自己在十九歲時，對文章之美仍然不太能夠體會。那麼他對文學的領悟是在什麼時候才開竅的呢？實齋在〈家書三〉篇尾裡說：「猶記二十歲時，購得吳注《庾開府集》，有「春水望桃花」句，吳注引《月令章句》云：「三月桃花水下」。祖父抹去其注而評於下曰：「望桃花

喜愛，引發了一己學以經世的基本理念。〔註16〕章實齋各種研究路徑的確定，以及自信的產生，都是在這時期醞釀出來的。

二、奠基期

在這個時期，章實齋用〈答甄秀才論修志書〉展露個人方志學的理論雛形，他在答〈甄秀才論修志〈前後兩封書信裡提到的志學理論重點有以下十幾條：

1. 志書本質仍是史書而不是文學書籍，所以當重史料的搜集，而不只耽溺於文采的展示。

2. 志書寫作的主要目的在經世，基本的功能是可以直接移作國史補編。

3. 為了方便國史取材，所以志書當仿正史體例，直分紀、傳、考、譜四體。

4. 紀、傳、考、譜四體其實只是本紀、列傳、書志、表的異名。所以同實而必需異名的緣故，是因為章實齋認為朝廷是最崇高的權力中心，他們所撰述的正史是史書的最高級著作，一切史學著作都不可以侵犯到他們的尊貴性，所以章實齋說：方志當避國史之名。（其實章實齋立志為史臣，也是這種敬仰朝廷之心的投射。）

5. 紀、傳、考、譜四體之外可以另立文徵。既以擴充史料，也使文字爽淨。

6. 志書以地理為重心，數十年再一修。國史記事時間跨一代，既經寫定，不再更革。

於春水之中，神思何其綿邈」，吾時便覺有會，回視吳注，意味索然矣。自後觀書，遂能別出意見，不為訓詁牢籠。」說明：他對文學美感的初次體悟，是在他二十歲那一年；而引導實齋進入文學美的殿堂的人，仍然是他的父親——實齋的父親章鑣衢先生可算是實齋成學經歷中，影響他最大的一個人。而實齋也因為這次經驗，稍稍能在專重考據的時風中，更具自信地自我挺立出來。

〔註16〕實齋在〈朱崇沐校刊韓文考異跋後〉裡說：「余家所藏韓文四本，此本最為流俗通用……先君丹墨評點，指示初學為文義法，小子自幼習焉……憶此書乃甲戌秋冬所購，是時先君方官湖北應城知縣，塾師於舉業外，禁不得閱省他書；及得此集，匿藏篋笥，燈窗輒竊觀之，初不盡解，顧愛好焉，不忍釋手」。如果我們要作章實齋的古文這類論文題目，韓愈當然是實齋古文淵源的不二人選。由於韓愈的文學主張是文以載道，所以貴為實齋思想主軸的經世說，可能也是由韓文紮根的——因為在實齋成長的時代，史學風氣早已隨著《明史》的完成而轉入考據去了。

---

7. 史著無定體，志書的體例也當隨文而定。

8. 材料配置當有統類觀念，也可添加自注，使文理倍見明晰。

9. 記事不可妄施褒貶，須以據事直書爲是。

10. 撰志宜立志乘科房。

11. 史料必需可信。

12. 史料可以共享。

13. 前人之成就不可掠美，前人之著作不可湮滅。

　　總合地看，章實齋在前後〈答甄秀才論修志〉二書中，幾乎已將他的志學理論完全建構完備；所以說章實齋的志學理論成熟的相當早。此後，章實齋所有的志學理論，都只是這些基本概念的補足與擴充而已，如：三十六歲之所以敢與戴震論修志之法，只是因爲他有〈答甄秀才書〉後完整的志學理念在作支撐；同年作《和州志》，四十二歲作《永清志》，甚至是五十三歲作《亳州志》、五十五歲作《湖北通志》，也都只是〈答甄秀才〉二書理論的落實。

　　試看章實齋〈記與戴東原論修志〉所說：「余於體例，求其是耳」，說的是相體裁衣之理；「修志者，非示觀美，將求其實用也」，說的是志書的實用義；「方志如古國史，本非地理專門」是順著志書是史書而作的辨析；「史部之書，詳盡略遠」，是志書數十年必需一修的觀點。其中「考古固宜詳愼，不得已而勢不兩全，毋寧重文獻而輕沿革耳」，固然好似是將史學與樸學作一個對照，其實仍是史料必需盡量及時蒐取這一觀念的變形而已。因爲章實齋早有編寫志書的經驗，確定了志書的經世功能，所以他才敢大刺刺地堅持，不許戴氏將志書自侷爲地理書籍。

　　或看《和州志》，其書現有紀（皇言）、表圖（官師、選舉、氏族、輿地）、書志（田賦、政略）、列傳（闕訪、前志）四體，另外又有文徵，體制依舊和〈答甄秀才書〉相同。〈志隅自序〉說：著作志書乃期「春秋經世之學可以昌明」，可見章實齋素持的經世之義。〈皇言紀序例〉以爲：「封建之世，國別爲史，然篇首尚重王正之書」所以裒錄承奉詔條於篇首爲〈皇言紀〉，正是尊奉朝廷的意思。傳立闕訪與前志，是尊重前作，不掩人善的再強調；〈前志傳序例〉說：「史臣創例，各有所因……皆前史通裁，因時制義者也」，依舊是相體裁衣之義；〈文徵序錄〉說：「詩賦家流，至於近世，泥於文采，不得古者國史序詩之意，而蚩蚩焉爭於文字工拙之間，皆不可與於文徵者也」，再區分史、文之歧異，仍是本於〈答甄秀才書〉而演出的想法。其中只有三兩條新

觀點，如〈輿地圖序例〉想在表外添圖，說：「圖象為無言之史，譜牒為無文之書」；如〈田賦書序例〉想在文徵外另例掌故，說：「州縣志書，方隅有限，（田賦之書）可以條別諸目，瑣屑無遺」，是《亳州志》另例掌故一體之遠因；又如〈前志傳序例〉說：當為史官立傳，表現出史料盡量求全的意念而已。

又如《永清志》採用紀、圖表、書志、列傳四柱，而另添文徵一體，體制一如前期主張。〈皇言紀敘例〉說：志書為「國史要刪」，「例以義起」，是〈答甄秀才書〉所主張：「書志為國史補編、例因宜立」的說法；說：「尊嚴國史之義」、「恭錄皇言，列於篇首」，又立〈恩澤紀〉宣揚皇恩，是〈答甄秀才書〉強調尊崇朝廷的表現；志立吏、戶、禮、兵、刑、工之執掌而為〈六書例議〉，〈政略敘例〉說名宦當獨立出來，「不當收於人物」，對政治特別重視，也是一種經世說的轉化。志書中依舊保有前志傳，仍是對前賢的一種尊重。〈文徵敘例〉說：選文要「能不墜於文人綺語之習」，要「嚴史例」，明白辨析文史的區隔，這些理論，通通都是〈答甄秀才書〉提過的概念。只有〈輿地圖敘例〉說：「列傳之須表而整齊，猶書志之待圖而明顯也」，是《永清志》志書收圖的延續動作。至少特立〈闕訪傳〉，也是表現對史料考正的謹慎而已。

又如《亳州志》今存人物表、掌故兩篇小序，真正體制究竟如何已難窺見全豹，但是大體應該不出紀、表、志、傳，另添文徵、掌故六體才是，則其體例仍舊是由〈答甄秀才書〉發展出來的觀念群。而《湖北通志》依所存篇目，以及〈凡例〉中自述的文字來看，說自己「仿史裁而為通志，仿會典則例而為掌故，仿文選文粹而為文徵」。跋文說：「方志為國史羽翼」，說：「志為史所取裁，於法宜詳於史」，是體例仍是採用《亳州志》時期訂下的三書體，而志書為國史補編這種想法的延續。而本書依舊以皇言冠首，是尊仰王室的表示。〈凡例〉說：「志考但撮總凡……如欲核其名數，自有掌故書矣」，說明了掌故所以必需特立的緣故，也體現了志書編寫必需具有統類觀念的主張。至於〈藝文志〉裡將「略仿隋、漢二《志》，稍增子注」，則是文可自注的主張。

即使是五十五歲作〈方志立三書議〉、〈州縣請立志科議〉、隔年有〈報廣濟黃大尹論修志書〉、六十歲有〈方志辨體〉、〈地志統部〉、〈覆崔荊州書〉等系列著作，其實也都只是〈答甄秀才〉二書理論的推衍而已。

在這期間，章實齋除了編纂志書以外，又曾評騭許多志書，〔註17〕也曾

────────────

〔註17〕如〈武功志〉、〈朝邑志〉、〈姑蘇志〉、〈灤志〉、〈靈壽縣志〉、〈姑熟備考〉等。

與多人商定志例，甚或爲人代撰志序。〔註18〕可是章實齋作品雖多，大體仍都只是〈答甄秀才書〉的演譯而已。可以說，〈答甄秀才書〉寫定時，章實齋的方志學體系幾乎也同時建構完成，所以儘管章實齋從事志學的時間橫跨他的一生，我們依舊可以用二十來歲的青年期作他的方志學時期。而這一個時期，正是章實齋嘗試建構自家方志學體系，且以方志這門學問在學術界與人共爭不朽地位的時期。

與編寫方志相同的時期，章實齋另外就編書部書的範圍作深研，創發了另一個成就——目錄學。此時章實齋年方四十二歲，重要作品是：《校讎通義》。他誇揚劉歆《七略》分部的卓越性，強調部書的重點在釐清學術的流變軌跡、證見學術的創作存有經世目的，給部書工作負擔一個更大的責任，也給校讎一個更廣闊、更落實的功能。

其後數年，章實齋僅是從事私塾教學工作，有幾篇與有人討論課蒙方法的文字，雖然不甚重要，但這趟沈潛，也可以算是下一階段經學時期的醞釀期。

三、立教期——章實齋思想的成熟期

在這個時期章實齋不再趨隨風潮，反倒嘗試就時代風氣作扭轉。不僅掌握學術的經世本質以思考經學，甚至朝著更高層次的哲學層次去思考學術的本質。他先製作〈詩教〉篇，嘗試融經學入文學；又作〈禮教〉篇，借周官闡述經世之義；五十二歲的〈經解〉篇則就經旨整個作一個釐清。接著經學三論，章實齋又寫了〈原學〉、〈博約〉等作品，以探討學術的眞正意義。他在〈博約〉裡說：「學貴自立，不患不博，患不能自成家耳」，又說：「纂輯不同著述」，區分學問爲資料性的排比、與貫通性的著述兩種，認爲掌握學問的本質比強記瑣碎的資料重要；以爲學有宗旨，便自成家，否則仍然只是懂得獺祭的學究而已。然後又在〈原學〉裡說：「所貴君子之學術，爲能持世而救偏」，並引古人成詞，說：「夫求多聞而實之以建事，則所謂學古訓非徒誦說，亦可見矣」，感歎：「而世之言學者，不知持風氣，而惟知徇風氣，且謂非是不足邀譽焉，則亦弗思而已矣」，強調學者爲學須以濟世爲目的，不可屈於時風，不能不作自我的反省。並以〈辨似〉說言須由衷，以〈質性〉說言須眞

〔註18〕如：四十八歲爲張吉甫撰〈大名縣志序〉、五十五歲定〈麻城縣志〉例、五十七歲撰〈石首縣志序〉，並爲畢秋凡定〈常德府志〉例，撰〈常德府志序〉、五十九歲定〈荊州府志〉例、撰〈荊州府志序〉等系列作品。

摯，以〈黜陋〉戒人之一意求名，以〈習固〉說學貴眞知，以〈假年〉說學貴依照自己的本性，這幾篇文章一起用來糾正當時學界自尊自大的歪風，以及專重考據的弊病。

除了以上的努力以外，章實齋長年累積的知識，更在五十五歲那一年開始發放其累積的光彩。他在〈書教〉篇中就史體作深刻的反省，提議綜合運用紀傳、編年、紀事本末等各種體式來創造出一最能詳實記載歷史、最能便利讀者運用的史體；甚至扭轉經書本質爲史書，說《書經》根本是一本史書，以爲以史籍來看待《書經》才是一種最正確的方式，以此開始了他史學研究的巔峰時期。

隨後，章實齋在〈史篇別錄例議〉中應用目錄的幫助來貫通各種史體，以補足〈書教〉篇未竟之義。在〈方志立三書議〉中就志書體例作一個全盤的貫串，將志書理論作一個總整理。在〈與邵二雲書〉中說自己有意重新編纂《宋史》，傳達一己對史志體例掌握能力的自信。並且利用難得的機緣，進行《湖北通志》的編纂，落實自己有關志學的所有理論。〈與陳觀民工部論史學〉則將自己的史學理論做了一個全盤的反省。最後還因爲自己對史學的深刻體會，他甚至敢以〈易教〉篇說「六經皆史」，用這句話來移經入史；以編纂《史籍考》來證明史學也自有它足以與經學分庭抗禮的豐富著作，以爲史學具有不可輕忽的學術地位；將他在〈書教〉篇時期所傳布的理念，作一最堅確最有力的呼籲。此期章實齋年當五十五歲到六十二歲之間。

或許是「老來漸於詩律細」的因素，或許是因爲撰寫傳記多年，不免會提及記敘文字的筆法，章實齋因對文學這個主題做了一些論述。例如：他有作品須重作者情性的「清眞」說，如〈評沈梅村古文〉所述；有爲寫傳列傳而特別交代的傳記法，如〈古文十弊〉所述；有強調傳述各種情境的修辭法，如〈評周永清書其婦孫孺人事〉所述；也論及文學家的修養論，如〈文德〉所述，便大體都是這一時期提出來的說法。所論已觸及今日的文學理論的多種範疇，只是章實齋終是以史學爲焦點，以經世爲目的，以文學爲史學之附庸而已。

四、尋根期

六十三歲是章實齋的尋根期，此年章實齋嘗試用〈浙東學術〉爲自家學術體系尋找根源，納自家的學說於宏偉的學統之中，加強一己學術的價值，

提升自家學說的地位，以與考據學、桐城派共成犄角之勢。而在此期，章實齋終於完成了他一生的學術使命。

第三節　有關章實齋其人其學的研究

學以經世，章實齋的學術特色在此，他的寂寞潦倒也在此。

邵晉涵跋〈原道〉篇時，說章實齋這篇文章時人多怪作陳腐取憎，這種誤解，讓他害怕一己嘔心之作《文史通義》刊行後或將「驚世駭俗，爲不知己者詬厲」（〈與汪龍莊書〉），可證明章實齋自家的學術趨向實跟當代大違背離，「常在寂寞之途」的事實。試看：乾隆三十年，章實齋三十歲那一年，國子祭酒歐陽瑾擢拔久屈監生的章實齋爲第一名，六館之士，至驚詫而嘻；〔註19〕乾隆三十六年，章實齋三十四歲時已經著手寫作《文史通義》，可是僚友也多嘲刺譏諷；〔註20〕可以想見章實齋在同學僚友間評價之低。又如章實齋在三十七歲以前，已經完成《天門志》、《和州志》兩本志書，創發了多條與方志有關的獨見，如〈闕訪〉與〈前志〉之立傳，斷方志書屬史學，不屬地理等近人認可的慧見；四十二歲時結集出版了《校讎通義》，對傳統校讎學說提出許多辨正，還提出目錄當具學術史功能，也爲近代學人讚許的建議，可是他在方志學校讎學上的成就依舊不能爲他帶來任何的榮名或貴祿。試看當年乾隆四庫館局開館，他的老師朱筠、同學邵二雲都榮任要職，他個人看不起的戴震與方苞也都能廁身編校之列，只有章實齋被排擯在外，落落寡合。苦心編纂《湖北通志》，也因幕主畢沅入覲高宗，立刻引來無端的中傷與詆毀。雖經章實齋極力辯駁，終隨著畢沅的下台，而無法公開發行。〔註21〕

他長期沈淪下僚，志不得伸。生前雖然薄有聲名，但注意他的也只是在他身邊的一二師友；〔註22〕當世名儒，給予青睞者終究不多。他生前沈寂，

〔註19〕事見〈與家守一書〉。

〔註20〕〈邵與桐別傳〉語。

〔註21〕畢沅聘實齋主修《湖北通志》事見〈孝義合祠碑記〉，遭人讒毀事見〈修《湖北通志》駁陳繪議〉，另作辨正文字的事實見〈與陳觀民工部論史學〉。

〔註22〕實齋的老師有王浩、柯紹庚、沈業富、朱筠、歐陽瑾、朱榮元、梁國治、秦芝軒等人，有人有李際運、曾愼、甄松年裴振、朱珪朱錫庚、馮廷丞、吳蘭庭、蔣雍植、任大椿、汪輝祖侍朝、陳本忠、邵晉涵、顧九苞、馮邵、周永年、胡士震、陳以綱、張羲年張方理、周震榮王宗炎等人。詳細資料請參見董金裕先生碩士論文《章實齋學記》第四章〈章實齋交遊考〉。

身後寂寥，連著作之編纂都成了問題。〔註 23〕即使從咸豐、道光起，章實齋也「有幸」列名家鄉縣志、甚或被收入一些名人碑傳集，但如《清史稿》、《清史列傳》、《碑傳集補》、《清代名人傳略》，所收舊志傳裡，有些主筆竟連「章實齋」這個名字也會錯章成張！由這些情況來看，可以證明章實齋的確是與世扞格；在乾嘉學界，根本是主流以外的人物。

可是章實齋提出追述思想源流的主張，讓目錄帶有哲學史的意味，固是慧眼獨具；特別標明志書必須可以移作國史補編，讓方志還地理寫景的以歷史資料的本質，對方志學的種種特識，也讓他成了方志學的宗師；至於史學、經學的專重實用，對當代的考據學者是一個醍醐般的醒腦劑；而文學不可專重形式的主張，對純文學的發展固然是一種倒退的思想，卻也提供了當世學者一種一意追求形式之外的反省。成就如此卓犖，要人不去注意他也難。所以等到西力東侵，當部份的有識之士士赫然驚覺考據不足以救世，紛紛乞靈於歷史，而史學於是轉盛的當口，部份的博學之士又發現章實齋史學觀點和西洋史學屢多暗合，這時候，章實齋學術的價值終於被認可，因逐漸形成一個研究的熱潮——這由林慶彰先生所編的《乾嘉學術研究目錄》，所列西元 1900～1993 年間學者研究章實齋的論文篇目，竟能搜集到 298 篇，可以想見一班。〔註24〕

有關章實齋的研究，我們如果拋開研究國別、或書籍表達形式的差異不論，〔註25〕（甚至也不管研究論文在發表時序上的先後問題），〔註26〕直接以

〔註23〕董金裕先生碩士論文《章實齋學記》第五章〈章實齋著述考〉詳列實齋《文史通義》各種版本的種類與成經過。其中在編纂初期，先有實齋托附代為編纂遺稿的有人王宗炎在實齋棄世不久，便也遽歸道山，接著又有兄弟爭奪遺稿，以致原稿喪逸的情事發生。

〔註24〕在林先生之前，實有黃兆強先生的博士論文摘要：〈六十五年來之章學誠研究〉可供參考，黃先生以為研究實齋學術的篇目，中外兼有而體分四類——以為以著作形式作區分，可以將這些研究作品區分作專書、專文、學術史、書序等四類；又以為以國別作區分，可以別作中文外文兩大類，並說有關實齋學術的研究，各期有不同的研究重點。以為初期多屬傳記類的研究，後來才逐漸有其他範圍，如史學、思想概要、志學、校讎學最為大宗。斷限雖早，頗有開路之功。（黃文見《東吳文史學報》6 期）。但是後出轉精，林慶彰先生所編論文篇目，則以周全的資料取勝，而且他將所收全部論著篇目，分生平與年譜、著述、總論、史學、方志學、文學、文獻學、研究述評八目，條理更是明晰。比黃先生之徒分國內國外，更見實用意義。而且這是一個最實用的實齋學術研究目錄。雖然民國八十二年以後的重要論文仍有待增補。

〔註25〕如黃兆強先生〈六十五年來之章學誠研究〉所述。

〔註26〕張光前先生也曾以研究方法的進展說明實齋學術研究類型的變化。他以為章

研究方法的進展重作歸類，可以將章實齋學術的研究，細分為四個類型：第
一類型是專論章實齋生平，為章實齋作品作繫年，為他個人寫年譜，或作思
想史敘述的時期；第二類型多為章實齋思想作專題研究；第三類型以追索章
實齋各種想法的背後因緣為主題；第四類型則是運用各種新學說來重新詮釋
章實齋學術，或與章實齋學說作比較的時期。

　　第一類型綜論生平部分，如前已提過的《清史稿》、《清史列傳》、《碑傳
集補》、《清代名人傳略》，大部分是依循傳統史傳的形式，概述章實齋籍貫、
出身、生平事跡與成就的集體傳記作品，學術價值並不高。必須等到有刻意
為作品作繫年，為章實齋個人寫年譜，如胡適、姚明達兩位先生共同完成的
《章實齋先生年譜》，才是此期成就最高的代表作。因為傳統傳記繼承古史
書、古方志的寫作形式而有；內容著重在傳主個人的生平，於家庭、事業、
學術等經歷並能一一作交代，優點是尺幅千里，言簡意豐；缺點是點到為止，
意多未盡——這是胡譜所以要接踵而起的緣故。胡譜依據舊形式而作改良。
它運用年譜本有的格式寫作。本著年月之先後，依序記錄傳主的生平，並以
事件的先後演變看傳主個人一生經歷的起伏。形式是傳統的年譜，但混合思
想演變的說明於生平的敘述之中，交代作者所有經歷與每一階段之思想的演
變，已經有思想史的味道，極進步，也極細膩。

　　胡譜為章實齋的學術研究奠定了一個紮實的基礎，也預示了第二階段研
究章實齋各類思想的時代即將來臨。如倪文遜的《章實齋的生平與思想》，以
思想分期的方式來寫作章實齋生平，將章實齋先生思想作分期，然後分期詳
述章實齋生平。嘗試用思想史的精神來寫章實齋的傳記，避免了因為重視時
間的先後，作者思想便無法系統敘述，所有相關想法，總被一片片的割裂在
年月日期下面的缺失，探索益見深刻，是一個更為成功的例子。〔註27〕

　　　學的研究，形式上可以區隔為史傳、生平、思想內涵等幾個演進的過程（說
　　　見張先生碩士論文《章學誠的知識理論》一章首節〈研究史的回顧〉）。本論
　　　文的分類方式與張先生的方法有幾分雷同。但是張文雖然注意到類型進步的
　　　軌跡，卻未能將思想內涵一事作更清楚的分類，這便是本論文想作的努力。
〔註27〕黃克武先生說：倪氏將實齋生平分作背景與教育、成功、校讎學書院中的老
　　　師、文與質、歷史與道、史家的技藝、歷史哲學、最後的辯論、遲來的讚美，
　　　十目以作說明。（〈評介倪文孫《章學誠的生平與思想》〉，《史學評論》第九期）
　　　倪氏的寫法雖然只是西方傳統傳記的表達形式，但在中國有關實齋的研究範
　　　疇中，卻自別開生面。他的明確標題，給後學者一個掌握實齋學術發展的清
　　　楚面貌與軌跡。

專題研究部分，許多學者嘗試就章實齋學術主題作專論。例如校讎、方志、史學、文學等專題，都先後被獨立出來，一一作詳細深刻的研究。這時期的著作篇目，除了單篇論文以外，〔註28〕更有一些博、碩士論文，如：

1. 政大中研所董金裕的《章實齋學記》，詳分其人其學多目，以詳作論述。

2. 東海史研所楊志遠的《章實齋史學思想研究》，以論道、六經皆史的宗旨及影響為寫作重心。

3. 高師中研所林釧誠的《章實齋六經皆史說研究》，以六經皆史說為焦點，專論六經皆史說的淵源、論據、內涵與影響。

4. 高師中研所洪金進的《章實齋之方志學說》，是第一本系統研究章實齋方志學的學位論文，並附錄有章實齋的生平年表。

5. 文大史研所宋天瀚的《論章實齋的方志理論與方志學》，除了論志學本質及發展、志學與史學的關係以外，更論及章實齋與戴震、洪亮吉三位學者之間的辯論，以詳說章實齋的志學特色。

6. 師大中研所羅思美的《章實齋文學理論研究》，是第一本研究章實齋文論的作品。

7. 政大中研所王義良的《章實齋及其文論研究》，前半論章實齋的生平、時代、學術，後半論章實齋的文學。文學部份分原理、發展、創作三體詳述之。

對章實齋的思想，做了多層面的探索與刻畫。

第三層面的作品，嘗試在平面的思想體系裡，升高一層，去追索章實齋的思想根柢。這種類型的作者也不少：例如錢穆先生《中國近三百年學術史》說章實齋先生的思想根源是為了反理學；侯外廬先生《中國近代思想史》定義章實齋先生的學術為文化戴密微先生《章實齋及其史學》說章實齋先生學術所以而形成的背景除了反理學以外，必需加上反校讎學這個理由，並以為章實齋學術漸趨熱門的原因是因為他的學說極具科學法則，跟中國近代化的思潮相貼和。〔註29〕（倪文遜先生還在章實齋是個史學家、方志學家的傳統

〔註28〕篇目詳具於林慶彰先生所編的《乾嘉學術研究目錄》，可以自行參考。

〔註29〕陳祚龍先生說明了戴密微氏的作品論及實齋的成學背景、生平事蹟、史論、等重點。（〈戴密微撰《章學誠及其史學》之提要〉，文見《中華文化復興月刊》四卷十期）可以作一參考。

說法之外，更添入一個思想家的尊稱）。至於余英時先生的《論戴震與章實齋》，則運用了心理學的理論，以章實齋的心理衝突點說明章實齋所以成學的背景，說章實齋成學的理由是因爲受到戴震的刺激。因爲章實齋認定學術的重要特質是見識，戴震卻以爲是考據的功夫；章實齋以爲志書寫作是爲了經世與保存史料，戴震卻以爲當重視地理沿革的登錄。由於戴震聲名在外，讓章實齋由自疑而產生反思。他思考，他反省。而經過長時期的努力，終於讓他解決了許多學術問題，成就了一家之言。〔註30〕

第四類型以多家比較與重新詮釋爲趨向。這類作品大多也是博碩士論文。如：

1. 輔大中研所張光前的《章實齋的知識理論》，暢論章實齋的道論、學術史觀、知識源流、以及學術的主體性。

2. 輔大哲研所朱敬武的《章實齋歷史、文化哲學研究》，歷史哲學部份說他的六經皆史說、朱陸異同論、道器說、經世學，文化哲學部份以章實齋的史觀、時變爲主題。

3. 台大中研所彭明輝的《章實齋的歷史構想與比較研究》，說章實齋的創見、跟史料客觀主義、或社會學學者維科的關係。

4. 中山中研所林勝彩的《章實齋對乾嘉學說的批評與修正研究》，以章實齋對乾嘉學者，尤其是戴震的批評，說章實齋學術對現代產生的意義。

5. 台大中研所白安理的《西方漢學家研究《文史通義》的商兌》，評議

〔註30〕余先生《戴震與章學誠》將章實齋所以成學的根柢定位在深受戴震的刺激。這種說法比起羅炳綿先生的〈論章實齋對當代學者的譏評〉深刻許多。羅先生雖然將實齋對當代學者所有的譏評之詞通通輯錄起來，讓我們可以看到實齋對當代學者的諸多不滿，但是實齋爲什麼不滿的根本理由卻未曾作探討，所以他的價值只是資料的臚列，卻沒有什麼精密的見解。他只提供了余先生一個更作深度思考的資料而已。

可是余先生的說法依舊有弱點。因爲實齋跟戴震的辯論可能如同他對汪中、袁枚等人的批駁，是一種學術的批判，學術的反省，而不是心靈的震怖，生命的覺醒。因爲章實齋在此之前方志學理論已經幾乎建構完成。他與甄秀才論修志，他寫〈修志十議〉，他與石首明府論志例，幾乎已經包括他一生最重要的方志學理論。他製作了《天門志》、《和州志》，製作志書的經驗已經非常豐富。在他跟戴震論修志前，他已經是個方志學大家。他與戴震會晤之後的震怖，是對戴震個人的厭棄，是對他人前一套人後一套的表裡不一感到噁心，這種感觸，只會更堅定他的學術走向，卻未必便是激成他全部體系的根本原因。余先生的說法太過一廂情願，也失之誇大。

西方漢學家對《文史通義》的研究的得失，可以讓學者考見西方漢學界對章實章的評價。

6. 台大中研所許英才的《經史與經世──清代浙東學者的學術思想》，說明由王陽明、黃梨洲、全謝山、到章實齋的史學演化軌跡與經世精神的傳承歷程。

7. 政大史研所林煌崇的《明末清初之經世學風與史學思想》，以經世思想為主軸，說明明末清初的史學界對經世之學的理論與實踐表現。

8. 台大中研所林保淳的《明末清初經世文論》，說明明末清初各家以經世為創作目的的文論，強調道德與事功的融通。

可見在現代，章實齋學術的研究早已成為研究清代學術的重點了

第四節　本論文的研究重點與敘述結構

章實齋的學說，由方志學、校讎學而史學、文學而道器論、經學見其創說先後的倫序；卻以道器論、經學、方志學、史學、文學、校讎學見其利說的體系，而以經世透見其總精神。

以倫序言，在章實齋的學術生涯中，他首先澄清方志學的本質，以為志書當作國史補編，當以記人傳事為寫作重心；希望讓志書在地理資料的寄存之外，更有歷史或政治的參考價值。接著他又拓展教讎學的範圍，想讓校讎包有目錄的性質；希望讓校讎學（其實應該是目錄學）具有思想史的功能，幫助讀者獲取更好的學習效果。隨後，他大量寫作史學論文以開闊志學的空間，加強了志書的寫作水準，也豐富了志學未盡周延的理論。而後章實齋更繫文學於史學，以史學代經學，融史學、文學、經學於一鑪，展示了體大思精的學術格局。及至知命之年，章實齋又提出抽象的「道」作自家學術的根本原理，以「器」為所以見道的憑藉，說明天下沒有可以背離人事的空理；同時並發表系列經說，提出古代官師確曾合一，而六經皆史、周公立法而孔子傳教的系列說法，讓經學就是經世之學的觀念益加顯豁。最後更自繫其學術淵源於浙東學派之中──章實齋的諸多論題便這樣逐層推衍完成。

依倫敘說，如上所言，章實齋的學術確實當先方志學而殿以道器論。可是若依體系的構成來講，章實齋的學說卻當以道器論冠首，次經說、史論、文論，然後殿以方志學、校讎學。因為章實齋的一切學說，都可歸約到他的

「道借器顯」這一套論述上。

　　章實齋在〈原道〉篇裡提出一種說法，說道是萬事萬物所以形成的根本原理，且一切抽象的原理都需假借實際的物事襯見。以此強調人世間除了抽象的理世界以外，還有一個世人所該注意的器世界這一種說法。這種說法不僅可以凸顯他的經世精神，也可以涵盡其他個人以經世爲根本意念的諸理論，抽象性最強，所以是章實齋學術體系的基本觀念，可以當作介紹章氏學說體系的基礎概念；雖然這是他五十二歲的作品，在時序上似乎前後兩不相搭。

　　先道器論，是因爲章實齋需要一個抽象性的原理來統貫他的全部學說。可是卻也因爲道器論實在太過抽象，所以需要另造一個界乎抽象原理與具體事件中的事理來貫串他的諸多學說，那就是他的群經說。

　　章實齋在他的經學論述中，提出官師合一論與六經皆史說二者來說明學問果然不得背離人事的事實。這種以史料來界定經書，又以史學來貫串經學，讓經學完全流貫著歷史精神的作法，先自有其史學的意義；若以思想的觀點來看，他將抽象的道器原理，藉更具體、流行於當世、人人皆知的學術語言作說明，也具有正本清源的論證效果。

　　但總體說來，移經入史固然極見巧思，卻仍是空說多而實務少，章實齋因更以一生從事修志工作的實務經驗，體會而得的學必經世的理論來落實他的治教說，所以在經說之後便有了他的方志理論。

　　修志是實務，史學理論則是因反省修志工作而生的學說。以現實來看，章實齋的學說以史學篇目居多，所以銷融傳統，暗轉時論，成就一派宗師的理論，靠的也是史學；甚至章實齋用以統貫其他學說如方志學、校讎學、文學的根本理論仍是史學；可以說史學實是章實齋所有理論最重要的一環。可是儘管現實如是，可惜史學到底只是章實齋用以證成方志學說的理論，所以應該放在第二層級，附屬於方志理論之後敘述。

　　至於文學理論，多與史學理論相生而行，它與史學的關係比起方志學與校讎學更緊切，自應伴著史學理論同說。而校讎理論，在章實齋的思想體系理，是爲了編纂志書的藝文志而發展出來的概念，也是爲方志學服務而存有的學說，所以可以緊隨於文學、史學之後一并敘述。

　　如此看來，若要建構章實齋的思想體系，依次分章敘下，可以是：道器說、群經理論、志學體系、史學理論、文學理論、校讎學說，然後更添上結論，以此分作七章依序敘下才是——而這便是本論文用以呈現章實齋學術主

張的敘述架構。

　　章實齋主張學術的目的在經世，所以他說方志不只是地理書，說校讎學應當包含方志學，說文學必須爲史學服務，經學本質仍是史學，而史學的目的在爲人世提供借鏡的功能。在〈禮教〉篇中，章實齋還提出「當位則應立法以施治，失位則當傳法以布教」的主張，認爲能夠立法傳法雙管齊下，才能夠保證學術文化的萬古長存，社會國家的長治久安。將周公定位爲立法者，將孔子設定作傳道人，並因爲認定立法的功業高過於傳道，將周公的地位予以提升，提升至少得與孔子平行的境地。以這種說法來看，章實齋的立說基礎當然是經世。因爲要求經世，所以章實齋深不以考據的專注於研究技巧，卻疏忽了研究目的的專斷爲是；因爲要求經世，所以深不以理學之專注於內心的修持，卻遺忘了人世的管理的玄遠爲是；因爲要求經世，所以更不已戴震的大言炎炎，卻疏忽了教育後學的自私爲是。經世說是現階段最能統貫章實齋思想根柢的說法，這所以本論文因以「章實齋的經世思想」作重心。

　　另外，章實齋所述的論題雖然是分別因應當時的社會或學界的問題而發表的學說，這些學說看似各各獨立，其實卻不盡然。因爲章實齋他有其個人以經世爲重心的統一理念，以及環此理念而逐步成熟的思考過程，所以其諸多說法，常是環環相扣，一一相繼推出，不僅時間上有銜接，內容也多相生相涵。例如他在校讎學裡主張必須具備考鏡源流的作用，其心理底層便是一種歷史流變的想法和經世的理念在推動。他可以由此導出系列的史學和志學理論，甚至一切的經世說，這是早期理念可以衍生後期立論的例證。相對的，在校讎理論中，章實齋相信官師合一制的存有，在未曾證驗的情況下，堅持《七略》編目法，則是早期的理論須待後期的學說去證成的例子，因爲等他眞正提出官師合一的證明，必須等到五十二歲，寫定〈禮教〉篇以後了。

　　章實齋的學術架構便是如此地相生相成，論題便是如此的環環相扣，其傳衍關係是如此地有機體，是逐漸豐富而漸達飽足的。像章實齋這種「後期理論常因前期理論衍生，前期理論也需用後期理論去鞏固」的演化歷程與交互關係，確實值得一說，而前輩學者卻多未論及，所以這也成了本論文的研究重點之一。只是因爲以由道而經、而志、而史、而文、而校讎的架構爲優先排序，這些重點就只能穿插在論文的字裡行間了。

第一章　以器明道的道器論

本章三節，首節陳述章實齋道器論的立說背景，次節說其學說內容，最後再以小結收束。

第一節　立說背景——反考據與求經世的需求

《文史通義‧說林》篇有云：「文章期於明道」，這句話表明了「道」這個觀念在章實齋學說中所占的比重，預示了〈原道〉一文在章實齋整個學術體系中的主導作用。儘管當時學界因為學術宗趣不同，對此文多不予好評。〔註31〕但章實齋卻藉著〈原道〉篇建立了自成體系的「道器論」，統領《文史通義》論及的系列學說（如官師合一、六經皆史），批判了千年來學術界論「道」的說法，強調了迥殊於樸學的哲學意味，以及學無空論的實學精神，這是章實齋《文史通義》裡相當重要的作品。

章實齋論「道」恆須落實在人間來談，必需由「學以經世」的方向掌握，所以他的道與器一定聯立而論；最具體的證明，是他的〈原道〉篇。有關章實齋寫作〈原道〉篇的基礎背景，可以由〈原道〉、〈姑熟夏課甲編序〉、〈與陳鑑亭論學〉三篇文章中得到基本資料。

章實齋所處的時代是考據學盛行的乾嘉時期。考據一學，雖然弊病甚多，

〔註31〕 邵晉涵說：「是篇初出，傳稿京師；同仁素愛章氏文者皆不滿意。謂蹈宋人語錄習氣，不免陳腐取憎」（〈原道〉跋），大見實齋的落落寡合。至如實齋自己在〈與族孫汝南論學書〉中慨歎被「朋輩徵逐，不特甘苦無可告語，且未有不視為怪物，詫為異類者」，也是類似的遭遇。

可是既能稱派成風，當然也有它的特色在；不管是強調信古、好古的吳派，或是主張實事求是的皖派，〔註32〕都曾開闢了相當可貴的學術途徑，可供後人依循。如章炳麟《太炎文錄初編》卷一〈說林下〉便說乾嘉學者有些優良的治學技巧，如：審名實、重佐證、藉妄遷、守凡例、斷感情、汰華詞，值得後人學習；楊國榮〈乾嘉學派的治學方法〉也曾歸納五條乾嘉學者的治學原則：注重考證的全面性、會通義例求一以貫之、虛會（主觀臆測）和實證（客觀搜證）相結合、缺疑與推求的統一（對自己的無知能謙虛承認，卻也不輕言放棄追求真理的責任）、溯源達流（以整體的全面瞭解來掌控部分片段的知識），認為他們「具有注重實證，嚴於求是的科學性質」，對乾嘉學者的治學方式深表推崇。〔註33〕章實齋不是井底之蛙，對樸學諸宗師的學術成就當然也懂得存有敬意，曾說：「其始也以利祿而勸儒術，而其究也以儒術而徇利祿，斯固不足言也；而儒宗碩師，由此輩出」（〈原學〉），以為由激切改革或徵逐利祿的出發點產生的學術容有偏失，可是些許的偏失攔阻不了人才的出頭，依舊可以有名師碩儒產生其間。

可是章實齋不是懵懂之徒，也不作騎牆之論；他一眼覷定，乾嘉學者有許多毛病，而考據學風確實引來許多弊端。這也是為什麼章實齋會在〈原道〉下篇感嘆：「訓詁章句、疏解義理、考求名物，皆不足以言道也」的緣故。類此對乾嘉學界的深致不滿，便是章實齋他寫作〈原道〉篇的基調。

他認為乾嘉學者固然小有成就，卻絕不即是蓋世功勳，以此怪罪當時學者之自尊自大、目無餘子。如〈與陳鑑亭論學書〉的「著述紛紛，出奴入主」，〈朱先生五十初度屛風題詞〉的「掇拾於殘編斷簡因以專其業而名其家者，於今為盛；而攻取既深，聞見為囿，則出主入奴，勢不能一」，或〈家書二〉：「時人以補苴襞績見長，考定名物為務，小學音劃為名……以為舍此無以自立」，都實指當時學者自尊訓詁之學而唾棄經世之業的怪象。〈說林〉篇的「尊漢學，尚鄭許，今之風尚如此。此乃學古，非即古學也，居然唾棄一切，若隱有所恃」這段文字，除了指出當代學術風尚的特質，辨分學古與古學本身的差異，更指斥當時學者的狂妄，且對他們自以為是的排他性表示不滿。

他慨嘆乾嘉學風讓學者眼光日淺，心胸日窄；以為當時學者不僅以自己

〔註32〕章炳麟認為吳派「好博而尊聞」，皖派「綜形名，任裁斷」，後來學界也多贊同他的主張，認為這就是吳皖兩派的區別。（語見氏著《檢論》卷四〈清儒〉）
〔註33〕二文同見林慶章先生主編的《經學研究論叢》第一輯。

的小去排擠天下的大，以自己的非去否棄別人的是，更限制自己的學生開拓
自己的研究路徑；以爲這種專斷自是，必將誤導後學，使學者無法走向正確
的未來。如章實齋在〈朱陸〉篇中說戴震「以筆信知者，而以舌愚不必深知
者」，又在〈書朱陸篇後〉舉出多條事實說戴震「心術未純，頗爲近日學者之
患」，說自己在戴震死後仍然嚴加痛斥，是因爲害怕「聽戴說而加厲者滔滔未
已……誹聖排賢，毫無顧忌，流風大可懼也」便是一些證明。這些說詞，雖
是對戴震一人而發的言語，也可說是章實齋對整個乾嘉學界的焦慮。

　　章實齋擔心學界行將產生「蔽於古而不知世，蔽於詞而不知人，有見於
實，無見於行，有見於闕，無見於信」的毛病。〔註34〕自溺於廣博之迷霧中，
卻不知廣博只是學問的手段，而非學問的目的；〔註35〕迷陷在瑣碎的學問中，
忘卻學問的目的是救人與濟世；刻意求名，卻不知道尊重自家才性；〔註36〕
雖然標榜求真求實，卻常說出不符學術真實的僞言。〔註37〕這種喟嘆，正是
章實齋寫作道器論的基本動力。

　　也許有人質疑：「訓詁章句、疏解義理、考求名物，皆不足以言道也」只

〔註34〕這四個斷語是侯外廬先生的主張。（語在氏著《中國思想通史》卷五十章三節
〈十八世紀的專門漢學〉頁 418）。意指乾嘉學者只知道研究古籍卻不知道關
心社會，知道研究小學卻不知道尊重學者的才性，知道推求治學方法卻不知
道講求實踐，知道研考過去的知識卻不知道思考社會人生未來的走向。

〔註35〕〈原學〉篇說：「驚於博者，終身敝精勞神以徇之，不思博之何所取也」，說
明博涉只是技術，博涉之外，仍有更高的經世目標在，不可以耽溺於博涉之
中，而自尊自大——這段文字針對著考據學者務奇眩博，卻遺忘學以經世，
有小取大遺的缺失的學風而發。又，〈原道〉篇說：「訓詁名物，將以求古聖
之跡也，而侈記誦者如貨殖之市矣」，頗怪罪當代學者不知道考據只是學問中
的一環，卻以獺祭爲榮；雖能掌握了解經書的工具，卻未能彰顯治經論道以
經世濟民的基本精神——這段文字沈痛地批判了當時專重考據的質魯學風。
又，〈辨似〉篇說：「學問之始，未能記誦，博涉既深，將超記誦。故記誦者，
學問之舟車也。人有所適，必資乎舟車，至其地，則捨舟車矣」，也說明博涉
只是一個進入學問殿堂的踏腳石——警惕學者千萬不可以始登堂而尚未入室
便得意忘形。

〔註36〕〈鍼名〉篇說：「好名者亦必澆漓其實而後能徇一時之名也……好名之人則務
揣人情之所向，不必出於中之所謂誠然也」。認爲當代競爲樸學者，有極大多
數，都只是爲了求名，勉強自己從事不是很適合、很喜愛的考據工作。〈答沈
楓墀論學〉說：「今之學者……不問天資之所近，不求其性之所安，惟逐風氣
所趨，而徇當世之所尚，勉強爲之」也是類似的指陳。

〔註37〕〈砭異〉篇說：「古人於學求其是，未嘗求異於人也……而負其才者恥與庸愚
同其然也，則故矯其說以謂不然」，說明當世學者因爲好名，常常會故意標新
立異，即使湮滅掉學術的真理，也在所不惜的私心。

是章實齋〈原道〉篇裡的一小部份,章實齋有關道器關係的理論才是〈原道〉篇的主體;認為〈原道〉篇本身義涵豐富,不僅是指斥乾嘉學風一意而已,所以並不能藉以斷定乾嘉學風的偏枯,便是引起章實齋寫作〈原道〉篇的主因。那我們可以再引〈姑熟夏課甲編序〉作旁證——因為〈原道〉篇是〈姑熟夏課甲編〉中的一篇;而〈姑熟夏課甲編序〉正統合地說明了〈原道〉篇與其他相關篇章的寫作背景。

在〈姑熟夏課甲編序〉裡,章實齋說:

> 向病諸子言道,率多破碎;儒者又尊道太過,不免推而遠之,至謂近日所云學問發為文章與古之有德有言殊異;無怪前人詆文史之儒不足與議於道矣。然議文史而自拒文史於道外,則文史亦不成其為文史矣。因推源道術,為書得十三篇,以為文史原起,亦見儒者之流於文史,儒者自誤以謂有道在文史之外矣。

一般稱諸子、稱儒者,可能是先秦、兩漢;或隋唐或宋明的儒者。但此處的諸子不會是先秦諸子。因為章實齋學說常有引用諸子的地方。如「道出於器」的說法便是莊子「道在屎溺」一說的變形,「道出於人生之必要」的主張則脫化自荀子的〈禮論〉,章實齋〈原道〉篇論道的生成歷程更是規仿老子而有的理論架構。尊崇至是,必不至於妄以「破碎」詆譏。另外,章實齋〈原道〉篇論道除了多用荀子之言以外,屢用《易經》「形上之謂道,形下之謂器」的理念,文中又多稱美孔子、孟子,所以此處的儒者當不會是指先秦之儒。又〈浙東學術〉、〈朱陸〉等篇甚推崇宋明理學大師,所以此處的所謂儒者也不會是理學家一流。當然此處的儒者,也可能是漢唐時期的學者,可是因為下文有「學問發為文章」之主張作修飾。而這般話語和戴震、段玉裁之流主張的「先識文字然後成學」的主張神似,且所歎「與古之有德有言殊異」,也與章實齋痛斥當代學風質實的傾向吻合,所以此處的「儒者」,應該是乾嘉群儒,和傳道承統的儒者意指不同。文中所謂的「諸子」,範圍寬闊,若以所謂的「儒者」加以限定,可以說章實齋〈姑熟夏課甲編〉的寫作目的果然是針對乾嘉學界而有,以為乾嘉學者不是見小不見大地失之「破碎」,便是渲染太過,淪失道體之本真;專重考據,卻不知論學首重經世濟民之本義的學者。

或許有人又質疑,〈姑熟夏課甲編序〉固然可以借作了解〈原道〉篇的基本資料,可惜他所涵蓋的篇目仍多,不盡全是〈原道〉一文而發,以為若想引作〈原道〉寫作背景的證據,仍有些許偏隔。那我們可以再引〈與陳鑑亭

論學書〉作證據——因爲〈與陳鑑亭論學書〉本來就是章實齋與友人說明自己所以創作〈原道〉篇的背景、說明〈原道〉篇宗旨的篇章；乃以〈原道〉爲論述焦點的作品，是取作點明〈原道〉篇旨最好的第一手資料。

在〈與陳鑑亭論學書〉裡章實齋說：

> 近人所謂學問，則以爾雅名物、六書訓故，謂足盡經世之大業，雖
> 以周程義理、韓歐文辭，不難一嘅置之；其稍通方者，則分考訂、
> 義理、文辭三家，而謂各有其所長，不知此皆道中之一事耳。

認爲學者即使能夠判分學問爲考訂、義理、詞章三家，離去眞理仍遠，仍然不能算是識道之士；更何況獨尊考據，不知尊仰其他學術的井底之蛙。堅持學問必需貼合人事，對當世獨以考據爲能事的學風相當不滿。〔註38〕

愛之深而責之切，所以章實齋一再提醒成學者要自重，警告他們千萬不要成爲欺人害世的虛矯者；〔註39〕也提醒學者要自信，警告他們千萬不要成爲追逐時風的糊塗人。〔註40〕告誡學者：學問必須與人事緊相結合，爲學不可以閉門造車，更不可妄自尊大、劃地自限。

任何人的想法都會帶有時代的烙印，即使學者也不例外——他們所以提出某種學說，往往都是因爲需要回應時代拋給他們的問題。〈原道〉篇「義理不可空言，博學以實之，文章以達之，三者合於一，庶幾哉」這段文字，不

〔註38〕 章實齋衡鑒當代學術，曾經將它分作三大範疇：義理、考據、辭章。這種分法和桐城派學者如出一轍，並不出奇，特殊的是他能跨過傳統的門檻，認爲這三門學問固然都有勝場獨擅之處，卻都只是「大學問」中的一環；即使是個中翹楚，也只是一隅之得，未得全豹。如他在〈與陳鑑亭論學書〉中所說，便是類似主張。（其中所謂的「方」，和先秦諸子的用法相同，是法術、道理的意思。「通方」意指懂原則，明法度，而能識道體。而依〈與陳鑑亭論學〉所說，所謂「周程、韓歐」，雖然是學界的典範人物，但如果能一般能識大體，廣博治學，而同時爲辭章、說義理、作考據的人都只是「稍通方者」，那些單以訓詁爲能事的人，在實齋心目中究竟是居等地位，也就不想可知了。）

〔註39〕 〈博雜〉篇說：「有賤儒者，不知學問之爲己而驁博以眩人焉……其爲考索也，不求其理之當而但欲徵引之富，以謂非是不足以折人之口也；其爲纂述也，不顧其說之安而必欲賅而具存」，則將一意誇大考據之功能，但之以綜博眩人的學者識爲「賤儒」了。

〔註40〕 〈所見〉篇說：「學求同於已，而非欲取濟於人也」，指斥連教學者也不肯正視學者的脾性、天資，勉強學者扭曲自性來跟著自己的笛聲起舞。〈假年〉篇篇末引文說：「宇宙名物有切己者，雖錙銖不遺；不切己者，雖泰山不顧……不知專業名家，而泛然求聖人所不能盡，此愚公移山之智而同斗筲之見也」，也提醒學者當把握住自己的性向，不要迷失在一意求博的錯誤風氣裡。

僅正面地傳達了章實齋想爲當代學術、社會管理指出一條明路的苦心，暗示了他對當時學界的不滿，〔註41〕也表明了一己所以寫作〈原道〉篇，提出「道器論」，刻意以經世爲主題，全因爲他唾棄當時學風的緣故。

第二節　學說內容——以社會倫理爲重心的哲思

章實齋的道器論，不僅可以貫串其思想，也可以落實其經世理念；不僅具哲學裡趣，也具有史學性。章實齋道器論的基本說法是「道借器顯」————凡是想要體見「道」，必須透過「器」。這種因器以見道的說法，其根本精神在闡明立說不可空疏的眞理，基本背景則爲章實齋唾棄當代一意鑽入故紙堆中，卻忘卻服務現實的空疏學風。

章實齋的道器論，具見於〈原道〉篇。他先說明道的創生歷程，說：

> 道之大源出於天。天固諄諄然命之乎？天地之前則吾不得而知也。天地生人斯有道矣，而未形也。三人居室而道形矣，猶未著也。人有十五而至百千，一室所不能容，部別班分而道著矣。仁義忠孝之名，刑政禮樂之制，皆其不得已而後起者也。人生有道，人不自知……故道者非聖人智力之所能爲；皆其事勢自然，漸形漸著，不得已而出之，故曰天也。

而後又引《易傳》規範道的本體、作用，表明道與跡的關係，又論及人們所以辨識道的方法，說：

> 易曰「一陰一陽」，是未有人而道已具也；「繼之者善，成之者性」，是天著於人而理附於氣；故可形其形而名其名者，皆道之故而非道也。道者萬事萬物之所以然，而非萬事萬物之當然也……聖人求道，道無可見。即眾人之不知其然而然，聖人所藉以見道者也。故不知其然而然，一陰一陽之跡也。

〔註41〕　當然，我們也可說，實齋所以有這種道不離器的想法，可能是由於前輩實學觀念的啓發。但這和對當代樸學缺失的唾棄這種理由，只是一體兩面的想法。因爲自限於象牙塔中自顧自的作學問，跟由故紙堆中走出來探手去援救世界，本來就是相對且相生，似物極則必反的兩種想法。如實齋在〈浙東學術〉裡說：「近人談經，似於人事之外別有所謂義理矣。浙東之學，言性命必究於史，此其所以卓也。」前半指斥樸學的悖棄人事，後半宣揚浙學之緊扣人間，不正是一種貴實學與棄樸學的綜合說辭嗎？只是在實齋的作品中，尊實學的說法較隱晦，並不像棄樸學的俯拾即是而已。

以字面看，可以看出章氏主張：

一、推崇道體，以爲道和一切物事不同等階，是超乎現象、超乎形質的本體，有「道之故而非道也」的區別，而且「道」不可見。

二、道的作用在人產生之前，人世一切活動都是道的作用，所以說：「未有人而道已具」。

三、道實存，可是無法直接用感官、理智察知，只能藉著人事（現象）來看，所以說：「道無可見」，又說：「可形其形而名其名者，皆道之故而非道」，而這個人事（現象）可以稱作「跡」。

四、「道」與「跡」有形上形下的關係。「道」是萬事萬物之所以然，卻不是非萬事萬物之實然；「跡」只是不知其然而然，卻不是所以然，所以說：「道者萬事萬物之所以然，而非萬事萬物之當然也」。

五、天體的作用極其自然，所以說一切社會制度都是「不得已而後起」，不是經過天「諄諄然命之」而後成。同樣的，「道」也不是人的智力產物，不是理智思惟的結果；「道」的呈顯，只是事勢的不得不然，所以說：「道者非聖人智力之所能爲」。

六、道是由天來顯現的，而天是自然現象的意思——所謂「道之大源出於天」意指道這個抽象而有實際作用的本體，須由自然現象來體現。這個「道」字具有絕對義而超越「萬物」；而「天」是該萬物而爲言的總名，具有宇宙論的意味；「出」則作顯現義解——傳統論「天」，有自然天與玄學天兩義，而所謂的玄學天有宇宙論和形上論的不同。一般所稱天地萬物的天屬自然義，是有形質，是具體的，與玄學抽象的說法不同。如果說章實齋認可天能生道，那麼天的層級便比道還要高，而章實齋道的位階便要降低，根本不足以做萬事流行與萬物生成的總原則，讓他努力寫作〈原道〉篇的立場整個失去，讓人懷疑他是不是該另外寫作〈原天〉才對？其間較合理的說法只有將這個「出」字解做顯現，說道須由自然事態物態的發展軌跡來反見，有體由用顯的意味在，才能平衡這句話裡的天與道的關係。

七、因爲道無形無質，樣態抽象，假如要想讓人們察見，非得給個途徑才行。於是章實齋藉「跡」來呈現。這便是「道器說」的淵源。

八、以器顯道的發展軌跡是由「有」而「形」而「著」的漸成過程，所以章實齋說：「有道矣，而未形……道形矣，猶未著……而道著」。

道為體，跡為用，這個「道」作用在物事，而形成「跡」的過程，是出乎自然的事勢發展，絕非理性的思考結果，所以章實齋說這個形成道的軌跡，是出乎自然之勢，是一種「漸形漸著，不得已而出之」的狀態。也因為過程出乎自然，所以章實齋稱之為「天」；只是這個天，純指自然而然的意思，與一般以超自然的神格或本體說天的講法不同。在這個逐漸形成的現象中，以歷程言，「出」是總說，「有」、「形」、「著」是分說。以因果講，「天」是根源，「有」、「形」、「著」是結果，分指萬事萬物的形成動力，以及在天的影響下，形成的各種事物、狀態。

九、跡與道相對而言。具體來說，跡可以是貫注在人身上的善性，也可以是人類在社會上的一切文化成就，所以章實齋說由道可以產生「仁義忠孝之名」與「刑政禮樂之制」。所謂各種事物、狀態，章實齋多將之限定在社會制度、社會現象裡——以「三人居室」、「部別班分」、「仁義忠孝之名，刑政禮樂之制」為言，這是因為章實齋個人的學術關懷只在人間、在當下的緣故，並不是道體的作用只能侷限在社會制度與現象而已。章實齋接受宋明儒者對「道」的結論，但是將重點放在器、跡，在器、跡之中，略過自然史（天地之前），而著重人類史、社會發展的典章制度。

十、由跡見道的條件是這個人夠聰明。如果想要由跡見道，必須具有大智慧、是聖人才可以。所以說：「道無可見。即眾人之不知其然而然，聖人所藉以見道者也」，又以：「聖人求道，道無可見。即眾人之不知其然而然，聖人所藉以見道者也」說明，認為聖人可以藉著眾人的形跡去體察道的作用、道的實存。也就是說章實齋認為，道的作用也許是超乎時空的，但它可以藉著因它而產生的諸事物展現他的實存。章實齋說，將欲見道，必須透過「一陰一陽之跡」，便是這個緣故。

所論看來的確具有濃厚的哲學意趣。

當然，因為：一、《易繫》所謂「形而上者謂之道，形而下者謂之器」的判分久已深入人心，而章實齋〈原道〉篇中確曾明引過《易繫》這段形上形下的話語。二、「道學」的名聲也太過響亮，讓大家習慣了一提起「道」字，便將它當作一種哲學名詞來思考；甚至認定如果有人提過「道」字，那這個「道」字，便可以當作統貫其人思想體系的一個關鍵字。三、章實齋所謂的

「道」，抽象性的確夠強，也可以因之建構起他大部分的學說，所以許多學者都喜歡用這種方式去解說章實齋的〈原道〉篇。〔註42〕但是試想：如果浙東學者由黃梨洲、萬充宗、萬季野、全謝山以下，一向都以學問當無虛語的觀念來看經史，〔註43〕而章實齋本人則常以學問經世做口頭禪，〔註44〕甚至自系學術淵源於浙東學派之間，〔註45〕認爲宋明理學家將道體高懸在萬物之上的思考方式甚多不是，〔註46〕那麼，哲學論題在章實齋的學術體系裡是不是占有麼大的比重，是不是「道」自身就是章實齋所以建構全部學說的基源想法，這種想法便頗須商權了。我們該注意的是，章實齋的「道」論雖然有濃厚的哲學理趣，其所以提出的根本目的則在倫理與社會。

章實齋他有多篇與〈原道〉同時寫成的論「道」文字，像〈原學〉、〈博約〉、〈經解〉……等篇，都顯現著類似的旨趣，那就是絕不自泥於談玄說理之中，而多由人倫制度立說，且以「道器合一，學不離事」作根本理念，都可以取做掌握章實齋〈原道〉篇旨與寫作背景的鑰匙。例如他在〈原學〉篇裡界定了「道」的本質以及「道」所以產生的原因和歷程，說：

> 道也者，成象之謂也……蓋天之生人，莫不賦之以仁義禮智之性，
> 天德也；莫不納之於君臣、父子、夫婦、兄弟、朋友之倫，天位也；
> 以天德而修天位，雖事物未交，隱微之地，已有適當其可而無過與
> 不及之準焉，所謂成象也。

便強調道是人間行事的準則。以爲這個準則是依乎人性（天德）、施諸人間可能有的各種人際關係（天位），經慢慢實驗、慢慢修正，而後發展完成的過程（成象）。呈現了個人立說多為人生而發、必由人事而立的現實傾向。

例如：〈原學〉以學貴落實於人間事務爲主題，說：「古人之學，不遺事

〔註42〕侯外廬《中國思想通史》卷五第十三章第三節〈章學誠的哲學思想〉前半段，有關實齋的天道觀、存有論、理在事中諸命題，便是以〈原道〉篇爲基幹寫成的文字。

〔註43〕浙江人民出版社印行，王鳳賢《浙東學派研究》第五編列有黃宗羲、萬斯同、全祖望三家，說黃氏倡導經世致用的思想，萬氏有經世致用的史學思想，而全氏本人也能學行並進，「重在實踐，不在詞說」。

〔註44〕〈天喻〉：「學業將以經世也」。

〔註45〕說見《文史通義》〈浙東學術〉篇。

〔註46〕〈浙東學術〉有云：「三代學術知有史而不知有經，切人事也；後人貴經術，以其即三代之史耳；近儒談經，似於人事之外別有所謂義理矣」，便對不扣緊人事的處理不表贊同。

物……所謂學古訓者，非徒誦說……必習於事而後可以言學……所貴君子之學術，爲能持事而救偏」，是〈原道〉學不離人事這一主題的重述。〈博約〉以學貴自立，不必徇於時風爲主題，說：「學貴自立，人所能者，我不必以不能愧也……患己不能成家耳」，〈經解〉說：「古之所謂經，乃三代盛時典章法度見於政教行事之實……夫子之述六經，皆取先王典章，未嘗離事而言理……六經初不爲尊稱，義取經綸爲世法耳」，強調學問不離人事，目的在經世濟民，仍是〈原道〉學貴落實這一道理的闡述。可以說章實齋總是鎖定「經世之用」作爲論道的主要宗旨。

章實齋說：「求道必於一陰一陽之跡」（〈原道〉中）——強調貴爲形上原理的道，必需由基礎形下的人事推演出來。他正要我們注意：在他提出「道出人間」的時候，重點是在「人間」這個事實，而不只是「道」這個觀念。〔註47〕他絕不讓道蹈空。

由於章實齋的學術宗旨總在經世，所以一如前節所言，他對當代必以考據爲治學唯一門徑，常常自陷在玩弄學問的光影中，卻不知人間疾苦爲何事的爲學取向感到極度不耐煩。也因爲相同的理由，所以雖然同是論道說器，章實齋的道器論卻和宋明理學家的說法有一明顯的區隔。

本來宋明理學家論學目的仍在齊家治國平天下，有其一定的社會義，其所以論道談氣，背景上還是因爲他們想要與佛家分庭亢禮，進而打擊佛、道兩家，以替儒家取得一正統地位而進行，所以在方法上，並不介意盡力汲取佛家、道家的長技納入自家學說，還「嘗試建立一種直接把哲學本體論和儒家倫理學統一起來的哲學體系」〔註48〕。由於同是爲服務世界而努力，所以宋明理學家的說法免不了會跟章實齋的說法有部分重同。例如孫復、石介以人事的三才、五常說道（「周公、孔子、孟軻……之道，三才、九疇、五常之道也」——《徂徠先生集》，〈怪說〉），歐陽修說道存在於具體事物中，通過具體事物表現出來（「所謂道者，乃聖人之道也，此履之於身，施之於事，而

〔註47〕 實齋論學本來就不以空談義理爲是，他根本就是一個極樸實的學者。劉尚榮、鄭吉雄兩位先生在談論實齋的〈原道〉篇時，曾經殊途同歸地摘出「經世」做他的底層意旨，正是因爲這個緣故。（說見台大中文學報第5期：鄭吉雄〈章學誠的道與經世思想〉）。而龔鵬程由章實齋將書定名爲《文史通義》，說他志在貫串文史，這也可以當作實齋志不在哲學的旁證。（說見氏著《文化符號學》〈文學的歷史與歷史的文學——《文史通義》〉一文）。

〔註48〕 這是張立文《道》第十一章引言中的話語。

可得者也」──《歐陽文忠公集》,〈與張秀才第二書〉),也有相當的質實性。胡宏除了強調道作仁義體用的總名(《知言》,〈陰陽〉)以外,更說道是事物的根本,是事物的存在依據,道與物有相互依存的體用關係(「道不能無物而自道,物不能無道而自物」──《知言》,〈修身〉);張栻說道須依附在器,有器才能有道(「形而上之道托於器而後行,形而下之器得其道而無弊」──《南軒易說》卷一)說法已與章實齋雷同。陳亮說道是事物的規律,存在於事物之中(「夫道之在天下,何物非道?千塗萬轍,因事做則」──《陳亮集》,〈與應仲實〉)、「夫道非出於形氣之表,而常行於事物之間者也」──《陳亮集》,〈勉強行道大有功〉),更是章實齋道器說的先聲。可是因為他們宋明理學家是以理,甚至是以心論道,主要說法仍屬哲學範疇,例如邵雍的道與心與一與太極相通,說「道為太極」「心為太極」、「太極一也」(《觀物外篇》),張載以氣的運動說道的本質(「由氣化,有道之名」──《正蒙·太和》)。二程以無聲無臭的本體說道(「蓋上天之載,無聲無臭,其體則謂之易,其理則謂之道」──《二程遺書卷一》)、以理說道(「又問天道如何」?曰:「只是理,理便是天道也」──《二程遺書卷二十二上》)、以心說道(「心,道之所在……心與道,渾然一也」──《二程遺書卷二十一下》),朱熹又延續著二程的說法,說道是形上之理、無形體無聲臭、是自然規律,是性、是理、是太極,是器的形成原理,終是免不了大量的抽象味道,所以到底要與章實齋異其面貌。等到陸九淵開宋明理學以心言道的先河,提出「道未有外乎其心者,自可欲之善,至於大而化之之聖,聖而不可知之神,皆吾心也」的講法(《敬端記》),王守仁繼起,提出心即道、心即理的命題,說「心體明即是道明」(《王文成公全集·傳習錄上》),更將道字說得抽象之後,即使陽明先生仍有道事相即,道器一致的說辭(事即道,道即事,引同上),可是勾聯道器,使之合一的基礎依舊是主觀的心,而不是客觀的事物,而這便和章實齋的說法距離更遠了。

總之,章實齋固然也說道論器,但他的道器論,焦點不在道與器的關係,卻在道須借器以顯的必要性之上。因為章實齋即使以「道」居天下最高的位階,章實齋依舊把「道」視為世界一切事物的產生根源,並當成天下文化、社會等制度的最後依據,所以他論學焦點便不會在內心,在修為;而將關懷點設在現實,在社會上。所以他的學術重心總在史料、民間等政治、歷史學的層面,跟宋明理學學者談的盡在理與氣、天與人、知與行等形上學、倫理

學上，大有不同了——這是章實齋和宋明理學家的明顯區隔。〔註49〕

因為強調為學以經世，且以經世作〈原道〉篇的主題，所以章實齋在〈原道〉篇中大量引經據典，甚至援用哲學、歷史、社會各理論作依據，好讓學說更具說服力。例如他在〈原道〉下篇引用《論語》「子貢曰：『夫子之文章可得而聞也，夫子之言性與天道，不可得而聞也』」，以及「夏禮吾能言之，杞不足徵也；殷禮吾能言之，宋不足徵也」兩段文字來證明孔子的學問也是一種實學。斷言：

> 所言無非性與天道，而不明著此性與天道者，恐人捨器而求道也。
> 夏禮能言，殷禮能言，皆曰：『無徵不信』，則夫子所言，必取徵於
> 事物，而非徒託空言，以明道也。

傳達個人「恐人捨器而求道」的焦慮，要人知道論事不可「徒託空言以明道」。

《論語》以外，章實齋甚至對孟子的「聖人說」做了一個全新的詮釋，說明所謂金聲玉振的集大成，周公才是玉振，孔子只是金聲；因為孔子只是傳道者，周公才是立制者，說：

> 孟子曰：「集大成也者，金聲而玉振之也」，竊取其意以擬周孔，周
> 公其玉振之大成，孔子其金聲之大成歟……蓋周公集成之功在前
> 王，而夫子明教之功在萬世也。

認可周公卻稍稍貶抑孔子，對傳統的周孔地位論做了極大的翻轉。強烈地向世人宣稱「為學必不可悖離人生」的道理，清楚地揭示章實齋他個人的學術精神。

除了引經據典的動作以外，章實齋在〈原道〉「仁義忠孝之名，刑政禮樂之制，皆其不得已而後起者也」一節以下說：

> 人之生也，自有其道。人不自知，固未有形。三人居室，則必朝暮
> 啓閉其門戶，饔飧取給於樵汲，既非一身，則必有分任者矣。或各

〔註49〕由於道字自《易經》、《老子》以下，一向是國人關心的論題。在殷代到春秋，以經由具體的道路義進化為抽象的規律義、方法義，至戰國是更有天人之道的說法出現；秦漢時期以太一說之，魏晉時期以虛無說之；隋唐時期說的是佛道，兩宋時期說的是理，元明時期說的是心，明清時期說的是氣，種種說法都可能對章實齋產生作用。此處說的只是對實齋有明顯影響的部分。何況仔細說來，實齋的〈原道〉，說到道的產生歷程，他將之歸約為因應人間社會諸般需求而自然產生。不管在理路的推出，或是藉以表達理念的形式，都跟《荀子》的禮論極相似。然則實齋的〈原道〉，其想法的淵源或許根本只是荀子，和兩宋諸子並沒什麼關係。我們根本不必多說實齋思想和宋明理學的淵源，實齋自己不就絕口不提自家學說和兩宋理學有任何血緣嗎？

司其事，或番易其班，所謂不得不然之勢也——而均平秩序之義出
矣。又恐交委而互爭焉，則必推年之長者持其平。亦不得不然之勢
也——而長幼尊卑之別形矣。至於什五千百，部別班分，亦必各長
其什五而積至於千百，則人眾而賴於幹濟，必推其才之傑者理其繁，
勢分而須於率俾，則必推德之懋者司其化，是亦不得不然之勢也——
——而作君作師、化野分州、井田、封建、學校之意著矣。故道者，
非聖人智力之所能為，皆其事勢自然，漸形漸著，不得已而出之，
故曰天也。

暗用荀子〈禮論〉，由經濟（分配房舍等財產）的分配，推進到人倫的規範（仁義忠孝等倫常），再到政治、地理、教育等各種制度的建立（作君作師、化野分州、井田、封建、學校等制度的成立），以呈現個人心目中的文化形成的圖像——而經由各種文化的形成來說明一切學問不可悖離人事需求的理由，這種說解方式，卻是一種社會學式的講法。

〈原道〉上篇章實齋又說：「學於聖人，斯為賢人；學於賢人，斯為君子；學於眾人，斯為聖人。非眾可學也，求道必於一陰一陽之跡也」，以為聖人如果能夠推演出、創制出任何的法規、典章，都是由於他能從大眾的需要反省出來的緣故——這種說辭，以淵源來說，是〈易傳〉的明引；以方法來講，是制度出乎人事需要這一觀念的再濃縮，這仍屬社會學理論的應用。

此外，章實齋又說古代學官合一，治教無二：「古者道寓於器，官師合一，學士所肄，非國家之典章，即有司之故事」（〈原道〉上），以為自古以來一切制度果然都是因應人事的需要而設置的；又說秦朝所以施行官師合一制是因為意在務實，卻不在獨裁，以為：「秦人禁偶語詩書，而云欲學法令，以吏為師，夫秦之悖於古者，禁詩書耳，至云學法令者以吏為師，則亦道器合一，而官師治教未嘗分歧為二之至理也」（〈原道〉上），甚至斷言：「六經皆器」，說：「後世服夫子之教者自六經，以謂六經載道之書也，而不知六經皆器也……夫子述六經以訓後世，亦謂先聖先王之道不可見，六經即其器之可見者也」這些言論都是章實齋針對「學不離事」這一個觀念，運用史學方式提出的說解。

至於章實齋又引《易繫》形上、形下的說辭，說：「易曰：「形而上者謂之道，形而下者謂之器」，道不離器，猶影不離形，強調道不離器，要人論道不可流於空疏。或直接、或間接的引用一些哲學書籍上的理論，來證明學不離事的主張。例如他說：

1. 「道爲天下至尊」、「道法出於天」、「道法自然」、「道高於萬物」，是老子道論的直接引用。

2. 「一切制度出於形勢的必要」，是荀子禮論的再發展。

3. 「一陰一陽」的講法，明顯援用到易經的說辭。

4. 「求道必在人間」是莊子「道在屎溺」的變形。

5. 「六經皆器」是莊子「六經皆先王之糟粕」的援引。

便都是哲學式的說解方法。

爲了強調學不離事的道理，章實齋還援借儒家最高的精神偶像作說明。例如章實齋在〈原道〉上篇說：

> 自有天地而至於唐虞夏商，跡既多而窮變通久之理亦大備，周公以天縱生知之聖而適當積古流傳道法大備之時，是以經綸製作，集千古之大成……周公集群聖之大成，孔子學而盡周公之道……周公集成之前王，而夫子明教之功在萬世也。

認爲不管是周公或是孔子，他們制定的制度、宣揚的學術，都是由人間的需要推展出來的。強調治者政事，其事與帝王有關；教者教化，其責歸乎師儒——由當位與不當位來區別周公與孔子成就與本質的差殊，把周公的地位大大地給予提升。在孔子之上冠以周公的說法，不僅在學術上顛覆了傳統以孔子爲天縱之聖、以爲天不生仲尼，萬古如長夜的講法；在精神上也體現了濃厚的用世意味。〔註50〕

〔註50〕 以歷史淵源論，這種主張是由韓愈的〈原道〉導出的。韓愈在〈原道〉中建立起由堯、舜到孔、孟的道統，並且由文王、武王到周公、孔子的有位無位做區別，劃分做帝統與學統兩個系統；說：「由周公而上，上而爲君，故其事行；由周公而下，下而爲臣，故其說長。」以爲爲君爲臣的差異，將造成事功有大有小的區別。實齋由此得到啓發，也有了「周公集治統之成，而孔子明立教之極」的說辭。

按：就以上幾個重點細按起來，章學誠的思想理路，跟韓愈相當接近。因爲：韓愈〈原道〉的思考焦點在政治、社會、學術與文化。韓愈他除了標示自己的學術依據在儒學（其所謂道，道其所道，非吾所謂道也——自家所謂的道，和釋、道所謂的道不同），學術本質是入世的（有聖人者立，然後教之以相生養之道——一切制度的建立和學說的闡述是爲了生養人民），學說的建立是因乎人事之必要（聖人的制作是「害至而爲之備，患生而爲之防」的），方法是平實的（其爲道易明而其爲教易行），學術宣言是對佛家與道家作對抗以外，他更希望借此導引當世的學風，使不流於空疏、詭異。儘管他激烈的手法（人其人、火其書）曾經引起批評，但是他的濟世熱情足以令人景仰。

而綜合章、韓兩家學說言之，可以發現：

除了周公、孔子以外，章實齋更將周公制定制度之理更上推到古代聖王或下拓到一般儒者去。如〈原道〉上篇所說：

> 三皇無為而自化，五帝開物而成務，三王立制而垂法，後人見為治化不同有如是耳，當日聖人創制，只覺事勢出於不得不然，一似暑之必需為葛，寒之必需為裘，而非有所容心，以謂吾必如是而後可以異於前人，吾必如是而後可以齊名前聖也……儒也者，賢士不遇明良之聖，不得位而大行，於是守先王之道以待後之學者，出於勢之無可如何耳。

勸勉古往今來，任何一個有德有能，不管是有位權與否的人，要他們時時為人民而努力，作個關心民生，於世有用的人。

可見不管是上推或下衍，章實齋終有一個學不離事的一貫主張——而學問必需應世，正是〈原道〉篇最顯豁的宗趣。

第三節　結語——《文史通義》的基礎觀念

章實齋的〈原道〉，其作用實不僅止於哲學、史學或社會學的意義，它甚至可以撐張起章實齋的整個學說體系——因為道的抽象性，讓它很容易地取得一種可以作為學說原理的地位。例如：

一、我們假如能掌握住章實齋對道的解釋，便能明白章實齋校讎學、方

一、韓愈強調學說須有應世義、平實義，想法和實齋的學以應世、學理須由人間需求推出的觀念若合符節。

二、韓愈在文末劃分了政統與學統（由周公而上，上而為君故其事行；由周公而下，下而為臣故其說長），這種想法與實齋於周公、孔子的評價，認定周公有位，可以推行政治主張，而孔子無位，只能宣揚政治理想的說法，關係更是形同母子。

三、實齋之借〈浙東學術〉建立起一個由王陽明開始的浙東學派學統，這種想法也和韓愈之所以必需建立一個由堯、舜、禹湯以至孔、孟的道術系統，有著極為神似的出發點。

以上種種的重同，多到讓我們懷疑，實齋在寫作〈原道〉時，是否曾經受到韓愈同題作品的某些啟迪？甚至或多或少的，是以韓愈的想法做藍圖的？最後也只是因為時代丟給他們的課題不同，他們的解決方案也各有分異，以致面貌稍有歧殊而已。篇題相同，而時代居後，後人對前人之作免不了有所承襲；因為回應的時代命題不同，論述重點也會有所轉出；這是各家論學免不了的現象——同樣的，既善於吸收傳統之長，又能相應於時代的需求，實齋〈原道〉篇在歷史上正具有這雙層意義。

志學如何部書、如何分體的原理。因為章實齋在〈原道〉篇強調的道由器顯，而道為形上、器為形下的二分法，正是《校讎通義》層層分部的部書法，甚或是〈方志辨體〉強調「志書層級不同，記載重點便須有異」這一主張的遠源。

二、我們如果能掌握住章實齋對「學必因事」——所有的學說都有政教的影子，所有的政教都是本乎人事的需求——的強調，便能明白章實齋為什麼在編纂群書時要堅持能述源頭，效法《漢志》，點明某學必源出某官守；在政治立場上強調尊君忠國，（如編方志一定先立〈皇言記〉）手段上不忌諱專制政治的緣故（如認可秦始皇的思想箝制，以為合乎古代官師合一的理想）。

三、我們如果能掌握住章實齋「道須合時」——所有的學術政令的推出必需因乎時代的需求——的觀念，便會明白章實齋何以會反對樸學，而引出六經皆史的講法。因為要求合時，所以讓章實齋對當代樸學的背棄人生現實相當反對；同樣的，也讓他對空談理氣，於世局卻沒有直接幫助的宋明理學感到不耐煩。我們可以說，章實齋對道須應時的深刻回應，是章實齋何以直接清初實學，有用世精神的根本原因。

四、我們如果明白了章實齋「道由跡顯」的觀念，便會明白章實齋的「六經皆器」的觀念和「六經皆史」說，究竟是怎麼一回事。因為六經是聖人所以宣揚古聖王之政制的教本，而古聖王的政制又完全本乎人事的需求，如此層層相推——因人事而有制度，因制度而有教化，因教化而有六經——然則六經都是政令記載，是檔案、史料和展現古聖王行政智慧與施政精神的寶典，當然可以說是六經皆史、六經皆器了。

認可了六經皆史說，便能認可章實齋為什麼要強調「道法自然」；明白了「道法自然」的事實，便可以明白章實齋必以社會進化的事實說解這個道理的原因；且明白章實齋學問必以濟世、認為六經載有先王行道之跡，以及孔子固然是因此價值而輯錄群經，後儒也當循此以研經，千萬不可迷信經書，以為捨此無學的種種相關學說。

五、六經皆器說導出了章實齋對史料的重視。他談史學、從事編輯志書的工作，且強調志書必錄文徵、掌故，有意進行大規模的改寫史書（如《宋史》），也有意編輯歷史典籍總目（如《史籍考》），這些都是他重視史料的表現。又因為章實齋重歷史，所以讓他在編輯群書而做目錄時，會強調源流的追溯。

六、更因為章實齋重視道對人事的作用力，所以他講學問都以濟世為宗旨。

他說：「道出自然」，用力證明「道」的自然義；又認定周公、孔子的成就有極大的因緣是由於時會使然，不肯神化聖賢；說：「理學病在捨器求道，樸學失在買櫝還珠」，同時指陳了宋儒、清儒的盲點；說經書是器而不是道，拉下經書的神話地位；種種努力，目的也只在藉以導正時風，且為後來學者展示一個治學的正途而已。

總之，章實齋論學的根本原則是「治學所以施政，施政所以濟世」，其系列理論都是由〈原道〉篇來貫串的，我們可以說「道」這個觀念是章實齋學術體系的基源觀念。雖然這是他五十二歲實的作品——我們不可以因為他立說早，就懷疑它在學術上的抽象性、貫通性。只能說，章實齋對自己有必要建立一個用以貫通自家學說的原理，是很早就有的醒覺。〔註51〕

〔註51〕這種講法，不僅可以，也導出了曾國藩在詞章、義理、考據之外，另立經濟一門的概念——實齋〈原道〉篇的影響在這裡，重點也在這裡。若如邵晉涵說：「此乃明其《通義》所著一切創言別論，皆出自然，無矯強耳。」（〈原道〉篇跋）失卻了實齋的用世精神，恐怕便與實齋原意稍隔一層了。

第二章 以經爲史的群經說

　　章實齋的道器論雖然可以撐張起章實齋整個學術體系，可是這種由器見道的說法終嫌抽象，所以章實齋仍須提出更具體的官師合一說、六經皆史論等經學理論，來落實他的道器論。〔註1〕

　　本章因以官師合一說與六經皆史論爲主軸，先說章實齋所以建立經說的背景，點明那是因爲章實齋痛心於當時學者自溺於考據技巧，卻忘記了研經所以濟世的緣故；然後揭示章實齋經說的重點，以：經學分論、史學走向、經世精神三項，說明章實齋經學觀念的基礎及其演變，並附帶說明章實齋各篇經說的重點；最後則以點明章實齋的經學觀念與清初學者較接近的事實作結，說明章實齋的演說，是一個與道器論相生相成的理論。

第一節　立說背景──乾嘉經說以外的新路徑

　　章實齋所以提出經說，和他的時代背景息息相關──因爲乾嘉時代固然是一個經學中心的時代，卻也是一個考據盛行的時代；當學者沈迷於精嚴縝密的考據方法，以致迷失了所以治世的根本目的時，章實齋就有提出針砭以導正之的必要。

　　乾嘉學者由於運用考據太過成功，因生輕視前代學者之心，專斷地提出「通文字然後可以曉文章，曉文章然後能知經義」的研經規則，以爲訓詁便是治經的無上心法；卻沒意識到，這種自以爲是的踏實，根本是一種比宋明

〔註1〕實齋的經說系列寫作時期有在〈原道〉前，也有在〈原道〉後的，可以說他的經說系列有些是所以引生〈原道〉的說法，如〈詩教〉、〈原學〉、〈經解〉、〈博約〉，有些則是在繼續證成〈原道〉的作品，如〈禮教〉、〈書教〉、〈易教〉。

理學更爲嚴重的僵滯，對清初學者提出的經世理念根本是一種逆轉與迷失。

這批乾嘉學者，他們不自覺經典本身的侷限勢將造成考據的侷限；他們不知道考據最大的功能只在反映被研究的書籍的眞實面貌；當經書本身都不足以應付後世的事件時，考據工夫再好，也沒有辦法透過經書解讀去解決世界的難題——章實齋正是精確地看到經書這個侷限，所以他才會對當世之一以考據爲能事的自大憂心忡忡，以爲當時學者都缺乏因應世變的融通能力，因提出：「夫道備於六經，義蘊之匿於前者，章句訓詁足以發明之，事變之出於後者，六經不能言，固貴約六經之旨而隨時撰述以究大道也」的說法，以爲經學的要義不在經文的解釋，卻在探求經書所要解決的事變，以及所以解決事變的方法；要學者透過六經而超越六經，借鏡聖人而超越聖人，由六經經文作歸納引申，針對各個時代的困境，提出最好的解決辦法。

當然他也擔心，當時專主考據的學者，不知道意念之化成文字、再由文字立體爲理論，必將遺失許多精髓；而幾經時代變遷，原有理論也未必適用於後世；所以強調即使是聖人之說，聖人之書，如果想讓它具有實效於當代，也當針對時代的情境與需求，做必要的更革；絕對不可以亦步亦趨，一味地依樣畫葫蘆，所以他在〈鄭學齋記書後〉提出：「世之學者喜言墨守，墨守固專家之習業，然以墨守爲至詣，則害於道矣」的說法更在〈博雅〉篇中拿古今學風做比較，感嘆今不如古，說：「古人之考索，將以有爲也。旁通曲證，比事引義，所以求折衷也。今則無所爲而競言考索……不求其是而務窮其類」，強烈反映了他那絕對不會迷信經書，卻能注視現實的歷史精神。

章實齋固然認可經學，以爲治理天下所需的眞理完全匯聚在六經之中；也承認透過章句訓詁的詮解，可以發明六經的義蘊，可是卻更要強調：經書固然出自聖王之手，但因時代變異，古代聖王無法預見後世的需求，預設解決的方案，因使經書形成不可救藥的缺陷，堅決認定：即使經書是聖人手定，在古代曾經產生極好的功用、極大的影響，卻未能直接有效地針治後世的行政困境，雖有參考的價值，卻不是絕對的眞理。〔註2〕

章實齋堅持，經書在古代雖然被尊作聖典，在今日終究只是一種僅供參

〔註2〕 因爲重視經世，所以實齋在〈與陳鑑亭論學書〉中說：「故知道器合一，方可言學」，又說：「六經未嘗離器言道」，並在〈原道〉中篇說：「夫子述六經以訓後世，亦謂先王之道不可見，六經即其器之可見者也……捨天下事物人倫日用而守六籍以言道，則固不可與言夫道矣」，表明：六經的價值在可以讓世人藉它以反見聖人因時立制的精神。以爲經書只是見道之器，卻仍不是道。

考的史料，所以他要學者冷靜反省，如果經書的方案已經落伍，價值已經隨著時間而削弱，而學者卻依然皓首窮經，甚至專以章句訓詁自恃，自認已經掌握住經書道理的精要，便是一種偏頗的看法。章實齋希望學者能夠具有「因應時變」的歷史洞識〔註3〕，而這便是章實齋寫作新經說的主要背景。

第二節　學說內容

　　爲了替「學以經世」一理念找歷史根據，也爲了糾舉學者沈迷於小道的錯誤，章實齋採用以子之矛，攻子之盾的方式，發表系列經學作品，提出成串經學新說，如〈詩教〉（作於四十六歲）、〈經解〉（作於五十二歲）、〈禮教〉（當也是五十二歲的作品）、〈書教〉（作於章實齋五十五歲時）、〈易教〉（作於五十九歲時），嘗試以史學經世的思考，抽樑換柱地給儒家的傳統經典注入一些更深沈的入世關懷。

　　除了「經史合流」、「官師合一」兩大觀念以外，章實齋更有系列闡釋經書本質的學說。如他藉著〈詩教〉篇解答諸子淵源、文體演變、文學本質等論題；在〈禮教〉篇則提出《三禮》以《周禮》爲尊、周公地位高過孔子、《三禮》可以拓爲《四禮》、爲子部、集部的淵源等觀點；在〈書教〉篇中則說明《書經》的本質、理想的史法、各種史體的得失、史學史的建立、圖表的運用、文苑傳的形成等說法；並在〈易教〉篇中倡言六經皆史說、文學創作原

〔註3〕　實齋強調學術所以經世，所以他說：「古今以來，合之爲文質損益，分之爲學業、事功、文章、性命……皆因偏救弊，有所舉而昭示於人，不得已而強爲之名，定趨向耳。後人不察其故而徇於其名，以謂是可自命其流品，而紛紛有入主出奴之勢焉……是皆知其然而不知其所以然也」〈天喻〉，將學業、事功、文章、性命等學門並列，以爲考據一學固然可以與天下學問共生共榮，卻不可以持以對其他學門濫加伐�；以爲不管是文學創作、事功學派、性理之學，或考據之學，都有他的重要性；刻意申明考據絕不是天下獨尊的學問。並譏評戴震，說他自謂「當世號爲通人僅堪與余輿隸通寒溫耳」爲「有傷雅道」，說他「自尊所業，以爲學者不究於此，無由聞道，不知訓詁名物，亦一端耳」爲自詡博偉，說他「學術實自朱子道問學得之……顧以訓詁名義，偶有出於朱子所不及者，因而醜詆朱子，至斥以悖謬，詆以妄作」爲數典忘祖，在教學上，「與及門之士，則授業解惑，實有資益；與欽風慕名而未能遽受教者，則多爲慌忽無據，玄之又玄，使人無可捉摸，而疑天疑命，終莫能定」，對學者教導不夠眞誠──其實當他怪罪戴震獨尊訓詁之自大，擯斥宋明學者之狂妄，不肯眞心開導學者之自私時，也等於同時對整個世代的學術風氣提出怒斥。他正在宣稱：學人爲學應該謙虛、眞誠；對時代，對後學，都有開導的責任。

理並推尊《易經》。其時或因《樂經》早已不存，而《春秋》的史學性質在〈書教〉篇已經交代完畢，所以不須另外提出，〔註4〕但以這幾篇作品來看，已經可以看出章實齋在經學天地裡的宏大貢獻。

一、經史合流

章實齋以經爲史的論述，首先展現在他以經書涵具史料本質，不僅含有思想史、文學史、史學史，也含有社會史的功能。

例如〈詩教〉篇，章實齋便強調經學、子學具有歷史淵源，以說文體的轉換歷史，還嘗試爲中國文學找源頭。

例如他先論及諸子學史，說：「周衰文弊，六藝道息，而諸子爭鳴」，以爲在周朝禮制崩敗之後，經學影響力減弱之後才有子學的興發。認爲經學、子學是兩個相起伏的思想力量；經學勢大時，子學也許冒不出頭，但等到經學聲勢銷歇的時候，子學便顯出他的影響力來了。這種想法，雖然不見得便將中國思想的總根源設定爲群經，但說經學與子學兩者之間擁有因果相連的緊密關係，卻已將子學與經學連了線。

接著章實齋又說：「時至戰國而後世之文體備」，他以文體發展爲命題，說明文學的成熟歷程，以及整個文學發展的問題。強調：戰國時期是我國文學發展上，由合而分、由簡而繁、由官而私的轉換關鍵，認定戰國時期是我國各體文學基本形式初步發展完成的時代，是我國文學活動的第一個高潮時期。他「即文選諸體，以證戰國之賅備」，說：「京都諸賦，蘇張縱橫六國，侈陳形勢之遺也；上林、羽獵，安陵之從田、龍陽之同調也；客難、解嘲，屈原之漁父、卜居，莊周之惠施問難也；韓非儲說，比事徵偶，連珠之所肇也……孟子問齊王之大欲……七林之所啓也……」，由古以迄今，鉅細靡遺地詳舉各體作品間與戰國文學的傳衍關係，證明漢代以來的作品果然多與戰國有關。〔註5〕然後再

〔註4〕 內滕虎次郎認爲〈書教〉已經說盡《春秋》當說的史意，所以不必贅述。（文見蘇振申譯氏著〈章學誠的史學〉，《文藝復興月刊》1卷2期頁21）錢穆說是孔子有德無位，本不能寫作《春秋》，所以《春秋》不能當作孔子所傳的治世之書，所以不能等同於其他經典，而作〈春秋教〉。（〈孔子與春秋〉，《兩漢經學今古文平議》，頁270）。王克明以爲是《春秋》強調夷夏之辨，在清朝的文網裡，多言恐將賈禍的緣故（〈章學誠先生的學術思想概述〉，《致理學報》2期頁55）。

〔註5〕 當他舉《文選》來和諸子相比時，僅是舉此類彼，以一說多，推理太過粗疏，終免不了以偏概全的毛病。可是實齋在評論各家文章時，能從作品整體的精神、架構和布局來論流衍，而不僅只運用修辭或八股章法等層次較低的方法

用官師合一制的解體來加以說解、證明戰國時期果然是我國文學發展上的逆折且再拓展的時期，說：「古未嘗有著述之事也。官師守其典章，史臣錄其職載，文字之道，百官以之治而萬民以之察，而其用已備矣……至戰國而官守師傳之道廢，通其學者述舊聞而通於竹帛焉……然則著述始專於戰國，蓋亦出於事之不得不然矣」，以爲在古代，官府是唯一的知識來源，民間的知識必需仰賴官師的傳授，但自戰國，知識便有下降、轉移到人民手中的趨勢了。說明因爲制度上有變動，因造成文學創作上，如作者身分、如文體形式的變動。強調「時至戰國而後世之文體備」，主張我國文學形式的完成正在戰國時期。

　　除此以外，章實齋還嘗試爲中國文學找源頭。他除了說：「戰國之文，其源皆出於六藝」，初步認定中國文學的總源頭在六經。然後再進一步劃分天下學術爲兩大類，〔註6〕將文章區分作著作文與抒情文兩種——以爲著作文嚴謹，抒情文豐富，而這兩個特質恰好與禮樂相合。因爲《禮》的本質嚴謹，可以演化出一切專門治術，《詩》的本質宏厚，可以演化出百家馳說。於是章實齋便如此縮小他的源頭，說《禮》、《樂》是一切文學作品的根源。甚至添上一句：「戰國之文多出於詩教」，以爲《詩經》的特質是言志與抒情，正是文學的本質所在，以此斷言文學的總源頭在《詩經》，〔註7〕而這些論述並同

來作說明，也可以看出他在文學理論方面的高度素養。何況，當實齋刻意證明後世文章淵源於諸子時，不僅是嘗試將諸子在哲學的意義之外，更賦予文學的意義（難怪近代學者也常常喜歡寫作以諸子文學爲題的篇章），也呈示了實齋爲學上以史爲主，且以思想包文學的固定傾向。這種想法是世人自《文心雕龍》〈諸子〉篇以後便再也少見的想法。這大概是章實齋不僅要被視爲史學大家，也要被尊爲文學理論專家的緣故吧。

〔註6〕　他依照著官師合一學說，先將學術分爲專門治術與百家馳說兩種，這個區分。隱述著官學散爲私學的轉換歷程；其後實齋又按照諸子作品究竟保存多少官典的精神而作區分，將百家馳說分爲專門之業與縱橫騰說兩種，說明諸子作品有的實用意味仍濃，有的已發展到純粹抽象思考層次；最後在縱橫騰說中，再將這類作品就著有無個人抒情在裡頭，而分作真假兩個類型。這個剖分過程，我們可以用表格呈示如後：

　專門治術
　百家馳說　　　專門之業
　　　　　　　縱橫騰說　　　抒情
　　　　　　　　　　　　　無志

〔註7〕　這種由經而子，由子而集的文學史發展觀念，實齋在〈立言有本〉中發揮得最爲透徹。他說：「史學本於春秋，專家著述本於官禮，詞章泛應本於風

時標明《詩經》的史料性質。

　　章實齋以《書經》具有史料性質的說法更是觸處皆是。所以主張《書經》本身便是史書，而紀傳、紀事本末，甚至編年體，都是脫化自《書經》。

　　如章實齋在〈書教〉裡說：「《藝文・周書》七十一篇，即今《逸周書》也。班固自注爲《周史記》也；劉向謂孔子所論百篇之餘，然則《尚書》無論百篇內外，皆得稱《周史記》」，便以爲《尚書》的性質跟一般史書全無分別。

　　除此之外，章實齋還從後世史體有受《書經》啓發而開發出來的事實，說明《書經》的史料性質。例如他說：「遷書體圓而用神，猶有《尚書》之遺」，以《史記》體式淵源自《書經》。又說：「按：本末之爲體也，因事命篇，不爲常格，非深知古今大體，天下經綸，不能網羅隱括，無遺無濫；文省於紀傳，事豁於編年，決斷去取，體圓用神，斯眞《尚書》之遺也」，更以爲連紀事本末體都是的體式，都是由《書經》發展出來的。

　　至於編年體的淵源，章實齋借「《書》亡然後《春秋》作」一語來說明。他點竄孟子名語：「王者之跡息而《詩》亡，《詩》亡然後《春秋》作」，爲：「《周官》之法廢而《書》亡，《書》亡然後《春秋》作」。說前言只能推源《春秋》之用，後者才能辨識《春秋》之體，以爲孟子說：「王者之跡息而《詩》亡」的意義是：爲政者不再採詩，使詩無餘響，而詩歌的來源爲之中絕的緣故。「《詩》亡然後《春秋》作」的意義則是：孔子爲了讓民情、甚或一切史實昭然於世，於是根本魯史，並加入個人之褒貶而著《春秋》，讓亂臣賊子懼而不敢爲非的意思——章實齋引這一段話，是因爲他認爲孟子這段話的根本意義是：《春秋》之創作，是由於孔子擔心民情不能上達，眞實的歷史不能下傳，因使亂臣賊子肆無忌憚，且至胡作非爲的緣故——由於重點只是落在說明《春秋》所以創作的背景，所以章實齋說：這兩句話可以讓人推源《春秋》之用。可是章實齋他想進一步瞭解《春秋》的體例淵源自什麼地方，因說《春秋》的創作精神沿襲自《書經》。以爲：《書經》材料中絕了，《書經》所以供人採擇的教訓不在了，孔子擔心《書》教不能延續，所以挺身出面寫作《春秋》，因爲他相信《春秋》、《書經》皆以經世、同屬史書。因爲都是史書，所以兩

　　　詩，天下之文，盡於是矣。子有雜家，雜於眾而不雜於己，雜而猶成其家者也：文有別集，集亦雜也，雜於體不雜於旨；集亦不異於諸子也」，涵蓋面益加廣闊，而措詞更形簡約。〈詩教〉是四十六歲的作品，〈立言有本〉作成於五十二歲。其中言論周密度的差距，可以看出實齋學思成熟度的變化。

書便有可以有相沿襲、相啓發的關係；因爲都以經世，所以前書絕，後書便有立刻接續而寫的必要性。

有關《禮》之爲史，章實齋藉〈禮教〉篇作說明。他說：「孔子曰：吾學周禮；韓宣子見《易象》《春秋》，以爲周禮在魯。禮之所包廣矣，官典其大綱也」，直接說《周禮》的性質是官方典章。確認《周禮》的性質是政典，屬史料。他不許人將《周禮》當作一種學問研究資料，所以他又說：「近人致功於《三禮》，約有五端：溯源流也，明類例也，綜名數也，考同異也，搜遺逸也。此學者應有之事，不可廢也。然以此爲極則，而不求古人之大體，以自廣其心，此宋人所譏爲玩物喪志，不得謂宋人之苛也」，認爲《周禮》創作目的在經世，學者不當疏忽這種有益現世的實際作用。

至於《易經》本身，章實齋也提出《易經》實屬史料的觀點。如章實齋在〈易教〉上篇裡先刪節、重組〈繫詞〉上第十一章的文字說：「聞諸夫子之言矣。『夫《易》開物成務，冒天下之道，知來藏往，吉凶與民同患』，其道蓋包政教典章之所不及矣」，以爲《易》可以通萬物之志，成天下之務，其道可以冒覆天下，可以預示人民的吉凶，可以影響、涵蓋、預測天下的事務。由《易經》的寫作目的，界定《易經》的性質，以爲《易經》的創作形式是行政檔案，在後世便是可供行政參考的史料。更是一個顯例。

如果群經都是史料，那〈易教〉篇的「六經皆史」說，也就不證自明了。

二、經　說

（一）詩　說

章實齋最早的經說作品是〈詩教〉篇，他在其中解答了諸子淵源、文體演變、文學本質等論題。

有關〈子學的淵源〉、〈文體演變〉這兩個論題，已在前節說明過，此處只說〈詩賦同流〉。〔註8〕

〔註8〕　胡適先生能跳過《漢志》〈諸子略〉的諸子出於王官論，提出先秦諸子出於救世的說法，恐怕是以實齋的說法爲借階的。又，後來實齋在〈易教〉篇裡說：「諸子百家，不衰大道，其所以持之有故而言之成理者，則以本源所出，皆不外於周官之典守」，直接以諸子與王官有承續的淵源——這表示實齋有意向官師合一制靠攏，也印證著實齋對思想史的研究有相當的興趣。其實，正如《校讎通義》提出的「辨彰學術，考鏡源流」，便是一種思想源流的辨析問題，所以實齋對思想史的研考，本來便極爲熱中，只是此處實齋在此乃就整個學

　　章實齋說：「後世專門子術之書絕而文集繁，雖有純駁高下之不同，其究不過自抒其情志」，認定能夠具有作者眞性情的作品才具有深刻的價值——文學作品在內容與形式上，章實齋總是以內容作基據的。

　　由於強調眞性情，所以章實齋甚至借此跨越過文體的鴻溝，以賦作詩。說：

> 文指存呼詠嘆，取義近於比興……不必諧韻和聲，而識者雅賞其爲風騷遺範也……傳曰：「不歌而誦謂之賦」，班固氏曰：「賦者古詩之流」，劉勰氏曰：「六藝附庸，蔚爲大國」，蓋長言詠嘆之一變，而無韻之文可通於《詩》者，亦於是而益廣也。

認爲凡是有情志的作品都是詩之流亞。

　　相反的，就詩歌一體來說，章實齋也會認爲：即使詩歌作品具有詩的格律，如果少了抒情的特質，那也只是徒具詩歌的形式，仍然不能稱之爲詩，以爲：「聲韻之文，古人不盡通於詩」，堅決地強調內容重於形式的文學主張。

　　這種說法與《校讎通義》中別裁的精神相通，與他的部書原理相同，也展現了強烈的尙用精神——尙用，那是文學功能論，所以章實齋的〈詩教〉篇，碰觸的文學範疇，眞是不少。

　　總之，章實齋以文體發展爲命題，說明文學的成熟歷程，以及整個文學發展的問題。這種做法不僅是嘗試將諸子在哲學的意義之外更賦予文學的意義，更呈示了章實齋爲學以史爲主，且欲以思想包文學的固定傾向。而這便是章實齋對《詩經》的整體看法。

　　章實齋接著〈詩教〉論述的重點是〈禮教〉。

　　在〈禮教〉篇裡章實齋提出《三禮》以《周禮》爲尊、周公地位高過孔子、或是《三禮》可以拓爲《四禮》、爲子部集部的淵源諸說法。

　　章實齋在〈禮教〉篇中先將《周禮》定位爲：周公因應世變，欲便當代施行，且爲後世遵循所製的行政要典。又在〈原道〉篇中說：「周公以天縱生知之聖，而適當積古流傳、道法大備之時，是以經綸制作，集千古之大成」，認爲《官禮》是周公因著（１）時代的因緣際會（２）傳統的文化累積（３）個人的智慧累積（４）有意地爲世創制，才制作出的經典，以此證明《官禮》之可貴。

　　進一步地，章實齋又在〈禮教〉篇說：

術潮流作判定，格局比《校讎通義》時期更爲遼闊而已。

或曰：周公作《官禮》乎？答曰：周公何能作也？鑑於夏殷而折衷於時之所宜，蓋有不得不然者也。夏殷之鑑唐虞、唐虞之鑑羲農黃帝，亦若是也。亦各有其不得不然者也。故曰道之大源出於天也

借昊天強調了《周禮》本身的尊貴性，借「不得不然」強調了《周禮》製作上的必要性，並以之尊崇《周禮》的學術地位。

最後章實齋又說：「或曰：周公作《官禮》乎？答曰：周公何能作也？鑑於夏殷而折衷於時之所宜，蓋有不得不然者也。夏殷之鑑唐虞、唐虞之鑑羲農黃帝，亦若是也。亦各有其不得不然者也。故曰道之大源出於天也」，繼續強調周公之製作《周禮》，一本乎天下的需求，不曾有一絲個人的私念在其間。

凡此，都是章實齋一再說明《周禮》是聖人因應時代需要，綜融傳統文化而成，展現聖人智慧，屬有用之作的說詞。

除了推尊《周禮》是聖人因世製作的寶典以外，章實齋又在〈禮教〉篇中強調：「治見實事而教垂空言」，認爲行政才能直接對人民產生影響力，不像教育只能透過思想，慢慢造成一種影響，形成一股力量，所以教育家的地位終不如政治家，二者自有高下可分──本於這種觀念，章實齋便主張：周公與孔子二人在歷史上雖然並稱爲聖，可是因爲一爲周法制的創制者，一爲但作傳述者，在行政資歷上有不同，歷史地位到底不同，主張周公比孔子偉大。〔註9〕

〔註9〕爲了平息傳統學者的質疑，章實齋還在〈經解〉篇中宣稱：周公成文武之德，適當帝全王備，殷因夏監，至於無可復加之際，故得藉爲制作典章，而以周道集古聖之成……孔子有德無位，即無從得制作之全，安有大成可集乎……治見實事，教則垂空言矣……蓋周公集成之功在前王，而夫子明教之功在萬世也。
並在〈原道〉中篇再次說明：儒家者流，尊奉孔子若將私爲儒者之宗師，則亦不知孔子矣。孔子立人道之極，未可謂立儒道之極也……儒也者，賢士不遇明諒之聖，不得位而大行，於是守先王之道以待後之學者，出於世之無可如何耳。人道所當爲者，廣矣大矣，豈皆身當無所遇，而必出於守先待後，不復涉於人世哉？
認定孔子不如周公，只是不逢時、不在位的問題，他在救世的熱情上，和周公完全一致：以爲孔子若非屈爲人臣，又不曾遭遇明君，不能施展抱負，否則必不甘以萬世師終其身──但他到底認定孔子畢竟不如周公。以爲經之可貴，在世人可以因經文以反見古制；經之淪落，卻在世人之徒知以群經爲教本。以爲直以群經爲孔門的教本，卻不知群經本當是政典的人，都是數典而忘祖、不知孔子真精神的人。將周公、孔子的地位，兩相移易，將周公由政治人的身份額外地賦予學術人的特質，徹底地展現了個人的用世精神。

　　章實齋〈禮教〉說:「〈中庸〉篇曰:「禮儀三百,威儀三千」。劉向以三百爲《官禮》,所謂經也;三千爲《儀禮》,所謂曲也……建官立典,經緯天人,庶足稱禮之實。容儀度數,不過一官之長,何足當之?古人所謂儀也,非禮也」,以「官典」壓「常儀」,說《周禮》是經,而《儀禮》爲曲;直接宣稱:《周禮》的學術價值高過《儀禮》。

　　由於確立了《周禮》、《儀禮》的主從關係,所以章實齋便可援借:《大戴禮記》、《小戴禮記》取材淵源相同,著作目的齊一,同時是解釋《儀禮》經義的作品等傳統想法,先接續二記於《儀禮》之下,再接續《儀禮》到《周禮》之下。將《三禮》的範疇與予重組與擴充。使「三禮」成爲「四禮」,且爲三層的結構,如章實齋再〈禮教〉篇說:「《漢藝文志》,《官》《儀》二禮與禮家諸記合爲一種,後世《三禮》所由名也。其實諸記多爲《儀禮》,而傳《周官》者,非專門之學即無成書,名爲《三禮》,實二禮也……今之《三禮》,乃《官》《儀》二禮合《小戴記》耳。此乃學校所頒,其實當合《大戴》爲《四禮》也」,便是這個意思,認爲《三禮》可以拓爲《四禮》。

　　章實齋認爲集部是子部的演伸,而子部又是經部的演伸;以爲子、集之分只在文旨的純駁而已;又以爲當群經仍保有政典的特質時,才是最有價值的著作,其後散而爲諸子、爲散篇著作、爲文集時,是不免每下愈況、等而下之了,所以他說:

　　　子有雜家,雜於眾不雜於己,雜而猶成其家者也;文有別集,集亦雜也,雜於體不雜於旨——集亦不異於諸子也。

又說:

　　　集之興也,其當文章升降之交乎?古者朝有典謨,官存法令,風詩採之閭里,敷奏登之廟堂,未有人自爲書、家存一說者也。自治學分途,百家風起,周秦諸子之學不勝紛紛,識者已病道術之裂矣,然專門傳家之業,未嘗欲以文名……兩漢文章漸富,爲著作之始衰,然賈生奏議編入新書,相如辭賦但記篇目,皆成一家之言,與諸子未甚相遠,初未嘗有匯次諸體,裒焉而爲文集者也。自東京以降,迄乎建安、黃初之間,文章繁矣,所次文士諸傳,識其文筆,皆云所著詩賦碑箴頌誄若干篇,而不云文集若干卷,則文集之實已具,而文集之名猶未立也。自摯虞創爲文章流別,學者便之,於是別聚古人之作,標爲「別集」,則文集之名,實坊於晉代。

　　主張集部雖然包有各種文體，可是其遠源便是子書；而且即使其表現型態已由專門治術流而爲以聞名家，但其內容總是呈顯著作者本人統一的生命特質，和論議主旨畫一的諸子依舊近同，所以別集也算是一本本的子書——〈立言有本〉與〈文集〉這兩段文字，正傳達了章實齋對經散而爲子、子散而爲集的遞演觀點。今若合之前節所述：群經統於周官、或〈詩教〉篇所宣稱的：「典章散而諸子以術名，故專門治術皆〈官禮〉之變也」這種觀點，便可以以子統集、以經統子、又以〈周禮〉統經，層層遞上地，即以〈周禮〉統子、集了。這是章實齋以〈周禮〉統眾學的理論。

　　章實齋在〈書教〉又提出理想的史法、各種史體的得失、史學史的建立、圖表的運用、文苑傳的形成等論題。

　　章實齋心目中自有一種理想的史書體裁。他認爲理想的史書須有下列各個特點：資料豐富、取材嚴謹、書法靈活其法。

　　因爲希望它對世人有用，所以材料必需可靠，而且資料是越多越好。所以章實齋說：「別記外篇皆得從而附合之，亦可明書教之流別矣」。

　　資料的豐富加上可信的內容，可加強著作重要性，所以章實齋極力強調檢審史料的必要性。而這也是爲什麼章實齋對周朝官制那麼沈迷的原因之一因爲周朝史官對重要史料的相互記存，正是一個增加史料可信度的極佳示範。

　　有關靈活其法，跟踏實、廣泛的記存史料，章實齋發明了兩個專有名詞來說明。那就是：圓神與方智。所謂方，是指史料的記存嚴謹可靠；所謂智，是指史料的去取精準合用。方以智，強調的是史料的搜取與考辨的功夫。所謂圓，是指史家對史料的運用恰到好處；所謂神，是指史家對史料的運用靈巧入神。圓而神，強調的是史家對史著的建構能力。

　　「撰述欲其圓而神，記注欲其方以智」，章實齋爲《易經》這個哲學名詞，灌入了史學的意趣。章實齋以爲圓神的最高境界必需因地制宜，否則不免流於沾滯——所謂因地制宜，其實也只是依照材料作處理，不要先有成法成見在心，硬要曲折原始史料去將就既成書法的意思。的確，一個史家假如不能忠於史料，寫出來的歷史怎會成爲信史？

　　正因爲要求因地制宜，所以即使章實齋對《書經》的評價很高，他依舊不許別人一意模仿《書經》，說：「後人妄擬書以定體，故守之也拘」，又說：「史爲例拘，當求無例之始」，不許世人拿《書經》當作唯一的寫作典範，對後代史家提出相當的針砭。

　　章實齋對袁樞相當重視，以爲他創發了記事本末體，對後世貢獻最大，說：「紀事本末，眞尙書之遺。」以爲可以跟《書經》相提並論。

　　章實齋認爲，相對於《書經》的完整精潔，《春秋》、《左傳》等編年體史書的確不免有局於日月，強加割裂的毛病。相對於《書經》以事爲中心，首尾貫串，便於讀者掌握重點，加以採擇，《春秋》、《左傳》更見意有未盡，尋檢困難的缺失；總之編年體因爲以時間爲經，以事爲緯的記錄法，自有其先天不變的缺點。

　　章實齋對編年體不滿，對紀傳體也以爲有不足──他認定一事分列在諸多傳主之中，如同一個垓下之圍，可能便需翻盡項羽、漢高本紀，張良、蕭何世家，韓信、英布等傳，於讀者相當多的不便──爲了讓讀者方便掌握事件的原委與重點，章實齋建議：「以《尙書》之義爲遷史之傳」，在人物的傳記以及專記制度的書志之外多列事件的專傳，以免歧出之誤，互見之煩。於是「師《尙書》之意，而以遷史義例通左氏之制裁」便成了章實齋的理想史裁了。

　　章實齋敘述史體長短時，其實也敘述了史學的流變。他說：「《書》入《春秋》」，傳達了史體轉易事實。又說：紀傳原本《春秋》，《春秋》原合《尙書》之初義；或說：《尙書》爲緯經變爲《左傳》，《左傳》爲搜逸變爲《史記》，《史記》爲包括而變爲《漢書》；如此層層轉化，不僅說明了各史書的特色，也是一種史法的進步史或史學流變史。

　　至於說：「《詩》亡然後《春秋》作，《春秋》之用；《書》亡然後《春秋》作，《春秋》之體」，不僅翻孟子的案，還說明了《書》與《春秋》的傳衍關係，《春秋》的史學特質，（以及不用作〈春秋教〉的關係），這些都是有關經史的重要議論。

　　史體由記言、編年到記事，其實已經發展得差不多了，可是書不盡言，言不盡意，文字敘述本有其先天的侷限，何況事有多糾葛，繁複而難說者，敘述更是難以清晰地與人相溝通，面對這種困境，章實齋說：「難於稽檢，別編爲表」、「難以文字著，別繪爲圖」，以爲圖與表是濟救文字之窮的無上良方。

　　「難於稽檢，別編爲表」其實是司馬遷的發明。他的「表示用譜牒的方式，既可囊括錯綜複雜的史事，又可以表現出歷史的線索，因此對本紀和列傳的史事能夠起到穿針引線的作用」，章實齋體會得表的好處，也明白史書的先天侷限，所以才能精確地說出表的功能並要後人多多應用。

　　表於傳記的功能，近乎是一種從不同角度去貫串各篇傳記的索引，可以

清楚地貫串諸傳；圖則可以表白純文字所敘述不來的事物，這是為什麼章實齋在編方志時一再主張要多繪圖表，於編錄圖書時，也再三強調必須多收圖譜，並為圖譜獨立出一個編目的緣故。

他說：「東京以還，文勝篇富，史臣不能概見於記傳，則彙次為文苑之篇」（〈書教中〉），說明〈文苑傳〉的形成是因為文學的自然發展——當文學日漸興盛，形成一股在政治軍事之外不可忽視的勢力時，史臣便不能不將他記入史書了；又因為文家太多，無法一一撰述，所以便以〈文苑傳〉的面貌出現了。這種說法，自有他的卓識。如《宋史》自〈文苑〉傳中別出〈道學〉傳來，不正自一種順應現實狀況不得不做的區別嗎？而〈文苑〉傳的獨立，正是源自相同的道理。

章實齋經說除了混合經史以外，更有強調經世功能的主張。以群經的作用在經世，在章實齋的經教篇裡處處散見。即以〈書教〉篇為例來說。章實齋之說《尚書》，是由經書的經世義入手的。所以他一劈頭就以「《尚書》所以經世」一句來界定《書經》的本質。他相信「古人無空言」的真理，強調《尚書》的經世義。由此澄清《書經》的史體特質，認為《書經》和《春秋》同科，和後世的奏義類文字有性質相通之處。

因為重視《書經》的經世義，所以他對《書經》的記言體也有了一種全新的體認——一般人對史書體裁有記言、記傳、紀事本末的分法。並將《書經》繫作記言體之祖。可是章實齋卻要根本推翻「《尚書》是記言體之祖」這句話。因為他認為：如果將《書經》繫作記言體之祖，只強調它對史體的開創之功，只抓到時間先後的特質，卻掌握不到《書經》所以寫作的根本精神。章實齋以為論《書經》必須以經世的觀點來說。正如《論語》之記孔子言行，甚至如《左傳》之擷取大篇幅的先賢言論，《書經》所以採取記言體式，是由於所記言論深於世教有益的關係。為了經世，希望有便於後人採擇，有利於後人作治國的金針，《書經》才記錄了古代名君賢臣一切有關治國要道的言論。「因事名篇……古史之原」，這段話將《書經》所以採取記言體式，以及記言體式所以創立的來龍去脈，做了最明確的呈露。

另外，由於堅持《書經》的編纂目的在經世，而體質是古君臣對時政的言議，這種觀點也讓他對後世名臣奏議有了全新的看法。認為奏議固是名賢對朝政的建議，但卻與《書經》的謨體精神相通；不僅有政學的意義，也有經學的意義在其中。章實齋並以《書經》的體例來籠罩奏議，要人注意：「奏

章當學《尚書》，無一空言」。由於認可《書經》的經世意，所以他對奏章相當期許，認爲奏章若經集纂，效果可以等同《書經》。認可「劉知幾……欲取君上詔告、臣工奏章，別爲一類編次記傳史中」的動作，認爲他掌握到學以經世的精神，認定書志之體乃《書經》所衍出，最爲有據而可效法。

如果六經都是史料，都有經世的目的，都是有所指陳而不是空疏的作品，那章實齋在〈原道〉篇所強調的務實理論，便得到一個強烈的支持了。因爲群經在儒家傳統的社會中，原本具有近似圖騰的崇高地位啊！

總之，爲了補足自家學說的漏洞，扭正整個時代的學術風潮及走向，所以章實齋提出系列經說，藉著經說的提出，說明古代經書原本都是官方文書，都是針對國家需要而提出的治國方策及藍圖，嘗試給他的經世學說一個歷史的依據；並給沈迷於考據方法，竟忘卻治學目的在救治社之的當代學者，一記暮鼓晨鐘。

章實齋最後並在〈易教〉提出六經皆史說、文學創作原理、推尊《易經》。

有關六經皆史說，前節與下節都曾、或將提起，此處不再多說，至於章實齋在〈易教〉裡說：

> 象之所包廣矣。非徒《易》而已。六藝莫不兼之。蓋道體之將行而未顯者也。雎鳩之於好述，樑木之於貞淑，甚而熊蛇之於男女，象之通於《詩》也。五行之徵五事，箕畢之驗風雨，甚而傅巖之入夢賚，象之通於《書》也。古官之記雲鳥，周官之法天地四時，以致龍翟章衣，龍虎志射，象之通於《禮》也。歌協陰陽，舞分文武，以至磬念封疆，鼓思將帥，象之通於《樂》也。筆削不廢災異，左氏遂廣妖祥，象之通於《春秋》也。

則屬文學創作原理的範疇。

依章實齋所舉的事例來看，其所謂象，只是一些舉例、比譬或象徵的表述方法。例如以《詩》來說，他只是修辭學裡的譬喻；以《書》來說，他只是敘事裡的依託；以《禮》來說，他只是行事裡的象徵；以《樂》來說，也只是一種類比；以《春秋》來說，僅是一種因鬼神而設教的表達方式而已。〔註10〕

〔註10〕爲什麼古代經書多用譬喻、象徵類比與依託？章實齋原本已經碰觸到這個原因——因爲章實齋也明白譬喻是幫助人們理解抽象事物的橋樑，象徵、依託等可以拓展原事物的意義，加強他作用——所以他說：「道不可見，人求道而恍若有見者，皆其象也」（〈易教〉下）——說明章實齋確實明白群經所以多用譬喻、象徵等技巧的原因。可惜章實齋依舊迷信《易經》是最古老的經書

在〈禮教〉與〈詩教〉兩篇中，章實齋曾經借由制度與作法兩路，來推尊二經的價值。說戰國以後諸家文字，以淵源來講，都出於《周官》之典守；以表現手法來說，都出於《詩經》的啓迪。現在，章實齋在〈易教〉篇中又重複這個講法，說：「諸子百家，不衷大道，其所以持之有故而言之成理者，則以本原所出，皆不外於周官之典守」，並說：「夫詩之流別，盛於戰國人文，所謂長於諷喻，不學《詩》則無以言也」。可是他舊事重提的目的，不是想炒冷飯，卻是想在《詩經》與《周禮》之上冠上《周易》一書，說明《周易》才是群經的統貫者。他〈易教〉下說：「象雖包六藝，與《詩》之比興，尤爲表裡……然戰國之文，深於比興，即其深於取象者也。」即將《詩經》包孕入《易經》的影響範圍裡了。

除此之外，章實齋還嘗試拉入《春秋》來證明《易》經的重要性。說：「《易》象通於《詩》之比興，《易》辭通於《春秋》之例」；又借《易經》書例，說他的謹嚴如《春秋》：

> 嚴天擇之分，則二多譽，四多懼焉。謹治亂之際，則陽君子，陰小人也。杜微漸之端，姤一陰而已惕女壯，臨二陽而即慮八月焉。慎名器之假，五戒陰柔，多危惕焉。至於四得尊元而無異稱，亨有小亨，利貞有小利貞，貞有貞吉貞凶，吉有元吉，悔有悔亡，咎有無咎，一字出入，謹嚴甚於《春秋》。

以爲《易經》學術地位十分崇高。〔註11〕

三、官師合一說

章實齋強調官師合一制實存於周代，藉以推出他的系列經學觀念，所以本節即以官師合一制爲焦點，分官師合一制的實存、六經爲官師未分前的政

一意，強調群經之用象，是因爲「《易》與天地準，故能彌綸天地之道」的緣故。將《易》經的價值耽陷在神鬼的迷信之中，（甚至將《左傳》的歷史價值也同時拉下，讓他成爲迷信的代言人）。

〔註11〕其實《易》之擁有書例可以歸納，和《春秋》之嚴謹書法，並沒有任何牽連。因爲每一本自成體系的書，都有他的嚴謹筆法與敘述格式，如果要因此而說某些書有密切關係，那也太過勉強。因爲具有嚴謹筆法的書比比都是，又豈是易與書經兩本而已呢？然則依章實齋的標準來說，群經，甚至是後世較有水準的書，都是可以相通的了？章實齋這種比附的錯誤，和他在說群經都有象，即此說明《易》可以包有群經的錯誤是一樣的。只不過章實齋意欲以《易經》統包群經的意向，以及刻意推尊《易經》，卻是相當清楚的事。

典、六經爲官師已分後的史料三目，詳述章實齋的經學觀念。

（一）官師合一制的實存

章實齋有許多重要觀念都借官師合一說做基礎。

以校讎理論言，章實齋自《校讎通義》以來，便時時倡言部書當本《七略》，分部當依官守，以宣揚學問必與人事密切結合的觀念。在《校讎通義》卷首〈原道〉中更直說：「私門無著述文字，則官守之分職即群書之部次，不復別有著錄之法也」，以爲將欲部次群書，直就官守徬附即可。

可是成就「即官守，即分部」的前提是「私家無著作」；至於「私家無著作」的前提又是什麼呢？我們可以由前引文字的上一節文字看到，章實齋說：

> 有官斯有法，故法具於官；有法斯有書，故官守其書；有書斯有學，
> 故師傳其學；有學斯有業，故弟子習其業。官守學業皆出於一，故
> 天下以同文爲治。故私門無著述文字。

章實齋正是由於堅信了「官師合一」之制，所以會認定私人必不可能有著作；又由於有「私門無著述」而書必繫於官府的認定，所以乃又提出「即官守即群書的部次」的說法。可見「官師合一」在章實齋學術理論中的重要性。

以道器論言，章實齋以爲，若欲明道必須透過眾器，主張學問必須不離人生。這種觀念，仍是周朝任何官職都與人事有關，任何人事都有周官守職這一理念的演伸。〔註12〕

以經說而言，〈禮教〉篇周公地位高過孔子、《三禮》以《周禮》爲尊等系列說法，也是由官師合一而推出的概念。因爲相信官師合一，而且以爲官師合一才是最合理的政教形態，所以章實齋才會主張：能體現治教合一的周公最爲可尊，記錄有治教合一制的《周禮》最可貴。而且假若群經不都是古聖王的治世方策，聖賢所以教人的經世寶鑑，章實齋諸經教篇所提出的經世主題又將如何提出？而六經皆史說又將如何成立？

可見章實齋果然常以官師合一說證成他的系列觀念。而且如果不將官師合一這個觀念交代清楚，一切說法勢將盡皆虛浮無根。

所謂「官師合一」，章實齋曾在〈禮教〉篇中說明，是指：民間沒有私人講學的可能；而人們除了透過官員與政府，不可能看到經書、得到學問的一種主張。

〔註12〕 說詳《以器明道的道器論》一章。

這個想法首見於章實齋《校讎通義》卷首的〈原道〉篇：

> 有官斯有法，故法具於官；有法斯有書，故官守其書；有書斯有學，
> 故師傳其學；有學斯有業，故弟子習其業。官守學業皆出於一，故
> 天下以同文爲治。故私門無著述文字。

他以「有官斯有法，有法斯有書」，說明經書的內容依政令而寫定，政令的發佈由官方決行，而經書的內容與政治之實務高度密合；又以「有書斯有學，有學斯有業」，說一切教育事務，一切學業內容都以講授經典爲主。統合言之，章實齋強調學問不離政事、不曾架空，認爲經典所記盡爲掌故、政務，且成書與推廣，並都掌握在官員手上，而且民間並無私學；和當時認定經書是孔子教育後人的課本的觀點，已經有極大的不同。當時章實齋才四十二歲。

其後，章實齋又在〈原道〉篇中就「官師合一」說繼續宣揚他的治教合一論，說：

> 三代之前，非如後世尊奉六經，別爲儒學一門而專稱爲載道之書者。
> 蓋以學者所習，不出官師典守、國家政教，而其爲用亦不出於人倫
> 日用之常。是以但見其爲不得不然之事耳，未嘗別見所載之道也。

認爲：群經所載總是配合政務、人事，不曾離事而掉空。而百官不僅固守群書，使勿喪失而已，他們且須以所收藏的典籍教人——說明：政治不僅是政治，他們還包有教育的職責，而學術必須與人事合一。不像近人論經的說法，只將經書侷限在孔子手訂，而爲儒門教本的保守說法。此時章實齋五十二歲。

這兩個階段，章實齋固然已經暗用官師合一制，隱隱約約地傳述他的經世觀念，可是他一直要到〈禮教〉篇，才將「官師合一」這個名詞作一清楚的定義。

他首先在〈禮教〉篇中列舉《周禮》經文做依據，說明後代的學問、官署盡皆淵源於周代官府的事實。說：

> 夫天官，春官保章氏職也；地理，夏官職方氏職也；官制，天官太
> 宰氏職也。三百六十官，體大物博，學者不能究悉，不務求備也；
> 但於典故官守，不可昧所自也……建官制典，絕非私意可以創造，
> 歷代必有沿革，厥初必有淵源。

以爲官師合一制在古代果然實存。

可是這個說法只是尋索經文，以作比附而已，立論近乎捕風捉影，仍然不夠具體，所以章實齋在下文更舉出秦人的法令做證據，說：

> 秦人禁偶語《詩》《書》；而云欲學法令，以吏爲師。夫秦之悖於古
> 者，禁《詩》《書》耳；至云學法令者以吏爲師，則亦道器爲一，而
> 官師治教未嘗分歧爲二之至理也。

以爲秦朝雖然專制，但他們保存了古代的官師合一制，體現了道器合一的原理，可以讓後世想見政治不離人生的務實原則，可以給當代學者一個當頭棒喝。

（二）六經為治教合一時的政典

官師合一說的提出，不僅保證了學問所以經世的說法，也預設了經書皆是政典的推論。

以《易》爲例，章實齋以爲：《易》道所述皆屬政教範疇，如〈易教〉上說：《易》類的著作，不管是坤乾或是夏正，「其所以厚民生與利民用者，蓋與制憲明時同爲一代之法憲，而非聖人一己之心思，離事物而特著一書以謂明道也」，都是與民生有關，以民利爲著眼點，配合時代需求而作的規劃。強調《易》類圖書既不是哲學書、也不盡屬術數類，而是政治書籍。

又如〈易教〉上篇說：「周官太卜掌三易之法，夏曰《連山》，殷曰《歸藏》，周曰《周易》，各有其象與數，各殊其變與占，不相襲也……不特三王不相襲，三皇五帝亦不相沿矣。蓋聖人首出御世作新視聽，神道設教，以彌綸乎禮樂政刑之所不及者，一本天理之自然」，便以爲聖君之治國，一本天理之自然，順應人事之變化。說明：治世必須隨應事變，而《易經》的創作宗旨屬政經範疇，其寫作目的正爲經世。

此外，章實齋又以「官典」說《易經》。強調：「《易》爲王者改制之鉅典，事與制憲明時相表裡」、「《易》之爲義，實該羲農以來不相沿襲之法術也……王者改制更新之大義，顯而可知矣」，說明《易經》果然富有隨時而化的應時性。並以：「若夫六經，皆先王得位行道，經緯世宙之跡」、「上古聖人，開天創制，立法以治天下，作易之與造憲，同出一源」的說詞，強調《易經》有針對時須的實用性。

其實，章實齋以爲經書的目的在治世，並不限於針對《易經》一書而發。他甚至跳出《易經》的框限，強調所有的經書，其創作全是爲了經世。如他在〈易教〉篇裡提出：「古人不著書，古人未嘗離事而言理，六經皆先王之政典也」、「若夫六經，皆先王得位行道，經緯世宙之跡。而非托於空言」的言論，便強調經書的經世普遍性質，主張著書不可不關心人事；雖以〈易教〉

為題，卻不專為《易經》一書而發。由此可見，經以治世，確是章實齋各篇經教最要強調的主題。

　　經以治世這個觀念，章實齋還曾藉著〈經解〉篇，試作更透徹的發揮。他說經之名義是先由聖王施政的寶典，流為孔門的教本，然後淪為著書的體式、為諸子的誇稱、為術藝者的尊名，最下則淪為諧謔者的名謂。他說：

> 經綸之言，綱紀世宙之謂也……未嘗明指《詩》《書》六藝為經也。……夫子……取周公之典章，所以體天人之撰而存制化之跡……猶不名經也。逮夫子既歿……弟子門人……錄其文而起義……則因傳而有經之名。……諸子紛紛著書立說，而文字始有私家之言。不盡出於典章政教也，儒家者流乃尊六藝而奉以為經。……《論語》述夫子之言行，《爾雅》為群經之訓詁，《孝經》則又再傳門人之所述，劉向、班固之徒，序類有九而稱藝為六……所謂離經之傳，不與附經之傳相次也。當時諸子著書，往往自分經傳。……後世著錄之家……取先聖之微言，與群經之羽翼皆稱為經，如《論語》《孟子》《孝經》與夫《大小戴記》之別於《禮》，《左氏》《公》《穀》之別於《春秋》……蓋尊經並及經之支翼也。……若夫國家制度，本為經制……地界言經，取經紀之意。……至於術藝之家……不必著書之人果為聖人，而習是術者奉為依歸，則亦不得不尊以為經言者也。……他若陸氏《茶經》，張氏《棋經》，酒則有《甘露經》，貨則有《相貝經》，是乃以文為諧戲，本無當於著錄之收。

對歷代的經字用法作了歸納，以為其間曾有多次的轉變，藉此展示了自己對經書的整體看法；強調：雖然後世學者對經典的本質已經不能明確掌握，但是吾人卻當更經五次變化而還原古道，呈顯經以治世的精神。

　　〈與孫淵如觀察論學十規〉篇說：「春秋以前，凡有文字，莫非官司典守，即大小術藝，亦莫非世氏師傳，未有空言著述，不隸官籍，如後世之家自為書者也」，認定群經只是百官用以治事、教民，且以此見特色的掌故專書、檔案或政典，意趣與章實齋的經教相類似，可見章實齋總是一再強調經書的政治實用價值。

　　（三）六經為治教分立後的史料

　　章實齋認為所有的經書原本都為治世而發，性質都是政典，所以他在〈禮教〉篇裡說：

> 《易》爲周禮，見於太卜之官，三易之名、八卦之術、占著之法，
> 見於《周禮》，所謂人官之綱領也……《書》亦周禮也，見於外史之
> 官；三皇五帝之名，見於《周官》，所謂人官之綱領也……《詩》亦
> 周禮也，見於太史之官：風雅頌之爲經、賦比興之爲緯，見於《周
> 官》，所謂人官之綱領也。

主張群經統領於周官之中，而群經實爲人官所用以教民治民的掌故——所
謂：「官典其大綱也」，更說明了經典與人事的密合度。

由於強調學問必須經世，所以章實齋以爲：六經本是政典，而且一切著
作都爲治事而寫。但這是政教未分時的狀況。當政教已分之後，官師分家，
諸子蜂起，空說增多，而實務漸疏，人世間的一切著作未必再與人事緊密相
合；於是如前節所說的，經書的名謂不斷流移，經書的名實逐漸背離，古時
的經世之意逐漸淡出，而經書的地位也逐漸降低。

由於擔心經書的治事義被淡忘，所以章實齋特地提醒世人，要學者注意
掌握經書所以治事的本意，將經書的定義拉回古代的官方檔案，或所以考見
古代盛世時期治事方式的史料。以爲能正視周公與孔子的貢獻，然後能掌握
經書的要點。

這種把六經當作古代的官方檔案或考見古法的史料的觀念，章實齋在晚
年，試用「六經皆史」一句話來標舉。

六經皆史是章實齋在〈易教〉篇提出的話。所謂六經皆史，以歷史的發
生來說，其說源自王陽明。〔註14〕以心理的產生背景來講，是由於章實齋對
宋明理學末流之束書不觀、與乾嘉學者之忘卻經書的經世功能而發。

以內容的釐定來說，章實齋以：史著、掌故雙層意義來界定「六經皆史」
說中的「史」字；指六經都是史料、都是檔案的意思。

先以掌故一義來講。章實齋說：「古人未嘗離事而言理，六經皆先王之政
典」（〈易教上〉），又說：「古之所謂經，乃三代盛時，典章法度見於政教之實，
而非聖人有意作爲文字以傳後世者」（〈經解〉），表明儒家經典原是古代政典，
是記錄官府行政的掌故，乃可供後人當作史料來參考的資料。以爲後來所以

〔註14〕余英時〈清代學術思想史重要觀念通釋〉說：六經皆史說，可以追溯到隋代
王通，宋代劉道原、陳傅良，明代宋濂、王陽明，李贄、王世貞、胡應麟、
顧炎武和袁枚諸家。而以王陽明對實齋最可能有大影響。說見《中國思想傳
統的現代詮釋》頁478。其實除了以上諸家以外，黎洲先生說也曾：六經皆載
道之書。（《文定全集》卷一〈學禮質疑〉序）。

又被孔子吸納爲儒家的教學書籍，是因爲孔子深恐聖人（禹、湯、文、武、周公等）行政經驗不能下傳後代的緣故。

以史著一意來說。章實齋在〈方志立三書議〉裡說：

> 六經皆史也。後世襲用而莫之廢者，惟《春秋》《詩》《禮》三家之流別耳。紀傳正史，《春秋》流別也；掌故典要，《官禮》之流別也；文徵諸選，《風詩》之流別也……馬《史》班《書》以來，已演《春秋》之緒矣；劉氏《政典》、杜佑《通典》始演《官禮》之緒矣；呂氏《文鑑》、蘇氏《文類》始演《風詩》之緒矣。

則嘗試借群經確實包有各體史裁，成爲後世史著源頭的角度，說明六經果然是史的事實。再加上孔子取六經作教本，以延續古聖王行政經驗的史料的事實來看，更可以證明經書之具有史著義。

「包有各體史裁」意味著群經對史學的實際影響；爲「政典」、爲「掌故」，意味著群經於過去、於現在或未來的政府行政有參考的確切功能。所以不管六經皆史這個史字是當史料解，或當檔案解，其實都是正確的說法；因爲章實齋本身對它的解釋便相當多重。我們實在無須再這個地方糾繞。〔註15〕但不管是作史著解，或作掌故、政典說，「六經皆史」一語，總是有著「六經於世其用甚大，絕非儒者空說」的固定意旨在，仍與「必以經世」的意念相貫串，這才是我們該注意的重點。

文以經世的意念本是一直迴盪在《文史通義》裡的主旋律。章實齋在論群經時，不知不覺地，全盤以史書，或論史的觀點來作說解，正因這個緣故。

第三節　結語——治經所以經世

如果藉由思想發展的軌跡去建構章實齋的經學觀念，我們可以發現章實齋有一個由《詩》而《禮》而《書》而《易》的發展軌跡——因爲〈詩教〉作於章實齋四十六歲，〈書教〉作於章實齋五十五歲，〈易教〉作於章實齋五十九歲，而〈禮教〉篇的寫作時間雖然難以考訂，但因爲該篇所論的官師合一說，和〈原道〉、〈經解〉很像，所以可能和〈原道〉、〈經解〉一樣，同時作於五十二歲時——透過這個成學的發展歷程，我們可以發現，章實齋早歲

〔註15〕楊志遠先生曾經就此問題作研究。說「有關六經皆史的看法，略可分爲史料、非史料及折衷說三種意見」。說見氏著《章實齋史學思想研究》三章二節頁35～42。

嘗試以文學史說《詩經》，雖然展現了以史說經的精神，可是由於是初次進行經學方面的思考，所以總有切不中焦點的毛病，總是在文學的外圍打轉，無法凸顯史學經世的主題。必須等到〈禮教〉篇才更甄成熟，竟有能力提出官師合一說，並藉由官師合一制來貫串前期的諸多學說。並在此後，理直氣壯地提出：經書就是史書如〈書教〉所主張，六經皆史如〈易教〉所明言的言論，以成就學以經世的思想主題。而這個學以經世的主題是逐漸成熟的。

在這個研思歷程裡，章實齋認為：當時學者對經學研究有一種錯誤的認知。實齋認為他們的錯誤不在他們不能尊仰經書，卻在他們過分迷信經書；不在不知道經書是古聖王治理天下的記錄，卻在過分講究踏實的研究方法；不知道研究方法只是為了追索書籍中潛藏的旨意，卻要人以方法取代內容。章實齋認定經書只是見道之器，卻不是道的本身；認為治經須以闡明學不離事的道理為先，否則再怎麼說也只是空疏之學。

因為力求務實，所以章實齋提出官師合一說以奠定它的經學基礎；以經世濟民的為學標的，完成自家理論的建構；要人摘取六經背後的意義，隨時撰述，以闡明大道；並點醒當時學者，不要僅僅追求研究方法的翻新，對經書本身的價值也當重估。強調：「古之所謂經，乃三代盛時典章法度見於政教行事之時，而非聖人有意作為文字以傳後世也」、「六經初不為尊稱，意取經綸為世法耳」（〈經解下〉），為當時學界發出語重心長的勸言，要他們緊緊抓住一個經世義。

總之，認為「意取經綸為世法耳」才是經書的基本精神，才是章實齋經說的基本取向；而凸顯經書的經世的觀念，希望後世能領悟到經書學的本質是政典、是史料，而治經的目的在經世、在濟民，則是章實齋經說中最大的價值所在。

第三章　國史補編的方志學

　　章實齋說：若想見道，必須借器以顯，目的在讓學者知道，抽象的道體不是人間研究的焦點，質實的人間事物才是該當關懷的重心，這是章實齋學以經世這一主張的總原則。原則既立，章實齋更用方志、校讎、史學、文學等論題來證成他的概念。本章先說他的方志學，只因為方志是章實齋最早從事的學術範圍，而且方志學重綜校讎學、文學與史學各學門，有開宗明義、提綱契領之功能的緣故。

　　方志，隨著學術本身的發展，有圖經、傳記、志、錄、乘等等的異名，終以方志為最通用的名稱。〔註1〕它本身可以因記載範圍的大小而區分作總志、郡志、省志、路志、道志、府志、州志、廳志、縣志、衛所志、鄉鎮志、鄉土志、邊關志、土司司所志、鹽井志；也可以因記載內容分作通志、專志、雜志；按編寫體例分作紀傳體、門目體、三寶體、編年體、紀事本末體、類書體幾種不同的體式。〔註2〕章實齋在〈方志立三書議〉作了：「志乘為一縣之書，即古者一國之史也」的定義，其實是就縣志而立論，定義仍嫌片面。

　　方志雖然只記載了一地的歷史，但因為它有定期增補的連續性、記錄角度多樣化的廣泛性，順理成章地成為非常好的史料，使它具有提供行政當局管理統治、工商單位利用開發、學術單位研究說明、教育單位教化成德的種

〔註1〕 如東漢有佚名之《巴郡圖經》、《南陽風俗傳》、應劭之《十三州記》，晉有常璩之《華陽國志》、虞豫之《會稽典錄》，元有于欽作《齊乘》。其實除了這些較常見的名稱以外，仍有：經、書、通典、史、簿、論、志科、譜、考、志餘、補、略、系、掌故、鑒、文獻、採訪冊等別名。說詳來新夏先生《中國地方志》第一章第一節。
〔註2〕 說見來新夏先生《中國地方志》第一章第三節。

種依據的功能，所以撰著者、研究者連綿不斷。

一般說來，方志學者的研究範疇有方志學的發展史、分類、本質、整理、利用、纂寫等方向，歷代學者都有他的特殊成就。尤其是康乾時期修志事業蓬勃，〔註3〕許多主辦修志工作的官員，為了提升志書的水準，往往主動敦聘學者參與修志工作，於是學者修志便成了清代志學的特色，如章實齋便是一個顯例。

章實齋主張志書不僅是地理書，更是國修正史的基本資料，所以一定要強調它的史學特質，這是章實齋就志學性質所下的基本的定義。因為將作國史補編，所以章實齋對方志的體例，便要求依仿正史，分紀、傳、志而為三體，而且要求搜取的資料力求詳盡。此外章實齋又提出格式簡明的要求，希望方便大眾閱讀；至於志書的編纂，章實齋則提出筆法要嚴謹，制度要確立的主張。

本章首節立說背景交代章實齋所以提出志說的原因，二節學說內容部就志學性質與編纂法詳細說明，結語則說明章實齋的治學終以經世之實用功能為目的，點明章實齋的志學理論，仍是他治教說的一環。

第一節　立說背景——天資與環境的匯集

章實齋的學問是從方志學發端的，而且由於編纂方志，讓他探索入史學的天地；由於纂述藝文考，讓他認真地考慮到校讎的條例；由於對史學本質的認識，讓他敢於對經學提出迥異於當代的看法，樹立起個人特殊的學術世界——就章實齋整個學術發展與成就來看，方志學可說是章實齋學術的源頭與生命的重心。

例如，今天章實齋見存的最早的作品——同時寫於章實齋二十六歲的前後兩篇〈答甄秀才論修志書〉——便都同是屬於志學範疇的作品。〔註4〕其後章氏又陸續與人談議修志的方法，如：二十七歲有〈修志十議〉、三十六歲有

〔註3〕　來新夏先生《中國地方志》第二章〈歷代的方志編纂〉曾說：「中國修志事業至清而稱鼎盛，據一種保守的統計，總數約有八千餘種，而清代所修為五千七百零一種，佔方志總數近百分之七十。其中康、乾二朝所修為二千五百五十一種，又占清修方志的百分之四十四強……不僅數量巨大。而且類型齊備……普及面極廣……一地往往多志」，可以想見清初志學成就的驚人。

〔註4〕　有關實齋作品的繫年，大體多依姚名達《章實齋年譜》所考訂的年次而定。

〈和州志例議〉、四十二歲有〈永清志例議〉、五十三歲歲有〈亳州志例議〉、〈記與戴東原論修志〉、五十五歲有〈方志立三書議〉、〈州縣請立志科議〉、隔年有〈報廣濟黃大尹論修志書〉、〈與石首明府論志例〉、六十歲有〈方志辨體〉、〈地志統部〉、〈覆崔荊州書〉、〈湖北通志凡例〉、〈跋湖北通志檢存稿〉；曾經評騭許多志書，如《武功志》、《朝邑志》、《姑蘇志》、《灤志》、《靈壽縣志》、《姑熟備考》等；也曾實際參與修志，如：二十三歲助纂《國子監志》、二十七歲助纂《天門志》、三十六歲主修《和州志》、四十二歲主修《永清志》、五十三歲主修《亳州志》、五十五歲主修《湖北通志》；或與人商定志例，代撰志序，如：四十八歲爲張吉甫撰〈大名縣志序〉、五十五歲定〈麻城縣志〉例、五十七歲撰〈石首縣志序〉，並爲畢秋凡定〈常德府志〉例，撰〈常德府志序〉、至於定〈荊州府志〉例、撰〈荊州府志序〉已是五十九的事了。〔註5〕

　　細考章實齋的方志學，其實也有其逐漸成熟的歷程。大體說來，章實齋的方志學體系成熟得很早，他的基本理論大概在三十歲以前便已完成，他的〈答甄秀才論修志書〉、〈答甄秀才論修文選義例書〉、〈駁文選義例書再答〉以及〈修志十議〉幾乎已經包含他所有的重要方志學理論。其後不管是編纂志書，或是發表意見，其實都是這些基本觀念的落實，或是再補充而已。

　　以〈答甄秀才論修志第一書〉來說：首先他爲志書立體制、定名謂，說：

　　竊思志爲全書總名，則皇恩慶典當錄爲外紀，官師詮除當畫爲年譜，典籍法制則爲考以著之，人物名宦則爲傳以列之，其他率以類附。

說明方志裏的「志」、「書」一體，由於與方志本身的名字犯重，所以當改換爲「考」，表明了他之設定志書書中各體的名謂，乃是幾經斟酌，而志書體例則當包有：紀、譜、考、傳四體。

　　這份深心，章實齋在〈答甄秀才論修志第二書〉裏自己做了個補注，說：

　　州縣志乘，混雜無次，既非正體；編分紀表，亦涉潛妄。故前書折衷立法，以外紀、年譜、考、傳四體爲主。所以避僭史之嫌，而求記載之實也。

這種「志書分四體」的講法雖然只是由正史轉化出來的體式，〔註6〕但在其間

〔註5〕 林天蔚先生《方志學與地方史研究》頁 87 有〈章實齋修纂方志表〉。他由姚譜再做拓展，在其中詳列了實齋系列志學著作的其撰書時間、修纂時的身份，以及林先生自家所以作如此考訂的依據。交代十分清楚，可以參考。
〔註6〕 例如他在〈答甄秀才論修志第二書〉中自稱：「考之爲體，乃仿書志而作」

卻表現出他揚棄志書的門目體的傾向，〔註7〕這不僅隱含著《永清》、《和州》諸志所以更分文徵、掌故的進步說法，更是〈方志立三書議〉一說法的基型。

在為志書立體定名之後，章實齋又說：

> 事有不倫，則例以義起，別為拟制可也……詳瞻明備，整齊劃一，
> 乃可為國史取材。

「例以義起」一語不僅表現了他訂例一依於理的自在，也表現了他立說不限溺於傳統的自信，至於「為國史取材」一語，則是章實齋後期「方志為國史補編」這一說法的基礎。

以上是章實齋答書中論志例的第一條所涵蓋的意念。至於有關藝文作品的收錄，章實齋除了強調不可濫收一些「無關懲創」、「全無實徵」的作品以外，也有不當全以文學的觀點來收錄的主張，所謂：

> 即使文俱典則，詩必雅循，而詮次類錄，諸體務臻，此亦選文之例，
> 非復志乘之體矣。

要人「略仿《三通》、《七略》之意」去編輯志書的藝文，這種想法便與下文「選文需有關政務、有俾風教」，以及〈答甄秀才論修文選義例書〉、〈駁文選義例書再答〉所謂的「括代總選，以史為例」的主張相呼應，先後展現了章實齋重視史料價值的史學精神和極端入世的根本傾向，而成為章實齋後期的「六經皆史」說、方志之別出「文徵」等類似說法的遠源。

此外他說：

> 壇廟碑銘、城隍紀述，利弊論著，土物題詠，則附入物產、田賦、
> 風俗、地理諸考……學士論著，有可見其生平抱負，則全錄於本
> 傳……至墓誌傳贊之屬，核實無虛，已有定論，則既取為傳文，如
> 班史仍《史記》自序而為〈司馬遷傳〉……可也。

說明了史材的編配以及記錄方式，這都為〈修志十議〉所以大量討論修傳之方法，做了一個鋪路的工作。

以上是章實齋〈答甄秀才書〉中所論的第二條志例所涵蓋的意念。至於章實齋在〈答甄秀才書〉中所論的第三條志例，談到的是「前志宜存」這個觀念。

他說：「僕以謂修志者前人之記載。不當毀前人之成書」並以為「聽其並

〔註7〕 他在〈答甄秀才論修志第二書〉裏又說：「今之州縣志書，多分題目，浩無統攝」，並以為當用「篇首冠以總名，下乃縷分件析，彙列成編」的方法來改進

行，新新相續，不得擅毀，彼此得失，觀者自有公論」，要人注意，即便新志修成，也當存留舊志，以便後人考校其間得失。（類似想法，章實齋還將他實現在他編纂的志書裡面。如《和州志》便是一個範例）。

　　章實齋在〈答甄秀才論修志書〉中所論的第四條志例，其主題是：「志體必須詳於國史」以及「修志須立志科」這兩個範疇。因爲志書須爲國史補編，當然需要「詳贍明備，整齊劃一，乃可爲國史取材」。而且編纂志書工作繁重，如果沒有官方協助，不曾仿修國史先立個館局而爲志書立志科，讓搜集史料的工作從基礎作起，讓記錄史料的工作井井有條，這本志書是不容易寫得好的，所以章實齋說：「志之爲體，當詳於史」，又說「嘗擬當事者，欲使志無疑漏，平日當立一志乘科房，僉掾吏之稍通文墨者爲之」。這個想法，既預示了章實齋後期「外史加詳」這一觀念的出現，也是〈州縣請立志科議〉這一主張的雛形，影響極是深遠。

　　至於第五條、第六條之分說：

> 志乃史體……善惡懲創，自不可廢……據事直書，善否自見。

> 史志之書，有俾風教者……宜加意採輯，廣爲傳述，使觀者有所興起。

界定了志書的史科本質，潛在著三十六歲章實齋將與戴震大辨志書絕對不當歸入地理的強大火力；強調了志書須爲教化而作，指陳了章實齋終以「實用」作志書創作目的的趨向；而「據事直書」一則，更觸及了寫作方式與寫作態度的擇定問題，說明史家當忠於史實，不可加入太多的個人的情感與意見。

　　然則以〈答甄秀才論修志第一書〉這篇啼聲初試的文字看來，已經相當成熟；大部分有關章實齋後期志書的重要體例，幾乎都在這篇文章裏定型。而這時章實齋才二十六歲。所以我們要說，章實齋的志學理論，實在萌發得很早。

　　再以〈答甄秀才論修志第二書〉來說，除了「體裁宜得史法」之要求文字朗晰且文合於體。是前書第一條「志分四體」、「三書分立」這一想法的再提示，「典章宜歸詳悉」要求敘述詳盡是前書第四條「志體加詳」的再詳述，「成文宜標作者」之要求標示明確是前書第二條「引文須有法度」的再補充以外，所謂「傳體宜規劃一」、「論斷宜守緊嚴」、「自注宜加酌量」、「文選宜相輔佐」、「列女宜分傳立」這系列說法，都是章實齋新增，也是深深有關乎章實齋纂述志書的書法。例如「論斷宜守緊嚴」之要求傳末的論斷須精確、「文

可自注」之要求敘述雅潔、「女子可以成傳」之論拓展傳主範圍，便都分別一一實現在他的各本志書中，並且用類似的語句重現在各本志書的序例裡。

綜合章實齋〈答甄秀才論修志一、二書〉來看，「文以俾史乘」這一主張既經提出，而後〈方志定體〉中「志書為國史補編」的說法才有源頭可尋；而在〈第一書〉中主張必需援借正史體例作志書體例、強調志書必需方便國史取材的心態也由此才得到確認。又「文可自注」一條，目的當然是在追求雅潔，然而其間也可以看出章實齋力求讀者使用材料方便，刻意追求實用的心態；這個主張甚至預示了《校讎通義》自注一條的淵源，讓我們明白，章實齋自家寫作所以常常自注於其下，其意念原來早就發端於此。而「考忌煩碎」一條，要求「篇首冠以總名，下乃縷分件析，彙列成編」，如此嚴分層次的統類觀念，當然也是校讎析分層次的精神的體現。這種精神後來章實齋將之建立為「道器說」。至於「成文宜標作者」一條，既承前書「前志宜存」一意再做引申，實為「言公」篇的遠源，也展現了章實齋重視史料出處的意思。此外如「例以義起，事無不可」的坦蕩，正是〈州縣請立志科議〉「要皆披文相質，因體立裁」、〈與石首王明府論志例〉「體例本無一定，但取全書足以自覆，不致互歧」、「相體裁衣」，所謂「初無必需簡約之心，但每事必思其所以然而求其是耳」等絕無既定的成法、先入的成見橫阻的大公之心的根柢。

〈修志十議〉是章實齋可見的最早的志學理論，篇首的二便、三長、五難、八忌、四體、四要諸條，是章實齋個人早期著史心得的總結。二便與三長主題在說方志敘述範圍較國史小，所以寫來較國史容易，是屬於辨析志書體質的文字。五難是說製作志書常會遭遇的困難、八忌在說前人製作志書時在體例上常犯的毛病、四要一條在論述史著的文法，是章實齋著史的經驗談，也是他對撰述志書時需要講究書法的再提點。四體之說，其實即是〈方志立三書議〉的主張，合之〈與甄秀才論志書〉中提及的文徵概念，所謂「三書體」，其實在此也已幾近完成。至於其他的：「職掌」是〈州縣立志科議〉的再提倡，「考證」、「徵信」、「傳例」、「書法」都也在論述作傳的方法：或說史料當求詳、或說史著當求真、或說傳主的去取、或說考體與表體的寫作重點、以及「徵文」之說藝文志的編纂、「援引」與「裁制」之論引文或自注之法、「標題」之強調志書的實用功能、「外編」之講究志書編纂所餘的存遺之法，由其內容之豐富，我們可以說：章實齋所有方志學基本觀念在此已經幾乎完成。〔註8〕

〔註8〕 由於實齋志學理論成熟極早，所以余英時先生說實齋的的成就是從他三十六

章實齋少年而成學，除了天資、家學以外，造就他的當是整個時代。

章實齋曾經說他自己「於史學殆有天授」（〈家書六〉），又說他曾經刪節《左傳》，而父親則加以指導（〈與族孫汝楠論學書〉），這些告白，在在說明了他在史學、志學方面之所以早熟的部分原因。但是仔細推敲，想來所以能夠鼓舞章實齋戮力此業的根本力量，當再添上一個整體的大環境才是。

細繹當時的環境，所以成就章實齋的志學者背景實有三樣：一是政府倡修《一統志》的誘引，一是大批學者從事修志的刺激，一是志例不斷翻新的成果。

以朝廷的誘引來講：清政府一向知道志書可以為中央提供各地的政治經濟等基本資料，所以一向積極修志；也知道化繁為簡的修志原理，所以接納了朝臣的建議，詔諭各省都撫修志，希望匯集各省的人力來完成各省的省志，再以各省省志為基礎，以統合成一本《一統志》。清朝史局這種想法可以給章實齋相當啓迪，讓他發展出「志書須分層級」、「志書當為國史補編」、「志書須用紀傳體」的系列觀念，因為《一統志》建基於省志，省志建基於府州縣志，如果省志須作《一統志》的基礎，體例須和《一統志》相彷彿，那府州縣志亦當步趨於省志之後，便也是不想可知的事情了。

歲碰到戴震，受了大刺激以後才有了大轉進的說法是不正確的——實齋曾經在〈與邵二雲書〉、〈記與戴東原論修志〉、〈書朱陸篇後〉篇中記錄了自己與戴震會晤的情形，或對戴震的評價。他在〈與邵二雲書〉裡說：戴震「其筆金玉而言多糞土」，認可他的著作價值，尤其對《原善》更是讚不絕口，卻對他於議論之言不由衷、肆無忌憚大不以為然。在〈記與戴東原論修志〉中說：「戴君經術淹貫……而不解史學」，以為戴震「志以考地理，但悉心於地理沿革，則志事已竟」的說法不正確，而糾之以「方志如古國史」的主張。在〈書朱陸篇後〉說：戴震「學問深見古人大體，不愧一代大儒，而心術未醇，頗為近日學者之患」。認可他的學問，卻不認可他的修養。認為他自大而忌刻，不僅自欺，且欺人、欺師。如戴震自稱「當世通人僅堪與余輿隸通寒溫耳」又說「自尊所業，以謂學者不究於此，無由聞道」便是自大；「其於史學義例、古文法度，實無所解……又不安於習故，妄矜獨斷」便是自欺；於言議「恢怪出之，冀聳人聽」便是欺人；學問源自朱子的道問學，卻「醜詆朱子」便是欺師；教人除非是及門之士，否則多「慌惚無據，玄之又玄，使人無可捉摸」便是忌刻。三篇一意，都在認可他的經術與《原善》篇，詆斥他的為人心術和史學素養。在裡頭只有斬釘截鐵的評議，卻沒有游移不定的慌亂，若有之，也是因為不相信一個知識這麼好的學者為什麼會這麼的不誠實，對戴震知識與人格的不統一讓他感到訝異，卻決不是一種自家在學術上的自卑。因為實齋對自己的志學修養是自信滿滿的。實齋的志學修養是成熟得很早的。

　　以學侶競爭的帶動來講：由於朝廷積極修志，因此當代學者也積極投入志書修纂的行列，而且多可自其中取得名與利，如戴震、方苞之被攬入四庫全書館，這個事實讓章實齋很心動，所以他曾經說自己的大心願之一是纂寫方志，也一再跟邵二雲表白自己想要修史的心願，並且想邀邵二雲一起完成名山之業，可見當代學者的成就讓他起了一個良性的競爭之心。可是由於當代學者多是以考據名家，對方志學也不免以考據爲能事，如戴震之以地理說方志便是一個顯例；偶而又有以文人入主志局的人，如方苞以下一等的人物，又不免偏重史著的文采，這種種偏差都讓章實齋多了一個反省的機會，讓他能思考志書當重史識而不只是編纂、考據與文章的事實。

　　再以前輩志例的傳承來說：歷代志書前頭多附志例，章實齋曾經評騭過多本志書，當然會在其間得到成長。如康熙發布賈漢復《河南通志》作各地編纂省志的範本，他的志例當然也會給章實齋相當的刺激；章實齋之改門目體作三書體，便當是由此得到的意念。至於方苞所說的「史館例」，雖然不是什麼新鮮的論調，可是卻未必不曾爲章實齋所參考過。

　　總之，章實齋的志學成就，半因天資，半因環境，而環境的影響又以時代大過家中。也正因朝廷鼓勵修志而學者熱烈投入，以及前賢的筆路藍縷，才會造他那輝煌的成就。

第二節　學說內容

一、方志學的本質

　　方志是兼收了國別史、地理書和地圖等不同泉源的基礎，逐漸發展、融合而成的體裁。〔註9〕其中章實齋採取志書是古國史的看法偏多，所以他強調方志的史學性質，主張它的本質是史書，而且當以作爲國史補編自期。

（一）本質上屬歷史

　　我國志書遠源有歷史、地理兩系。《周官》諸官所掌的圖籍，所載偏在人與事這方面，是歷史一系的遠源；《禹貢》一書，所載偏重在物與地這方面，是地理一系的遠源。後來歷史一系發展出國別史（如《越絕書》、《吳越春秋》、《華陽圖志》等）、耆舊傳與人物志（如《三輔耆舊傳》、《青州先賢傳》、《高

〔註9〕來新夏先生《中國地方志》首章二節〈方志的起源〉所主張。

僧傳》、《烈女傳》等）等系列作品；地理一系則發展出地志（如《太康地志》）、圖經（如《山海經》、《水經注》等）、風俗志（如《地理風俗記》、《陽羨風土記》）等系列作品。

其間各類地理書籍的發展十分迅速，但是必到《隋書・經籍志》在史部裡另立地理書一部，才標示著地志價值正式被承認，儘管地志仍然依附在史部底下，未能分立一門；可是唐代以後，不管是公家或私人著作的志書，便都兼有史地兩種性質──意味著地志可以獨立的日子已經不遠了。清代的志學界裡，竟然因此分成重沿革的地理派，與重紀傳的歷史派兩大壁壘，淵源正在此，而其中戴震可以提作沿革派的代表，章實齋則是紀傳派的巨擘。〔註10〕

戴震之主沿革，須由章實齋對戴震提出嚴厲批評的〈記與戴東原論修志〉考見。因為戴震以考據名家，留存下來的志書作品、志學理論並不多。文集中或有〈水地記〉一篇，但太單薄；《直隸河渠書》未完成，《水經注》較完整，卻仍是地理類的作品，和眞正的方志仍有一線之隔。而所做的地志，《金山志》已佚，《汾陽府志》、《汾陽縣志》、《壽陽縣志》都只是助纂或代為潤澤文字而已，所以不易窺見他在志學上的眞正面貌──說到最後，眞正能夠移作戴震志學理論的依據的，也只有一篇〈記與戴東原論修志〉而已──在〈記與戴東原論修志〉這篇文章裡，章實齋認為戴震寫志專重沿革，把方志當作地理類的專書來寫，主張：「志以考地理，但悉心於地理沿革，則志事已竟。侈言文獻，豈所謂急務哉」。

考諸戴震〈應州續志序〉所謂的「古今沿革，作者首以爲重」，〈汾州府志例言〉主張的「志之首，沿革也」、「沿革定而上考往古乃無惑」，〔註11〕可以印證章實齋對戴震的認識大抵沒有什麼大差錯。〔註12〕但是章實齋對戴震

〔註10〕本節開始到這裡，都是林天蔚先生《方志學與地方史研究》第二章：〈方志的起源與發展〉裡的主張。他在文中詳細交代了方志的兩個源頭與多頭的發展。（又本文也發表在政大歷史學報第七期裡，可以擇一查證）。這個說法比一般或說志書始於地理書，或說始於史籍的分立式的講法，更見圓融。

〔註11〕兩文並見《戴震文集》。

〔註12〕黃德馨先生〈戴震方志學思想剖析〉以爲戴震重沿革，並不等於是只重沿革，認爲章氏的批評太苛（說見：武漢出版社1989年版《中國方志學家研究》）。但是揆諸戴震所撰的志書，雖然也同一般的門目體，有沿革、星野、疆域、山川、城池、官署、倉廩、學校、關隘、營汛、驛鋪、戶口、田賦、鹽稅、職官、宦績、食封、流寓、人物、義行、科目、仕實、列女、古蹟、塚墓、祠廟、事考、雜識、藝文諸目──如《汾州府志》，（《汾陽縣志》、《壽陽縣志》例目近同），似乎確實不會只是單說沿革而已。可是志書只論沿革，如何成帙？

這種想法並不認可，他認為這種想法是完全錯誤的方向。因為若以地理說方志，純以地理的所在、變遷、作用為焦點，豈不侷限了方志在人文方面的作用？而且若是必以沿革為重，那若是碰到一處地名不變、地理不改的地方，那豈是不用寫作方志了——章實齋與戴震會談時，正是以這些理由氣得戴震這位學術者老「拂衣逕去」的。〔註13〕

章實齋與戴震不同，他專重文獻，〈方志辨體〉說：「方志不得以圖經為例」，正是章實齋對志書屬歷史不屬地理的明確宣言。章實齋以為：「若夫一方文獻，及時不與蒐羅，編次不得其法，去取或失其宜，則他日將有放失難稽，湮沒無聞者矣。」（〈記與戴東原論修志〉）認定強調地理變遷向來不大，而人事變化倏忽便有差異；以為在史料的記存上，歷史的登錄比地理的考據來得更為急迫。也正因為如此，所以在文獻與沿革的取捨上，章實齋毋寧重文獻而輕沿革，認為專重沿革，只記錄了自然的陵谷變遷，卻疏忽了人為的行政規劃，將人的歷史降格為自然環境史是一種錯誤；並認為：史部之書，詳近略遠，以為方志的記錄焦點當在當下，使作後世的史書材料，方便後人作為施政借鏡才是。

〈記與戴東原論修志〉雖是章實齋五十三歲時追記舊往的作品，但是仍然保有許多個人青年時期的想法，是一篇最足以說明章實齋以「史」作為方志本質的作品。

其實章實齋在〈答甄秀才論修志第一書〉中早已說過：「志乃史裁」，當時他才二十六歲，可見章實齋在很早就確定了：志書的性質當屬歷史這種看法。他在〈與石首王明府論志例〉中說：「志為史裁，全書自有體例」也只是與這個看法做一種相呼應、再呼籲而已。

實齋所謂「悉心」也只是側重的意思。章氏對戴震的批評可能稍嫌過火，但是黃氏的講法對戴震也是太過偏袒。如果再看薛愈、王志華合寫的〈乾隆《汾州府志》是否戴震所編〉（文見1979〈山西大學學報〉第四期）一文，依據段玉裁只節錄府志的例言、圖表、沿革、星野、疆域、山川、古蹟幾個門目付梓，以作修志楷式，懷疑這些篇章才是戴震的作品——如果其說成立，那麼戴震的志書果然是以沿革見長，理論也以沿革為重心，便也是無可辨疑的事實了。而章氏對戴震的批評就益見中肯了。

〔註13〕 〈記與戴東原論修志〉：「如云但重沿革而文獻非其所急，則但作沿革考一篇足矣，何用集眾啓館，敝費以數千金，卑辭厚幣，邀君遠赴，曠日持久，成書且累函哉……若云但考沿革，而他非所重，則沿革明顯，毋庸考訂之州縣，可毋庸修志矣。馮君（馮弼，時官寧紹台兵備道）恍悟曰：然。戴拂衣逕去」

重視史料本身價值的史學精神，章實齋初次將之體現於他的〈答甄秀才論修文選義例書〉以及〈駁文選義例書再答〉。他在這些作品裡主張：「括代總選，需以史爲例」，要求編選文章須著眼在作品本身的史料價值，並以價值高者優先入選。同時他並以爲：「例以義起，事無不可」，在初試啼聲的時刻，表現了他事事以史爲重的特性。〔註14〕

相應於「以史掩集」的這種想法，對〈答甄秀才論修志第一書〉中「女子可以成傳」一條，我們不必比附作章實齋已知重視女權，但我們可以解釋作章實齋史學觀念清楚，認爲如果有事蹟可記，當以事跡爲主要思考重點，至於性別是不必更作區分的，而這正是章實齋重視史學，以史學界定作志書本質的又一個顯証。

章實齋敢於提出「志書的性質是歷史」這種看法，是需要相當勇氣的。因爲歷來史家、志家或編目者多以志書入地理，如歷代的公私書目，從《隋書經籍志》到《四庫總目》，從《七錄》到《書目答問》無不如此；而名家如劉知幾、李吉甫、宋濂、錢大昕、洪亮吉等也都如此主張，如果敢與立異，不有相當大的智慧、相當大的勇氣，是作不到的，而章實齋確實有他的學術透見跟勇氣。

古代的學者，所以多以志書入地理，全是由於認定方志若以地方爲重心，當以記載一地人物大事爲基本架構的緣故。只是方志在記載範圍上雖然果以一地爲限定，但是由於志書必以「資治」爲目的，所以在地理以外納入文獻

〔註14〕爲了讓史實詳盡，讓論斷工允，讓史著臻於完美，所以盡量擴大史料的範圍，且盡量去搜集所有一切可以稱爲是史料的材料，這是史著該有的作法。實齋體會到這個道理，所以他會以史掩集，並振振有辭地以爲：選文的主要目的在呈現它的史料意義。　就文學來說，實齋不曾給文學以獨立的地位，不免要落人口實；但若就史料範圍的認定來說，實齋的心態是較爲宏闊的。其實實齋不僅以文學作品爲史料，他甚至主張經部也可以作相同的處理。　他說：「經史子集，久列四庫，其原始亦非遠。試論六藝之初，則經目本無有也。《大易》非以聖人之書而尊之，一子書耳；《書》與《春秋》兩史籍耳；《詩》三百篇，文集耳；《儀禮》、《周官》，律令會典耳。」「經目本無有也」這個說法，將經的根柢全盤摧毀，說法可謂石破天驚：對六經本質的重新界定，也是令人耳目一新。　實齋在〈駁文選義例書再答〉裡提出的意見，不僅對民初背棄經學、疑古之風有相當大的啓發，也成了今人圖書分類的如何歸類經部的最高依據。　而且，正由於實齋有意轉化萬物爲史料，所以「六經皆史」說、方志之別出「文徵」等類似説法，才可以順勢背發展出來。我們可以說，實齋後期的一些系列想法，其實都是以這篇〈駁文選義例書再答〉作遠源的。

資料，卻是必然的趨勢。章實齋明確體認到了以地理說志書這種說法的缺陷，所以他在《和州志・藝文考》中特地設定方志一部，以與地理一類抗衡；在〈州縣請立志科議〉中說「部府縣志，一國之史也」，強調志書的史學性質；而在晚年定論的〈湖北通志凡例〉中也明確的宣稱：「志者……抉擇去取自當師法史裁」，強調志書的的寫作取向也當遵循史書一系。將志書明確地與地理書作了一個區隔，〔註15〕確立了新方志學的地位，〔註16〕成爲我國確立志書歷史性質的第一人，方志學的奠基者。

（二）作用上補國史

以創作目的來講，志書的寫作的目的在資治，所以志書編纂工作的進行一當以此爲焦點才是。如果一本志書因爲體例不明，讓人在產生閱讀上的困難，都算是一種瑕疵——相對的，以體例來講，如果正史是在學術界最權威、體例最爲讀者熟悉而讀者最多的一種史著，那麼編纂方志時，乾脆就讓志書體例與之相契——也就是說，讓志書的體例規仿正史，讓讀正史的人可以毫無困難的翻閱志書，讓在史館裡撰述正史的人，都能夠輕鬆地直接運用志書的史料，那才算是一種最理想的寫作方式——而一向注重校讎、一向愛講體例的章實齋注意到了這個特質，所以他才會提出：「志書當規仿正史」、「志書當爲國史補編」的系列講法，〔註17〕在《永清志・氏族表序例》裡提出「州

〔註15〕 林衍經先生《方志學綜論》第一章第四節曾說近代學者界定志書作史地綜合體、百科全書、行政參考學、地方信息學。其實仔細看來，這些新鮮引人的說辭，都是由章氏的想法引出的而已——因爲實齋強調志書的歷史性質氏因救治獨以地理視方志爲不足的觀念而起，他並不排除地理出方志，所以實齋的志學可以是史地綜合學。因爲他一向希望極力擴充史料，一些瑣瑣屑屑如檔案、掌故一類的資料當想攔入志書，所以他的志書本來就極端近似百科全書。此外，他的志書基本作用在資治，在作上層志書的補編，所以也會以提供相當的地方訊息作基本重點，而成爲行政參考書、地方訊息學。由此看來，實齋影響方志真是很大，視實齋爲近代志學之父，確不爲過。

〔註16〕 周迅《中國的地方志》五章三節（頁93）說：「從方志屬史這個基本觀點出發，章學誠對地方志的各個方面都作了詳細論述……他把這些主張寫成了〈方志立三書議〉、〈修志十議〉、〈方志辨體〉、〈州縣請立志科議〉等許多篇論文，他們集漢唐以來方志理論之大成，爲我國方志學初步建立起一個完整的體系，成爲我國方志學誕生的標誌，章學誠則被公認爲我國方志學的奠基人。」

〔註17〕 唐祖培先生《新方志學》首章引陶元珍先生的看法（頁1）說：實齋編纂志書是因爲無法參與修纂國史，退而求其次的委曲之作。說編纂志書，「在實齋大材小用，聊以消磨歲月，固出於不得已也」。這個看法掌握注了實齋爲學長在寂寞之途的失意感，說得很好，可以補作實齋所以必以志書作國史補編的心

縣博收，所以備正史之約取也」的主張。

　　「志書當爲國史補編」與「志書需要規仿國史」的講法是緊緊相銜的學生想法，只不過「志書需要規仿國史」在先，而「志書當爲國史補編」的講法須奠基於「志書需要規仿國史」的想法而後再推出的而已。其中「志書需要規仿國史」這種想法，其實早在章實齋〈答甄秀才論修志書〉時便已出現。他說：

　　　　折衷立法，以外紀、年譜、考、傳四體爲主，所以避僭史之嫌而求
　　　　記載之實也。

主張方志最好能夠規仿正史；但是爲了避免僭越之嫌，所以需要稍稍更易其名。

　　規仿正史的目的在方便爲正史所取擇，這是〈答甄秀才論修志一、二書〉中都有的類似看法。由於時時縈念，所以章實齋在第一書中便說「詳贍明備，整齊劃一，乃可爲國史取材」，同樣在第二書中，也強調了「文以俾史乘」這個主張，當有了這個看法之後，「志書當爲國史補編」的講法便已呼之欲出了。只是他的意思仍然停留在：志書可以移作其他史傳的基本資料，但是這個「史傳」卻未必是正史，而且這個資料必以移作正史基本資料爲最終目的而已。

　　可是這個動作章實齋接續得很快，因爲他隔不久立刻接寫了〈答甄秀才論修志書〉、〈修志十議〉。他在〈答甄秀才論修志書〉提出有志書須用四體——外紀、年譜、考、傳——的想法，並在〈修志十議〉正式提出「四體」的口號，補足了「志書當爲國史補編」的概念。

　　所謂「四體」，是指志書當分記、譜、考、傳諸體寫定才好。這個主張，是章實齋對志書體例的抉擇。雖然這僅是脫化自正史本紀、列傳、表、書四體而發展出來的傳統寫法，但是和〈答甄秀才論修志書〉的主張合看，所謂「志書爲國史補編」這種講法更是接近完成階段了。

　　有了這種看法，然後章實齋在〈方志立三書議〉中所稱「方州雖小，其所承奉而施布者，吏戶禮兵刑工無所不備，是則所謂具體而微矣。國史於是取材，方將如《春秋》之藉資於百國寶書也」說法才能順勢推出，而〈州縣請立志科議〉之說：「州縣志書，下爲譜牒傳志持平，上爲部府徵信，實朝史

　　理背景；但他接著說實齋「以修史之道修志，究非所宜」，並以爲「方志實應較重地理」，便將實齋極力拓展志書範疇的美意搞擰了，是又走回乾嘉一般學者的老路了。

之要刪也」、〈修湖北通志駁陳繪議〉之說：「方志之於人物，但當補史之缺，參史之錯，詳史之略，續史之無，方為有功記載」也才能導見，並有〈方志定體〉「志書為國史補編」的定論。儘管當時章實齋已經五、六十歲了。

要之，「志書定體必以國史為基準」，這想法已為「志書為國史補編」的主張鋪了路。因為總得以紀傳對紀傳，書表對書表，讓志書與國史所在的各種體式相吻合，才方便直接借方志作「國史補編」──而期許志書可以做國史補編，正是章實齋一輩子的堅持。所以在〈湖北通志凡例〉中，我們依舊可以看到他以正史為志書基型的作法──他說：「志分二紀、三圖、五表、六考、四略、五十三傳」，這種體例的立定，除了圖是章實齋新加以外，其他一切依舊脫胎於正史──紀脫胎於本紀，略脫胎於世家，傳脫胎於列傳，考脫胎於書，表正是正史的表──章實齋的志書於正史真可說是亦步亦趨。也可見章實齋對志書須為國史補編的這一主張的堅持。〔註18〕

二、編纂方法

章實齋對方志的編纂曾就體裁的建立、史料的收集、格式的講求、史筆的寬嚴提出種種意見，認為體式當別作紀傳、掌故與文徵三類，在資料上要力求周全，敘述上以方便讀者研閱為目標，書法上力求嚴謹等主張。今分說如下。

（一）體式上別三書

志書體式極多，在清代流行的有門目體、紀傳體與三書體。章實齋是紀傳體的愛用者，又是三書體的創議者與堅持者。〔註19〕

所謂門目體，是列出許多門目，來繫掛當地一切地理人文大勢的體制。如順治年間賈漢復纂修的《河南通志》，書共八十卷，便列出了聖制、輿圖、

〔註18〕實齋這種「志書為國史補編」的說法看似守舊，但若沒有這種講法作基礎，後期《永清》、《和州》諸志在記、譜、考、傳諸體之後更分文徵、掌故的進步說法，是推不出來的。

〔註19〕實齋對志書的架構十分堅持。像紀傳有本紀一體，實齋便硬幫幫的要把這個體式穿插進去。像他在任何一本志書裡，都要以皇帝詔告居首，如〈湖北通志凡例〉之說：「皇言冠全志之首，其前代詔語則錄於文徵」，便是一個顯例。當然，實齋以皇言冠首，只是以帝王詔語當本紀的意思，到不必即有奉承朝廷的私心；只是詔語本來一定會收在國史裡面，實齋此處重複收錄，雖收可以收互見之效，到底有些畫蛇添足。倒不如稍加變通，如連橫《台灣通史》之以通史取代本紀，做貫串全書的綱領，既有紀傳體的長處，也有編年史的清晰來得合理。所謂前修未密，後出轉精，信然。

沿革、星野、疆域、山川、城池、禮樂、兵制、河防、水利、封建、田賦、
戶口、運漕、鹽課、郵傳、風俗、物產、職官、公署、倉廩、學校、選舉、
祠祀、陵墓、寺觀、古蹟、帝王、名宦、人物、理學、儒林、忠烈、孝義、
文苑、隱逸、烈女、流寓、仙釋、方技、藝文、辨疑等四十三目。

　　他的編目方式近似《古今圖書集成》。這種編目方式，其中當然也有軌
跡可尋：如聖制居前，以示對朝廷的尊崇；再以輿圖定地域，而後至城池為
止都是屬地理類的項目。〔註20〕地理說完，然後說禮樂，因為儒家傳統是
義理樂作一切政治的基礎的，（由此也可以發現賈氏的思想觀念是十分傳統
的）。禮樂之後到祠祀一目，其中講的是當地的政治經濟與文化的一切活動，
至於陵墓、寺觀與古蹟收繫的則是當地的風景。帝王到藝文收繫的是各色人
物，辨疑則是存疑資料的考辨。也就是說他的編排大體上是以地理、政經、
人物三目排下的。只是三大類間的牽引連類，僅僅依照性之所近推衍下去，
並沒有一定的軌跡可說，所以除非是對這種體例極為熟悉，不然，如果想要
在其中查某一物事、某一項目，可能是需要辛辛苦苦地由卷首直翻查到篇末
的，〔註21〕或有個門類索引才行。

　　由於少了更高一層，甚至是更低一層的目錄，所以門目體有他的不方便，
而這就是為什麼會有紀傳體產生的原因。因為紀傳體先分紀、傳、錄、志、
略、表各體，其中紀體固然也以記帝王，而傳以記人物，宦績用錄，輿地、
藝文用志、用略，並以表來貫串諸事；但是它有一個地方比門目體高明，那
就是：它在「紀、傳、錄、志、略、表」底下更分門類，並且直以「紀、傳、
錄、志、略、表」這些體式作門目體更高一層的類目；以這更高一層的類目，
方便大家去掌握底下一層目錄。

　　章實齋在〈答甄秀才論修志第二書〉中曾說：

　　　今之州縣志書，多分題目，浩無統攝……如星野、疆域、沿革、山
　　　川、物產，俱地理志中事也，戶口、賦役、征榷、市糴，俱食貨考
　　　中事也，災祥、歌謠、變異、水旱，俱五行中事也，朝賀、壇廟祀
　　　典、鄉飲賓興，俱禮儀中事也。凡百大小，均可類推。篇首冠以總
　　　名，下乃縷分件析，彙列成編，非惟總萃易觀，抑且謹嚴得體。

〔註20〕由這種編排，可以知道賈氏是屬於地理一系的志家。
〔註21〕傅振倫先生《中國方志學通論》十章二節（頁34）曾說這類體制「駢列名目，
　　　　無所統攝；體近簿書，非著作之體」。所評當理。

便將「今之志書，多分題目，浩無統攝」的缺失，以及所以在各門目上更以紀傳史所有的體式立作總綱，希望藉此以釐清全書的眉目的深心，做了一個很好的剖白，精確地說明了志書所以必用紀傳體的根本理由。〔註22〕

　　我們回頭看來，志書體式由門目到記傳的轉換，改變的其實只是目錄的問題，但是有了進步的索引方式，便有了更高的利用價值，這是爲什麼即使清代初期門目體風行一時，〔註23〕後人依舊要就門目體改易作紀傳體的原因。

　　可是即使章實齋製作志書的時代以門目體最具權威，〔註24〕但是章實齋在遵行四體之後，卻又主張必用三書，這又是爲了什麼呢？這是因爲紀傳體固然解決了門目體流於渙散的缺失，可是它卻還沒解決「資料繫存」這一個問題的緣故。

　　一般說來，在傳統史書中，如果要爲人作傳，如《史記》之記司馬相如、《漢書》之記賈誼，便會將他的辭賦全篇攔入傳記中，或會將他的策論不加刪節的錄入傳記裡；而且自司馬遷以下，一般史家全都認定這種寫法是最能展現傳主特色，最能交融資料、敘述與評議於一爐的上等筆法。

　　這種主張當然也有他的片面道理，只是這種傳統寫法，雖說保存了代表著作，體現了傳主思想與情志上的特色，可是如此不避長篇大論地將所有資料性的東西生硬地安入正文，到底也只讓文理益見混亂而已；章實齋看到了這個傳統史書在筆法上的缺陷，所以他決定刪掉這種穢亂正文，讓讀者眼花撩亂的穿插方式，用一種重新改寫的方式去敘述傳主的生平。所以他在〈修志十議〉的第七條〈議援引〉裡說：

　　　　史志引用成文，期明事實非尚文辭……苟於事實無關，雖班楊述作

　　　　亦所不取……它若抒寫性靈風雲月露之作，果係佳構，自應別具行

　　　　稿，或入專主選文之書，不應摻入史志之內。

主張：敘述傳主著作，與其直接裁入正文，倒不如讓史家事先擷取大指，以自己的見解加以評述，用自己的言語記入傳文，而傳主的原作則全文照錄，

〔註22〕黎錦熙《方志今議》首章（頁7）不以紀傳體爲然，想還原紀傳體作門目體。
　　　　便是沒有看清紀傳體之於門目體其實並沒有減省任何內容，反倒多了一個綱
　　　　要的好處。

〔註23〕康熙年間開館修明史，同時督令各省修志。其志書體例，規定一以賈志的成
　　　　式爲準。所以門目體的志書處處可見。這種風氣一直沿續到清朝中葉，才稍
　　　　見衰歇。

〔註24〕依據來新夏先生的分法。說見氏著《中國地方志》七十八頁〈清代志書的體
　　　　例〉一節。

編入文徵一類，或納入《文鑑》、《文選》一類選集之中。

納傳主大作入《文鑑》、《文選》之中，是視其文為文而不屬史，文史區格極嚴，說法和傳統史家差距極遠，倒是編入文徵一類比較居中，不僅不讓傳主作品混亂史傳行文秩序，也能收存作者作品，方便讀者翻查。

所謂「文徵」，其實不只文徵，還包括「掌故」一類。因為史料除了文學以外，還有制度類的史料存在。以為文徵所以收繫文學作品，掌故則所以記存一切行政資料。

他在〈湖北通志凡例〉裡說：

> 今仿史裁而為通志，仿會典則例而為掌故，仿文選文粹而為文徵，
> 截分三部之書，各立一家之學。

既揭示了三體：「通志」、「文徵」與「掌故」的名目，也交代了三書各體的淵源。〔註25〕說三書中的志書來源是一般正史，掌故效法自會典一類的資料，而文徵的靈感則來自文選、文粹一類的書籍。

仿《文選》《文粹》而為文徵，收系一切與傳主有關的重要著作，甚至是一切與當地與政務有關的著作，來當作主政者的行政參考，這不僅可以「資治」，更可以收系史料，這是章實齋所以特地在紀傳體外更立文徵的基本理由。〔註26〕

至於章實齋在〈湖北通志府縣考敘例〉裡說：

> 食貨為經國之要。然錢穀簿錄雖猥繁而理不可忽，則掌故記詳之矣，
> 志考但擷總凡，而參以奏疏論議，必覽者有以悉其利病得失，乃稱
> 史裁。

又在〈方志辨體〉說：

> 余於志例，極具剪裁苦心，而於見行章程案牘文冊，入志不合體裁
> 者，別裁湖北掌故六十六篇，略仿會典則例，以備一方實用，具經
> 世有用之書也。

〔註25〕他在〈方志立三書議〉說：「凡欲經紀一方之文獻，必立三家之學，而始可通古人之遺意也。仿紀傳正史之體而作志，仿律令典例之體而作掌故，仿文選文苑之體而作文徵」，說辭與〈湖北通志凡例〉所述近同。

〔註26〕探本尋源，文徵的設立應該是承襲自〈答甄秀才論修文選義例書〉以及〈駁文選義例書再答〉的想法——因為實齋既然認定史料可以無限擴充，而文學作品都是史料，那麼想要收系一旦與當地政務有關的文章而為文徵，附在通志之後，與通志並行，以作後人參考取材，便也是順理成章的想法了。

強調志書中的「考」，所提供的是大綱式的重點，很需要記載雖瑣碎，卻極端詳細的「掌故」來補證，則將掌故、書志的分合關係，甚至是志書的本質問題，做了極好的表白。〔註27〕

也就是說：志書的第一書（紀傳體，而章實齋稱之爲通志）記錄一切最基本卻也最周延的史料，第二書（文徵）收繫一切政經文化的文章，第三書（掌故）則錄存一切政府官署的檔案資料。在志書裡，通志先奠定了志書的基本架構，文徵、掌故則以補足紀傳的不足。當一本志書有了掌故與文徵這兩大資料庫作志書的輔弼，那便容易在資料詳贍與文字簡要之間取得一個極佳的平衡了。

總之，章實齋希望融合史學、政治學和文學於一爐，可是又不希望志書的體式太過笨拙，所以章實齋創立了通志、掌故與文徵爲一體的志書體例。而章實齋便以三書議爲志書達成了史料豐富而敘述簡潔、方便正史直接移用、讀者與志書距離拉近的諸多好處了。

（二）資料上求詳盡

由於設定方志的基本作用在爲國史取材，所以章實齋認爲方志資料最好盡量求詳——恰似司馬光寫《資治通鑑》必先製作長編；一般正史要作本紀必先有起居注、實錄作基礎一般；當然方志資料也必須先寫得詳實豐富，然後才能方便國史館館員從中取資。章實齋在《永清志・氏族表序例》說：「正史既存大體，而部府州縣之志以漸加詳焉。所謂行遠自邇，登高自卑，州縣搏收，所以備正史之約取也」，〈湖北通志凡例〉說：「方志爲一方之書。體非全史，且應備史筆刪要，則隸事自應更詳……以見外史加詳之義」、「方志備史氏取材，法宜詳於史傳」，〈修湖北通志駁陳繪議〉說：「方志之於人物，但當補史之缺，參史之錯，詳史之略，續史之無」等等，都是因此而衍生的想法。

史料，尤其是有關治道的史料，必需盡量求全，這是章實齋製作志書的基本方向。這種「盡量求詳」的苦心，章實齋也將他展現在編纂志書的一些主張上。

例如他在〈湖北通志凡例〉所說的：

〔註27〕此外，如〈州縣請立志科議〉所說的「文章政事，未有不相表裡者也；令史案牘，政事之憑藉也」，〈湖北通志凡例〉說的：「刪繁去猥，簡帙不欲繁重，簿書案牘之詳，自有掌故專書；各體詩文，自有文徵專書」等敘述，更將文徵、掌故對志書有簡淨文字的基本作用和盤托出了。

　　康熙通志。職官止載監司以上，而武職略之。今文職自知府爲止，

　　武職自參遊爲止，依表排列。

刻意將可以登錄入志的職務降低，以求包納更多的人物——像他這樣積極地擴充史傳人物的員額，如果不是爲了要求方志作爲國史補編，所以於史料刻意求詳，又會是爲了什麼呢？

　　相應於「外史加詳」這種主張，他極力反對「方志規仿國史」，反對以省簡爲寫作基本格式，以示比國史更低一階的看法。

　　章實齋認爲方志的寫作目的如果有部分定在「須作國史補編」之上，那資料當然需要詳細過於國史。因爲如果志書是一種補編，那麼志書對國史來講，其性質應當是一種資料庫；而如果志書是一種資料庫，它怎麼可以簡略如取資者呢？所以章實齋他會在〈湖北通志凡例〉裡說：「方志人物爲正史列傳之遺，而志爲史所取裁，於法宜詳於史」。接著這一句話，章實齋又說：「近來志家乃反刪節史傳，誤仿地理類書摘取人物典故之例，非史裁也。但古人名在史傳，本自昭彰，原不藉方志表揚。若一概全鈔，便成漫漶，若一概刪去，又成缺典，今將史傳彰著之人，錄其本傳入於文徵，本志不復重爲立傳，但列其名爲人物表，覽者自可互考而知。」說明他不認可刪節正史入志的看法。接著他又說，纂志者對正史的尊崇可以表現在：凡是往史中已載有的地方人物，可以直接自正史中採擇，方志不須強與爭輝；並以爲如果怕全錄太過囉唆，又怕不錄將成缺略的話，可以另立文徵，將他列到文徵裡面去；甚至可以用人表標注，標注本地的哪些人物已見於正史，而今收聚在文徵之中，好讓讀者可以循目查篇。

　　也就是說，章實齋他以表來繫存人名，以文徵來寄存史料，以互見的原則來簡省傳記的部分，且以直錄正史入文徵的方式來表示對正史的尊崇。這種作法在今天看起來，由於多了一道翻查的手續，可能會讓人有一種增添閱讀困難的感覺，可是以古代的人力物力來看，這絕對是一種節省篇幅的大好辦法，因爲正史已有的人物，製作志書的人除非另有新的資料需要翻案，實在沒有必要再去浪費心力於這些最最權威的定讞上面。而也必需堅持如此作法，志書的資料才會詳盡，文字也才會簡潔，也才能達到章實齋製作志書的基本要求。

　　也因爲章實齋認定方志的目的在作國史補編，所以他倡議修史、修志異其體式，一則取人，一則取於人，詳略應當有別，所謂：「蓋制度由上而下，

採摭由下而上。惟採摭備，斯制度欲精，三代之良法也」（〈州縣請立志科議〉），
因認定：修史當以地方補中央，才得詳實的優點；以為若是僅由中央下地方，
恐怕不免太過疏略的毛病。

除此之外，我們也可以從章實齋對志書的立例——如《和州志》〈前志〉、
〈缺訪〉兩傳的設定，看出章實齋對志書求詳的堅持，因為文徵與掌故的設
立正是希望史料極力擴充，卻不干擾史料閱讀的簡潔性的中和理念。例如以
〈前志傳〉與〈搜訪傳〉的設定來看。他說：

> 前志不當，後志改之，宜存互正也……前志有徵，後志誤改，當備
> 采擇也……志當續遞，不當迭改，宜衰凡例也。

表示新志雖成，但是前志有留存的必要——因為存前志才方便跟後志作對
照、斷優劣，而正得失；因為留下前志，然後方便查證後志竄改前志是否得
當；也因為留下前志，如果發現新志修改前志有不如前志處，也才方便有個
底稿再重新補正。

此外，章實齋又說：

> 凡作史者，宜取論次之餘。或有人著而事不詳，若傳歧而論不一
> 者，與夫顯列名，未徵事實，清標夷齊而失載西山之薇，學著顏
> 曾而不傳東國之業，一隅三反，其類實繁；或由載筆誤刪，或是
> 虛聲泛採，難評臆斷，當付傳疑，列傳將竟，別裁缺訪之篇，以
> 副慎言之訓。

以為凡是碰到傳主事跡不詳，或傳聞多方，難以判定真相的時候，纂志的人
都不可以草率從事，都應該謹慎地搜取「論次之餘」，「別裁缺訪之篇」；決不
草草了事，也不因為自己無法採擇到完整的傳主資料，就輕棄這些珍貴的史
料——說明「缺訪傳」的設立，是因為碰到傳主理當入史，可是又因為徵文
與考獻發生困難的時候，為了寶愛史料，也為了謹慎其詞，而暫存其疑，且
待後人考訂而作的處理方式。

然則，缺訪一傳的設立，除了表示作者著史態度謹慎以外，也代表著作
者對一切未竟史料的熱切追索——因為寫作態度謹慎，所以才會對所有處理
未竟、仍不方便草率入史的史料不肯輕言捨棄，並以一個專傳來收系這些資
料，而以「暫缺」標示之，以利後人沿跡訪尋。〔註28〕而所謂「前志宜存」，

〔註28〕這種心理也代表著實齋對史學發展的樂觀。因為他相信今天我們雖然找不到
　　　　某些資料，卻不代表著後人也找不到這些資料。這也代表著實齋對傳主的尊

就心理層面講，既表現了章實齋對自家著作的自信，也對表現了章實齋對前輩學者的尊重；就現實層面講，則可以方便此後的志書製作者，擁有最周全的史料，輕便的考見前此諸志書的具體而微的內容、傳承轉化，以利後人截長補短，取得最大的實用功效。

從以上這些主張，可以看出章實齋工作態度嚴謹，並對任何史料都有想要兼收的熱誠；也可以藉此初步證明：章實齋對志書的資料果然一意求詳。

由於章實齋對志書的基本要求在資料詳盡，所以他對志書的編寫，也才會有「略古詳今」的主張。

略古詳今不是輕視古學的意思。章實齋之所以說「略古詳今」，半是由於他主張史料須有用，半是由於他主張篇幅須求簡省的緣故（說詳下節：〈格式要簡明〉）。他只是因為古代資料既然已經前人寫定，所以認定：那便不必多此一舉，強與先賢爭光，甚至掩人之作而為己有，顯得極不光明；而相對於古史的不易取得，對現時資料之易於取讀，以及當代學人有為後人保全史料的義務，當然要以現時的資料作採擇、編錄與纂寫的主要內容。由於要為後世留史料，所以今人當仔細地搜存眼前的史料，可見「略古詳今」這一主張，仍是章實齋「資料求詳」這一觀念的體現。

（三）格式上要簡明

本於史學的目的，志書記載固然需要求詳，可是基於文學的考量，志書記載卻也須要雅潔，如此詳而明，豐而潔，然後這本志書才能夠讓讀者樂於親近，而讓這本志書達到最大的實用價值，所以內容簡明，文字典雅，便成了章實齋對志書的要求。〈湖北通志凡例〉說：「志者，識也，簡明典雅，欲其可以誦而識也」，這句話，具體地表達了章實齋對志書這種看似對立，而實相銷融的想法，儘管他用來說解的方式墮於漢學音訓方式，而內容也失之比附。

因為要求簡明，所以他對各類志書要求多分層級，對志體要求合用三書，在分立文徵、掌故之後也要求另立叢談一體，且要求在敘述前後要大量運用圖表，並要求在紀傳之前使用編年、紀事本末以醒眉目，強調史識在志書中的流注。

以志書的分層分級來說，這個意見具見在〈方志辨體〉裡。章實齋說：「志

重。因為我們如果只因為資料不足，就輕易地將原本該當入志，頗具史學價值的傳主輕易剔除出志，讓後人根本不知道某些史料應該繼續尋索，某些新發現的史料其實具有相當價值，那才糟糕呢！

分三等，義例須做三家分別」，認為各體志書當因高下層級的不同而做區隔。
章實齋以為：上級志書宜做綱要，下級志書當作資料；如此層層區分，然後
可得條理明晰、簡明扼要的好處。如一統志當是省志的綱要，省志則是州縣
志的綱要，如此各層史志分隔敘述，在敘述上才不會有重床疊架的毛病；相
對的，州縣志當是省志的資料庫，省志當是一統志的資料庫，如此將下層史
志加詳敘述，然後上層史志可得文筆簡潔、取閱方便的功效。像章實齋在〈方
志辨體〉裡說的：

> 府州賦役全書，自當於府志詳之，州縣賦役全書，自當於州縣志詳
> 之。通志體裁自不當代爲屑屑纂錄。

便是這個意思。〔註29〕

再以「志書當分紀傳、文徵、掌故三體」這個說法來講，這是章實齋提
出〈方志立三書議〉以來一再強調的觀念。在章實齋的觀念裡，志書裡的書
志是綱要，而掌故是資料；而紀傳與文徵的關係也相類似，都有詳略互補的
作用在，這在前文已經交代。底下再引章實齋有關叢談所以必需分立的說辭
來說明叢談的引入，是因爲因爲文徵、掌故寄存的是較大、較直接的資料，
而叢談則可以寄存更間接、更瑣碎的史料的緣故。

章實齋在〈湖北通志凡例〉裡說：

> 徵材所稽，各以類次爲書。其間畸零小說、旁見軼聞，或考訂沿訛，
> 或傳聞遺事、說鈴書肆、纖眇餖飣……史裁附以小說，畢竟不倫。
> 今爲叢談一書，附於三書之後……。然不與通志、掌故、文徵同稱
> 爲四書而附於三書之後者，以三書皆關經要，叢談非其類也。

說明了叢談的基本內容。強調了叢談收取的資料，較諸文徵與掌故果然更形
瑣碎，以及所謂三書實是四書的事實。（當然同時也強調了叢談所收的這些資

〔註29〕他說：「傳狀誌述，一人之史也；家乘譜牒，一家之史也；部府縣治，一國之
　　　　史也；綜記一朝，天下之史也……譜牒散而難稽，傳誌私而多諱，朝廷修史，
　　　　必將於方志取其裁。而方志之中，則統部取於諸府，諸府取於州縣，亦自下
　　　　而上之道也。州縣志書，下爲譜牒傳誌持平，上爲部府徵信實朝史之要刪也。」
　　　　〈州縣請立志科議〉以一人、一家、一國、天下四級來區分志書。並以爲傳
　　　　誌不可信、譜牒難取徵，只有志書經過徵信的過程，最適於給國史取資。實
　　　　齋便如此地從史料的可信度以及史料取得的方便度說明方志的重要性。而國
　　　　史必需取資於方志，這正是方志所以得以存在，且必需訂立志科的緣故；由
　　　　這種意見看來，實齋果是以爲國史補編期許志書的。然則實齋「志書當爲國
　　　　史補編」，與「志書分級」這兩種想法，其實是前後衍生的概念而已。

料果然可以被認定作史料的歷史本質，和一般小說其實都可當作史料應用的特性。）——如此將一切論斷的（如通志）、敘述的（如掌故、文徵）、補足的（如叢談）史料通通匯聚一處時，資料才算詳盡。而當一切資料依照重要性、使用度來分門別類別類地收藏時（如三書、四書的分立），這本志書的體式纔算清晰。

章實齋在〈報廣濟黃大尹論修志書〉裡曾經用力地探討志書體例（雖是針對黃志而評，其實正是章實齋自身志學理論的體現），說：志書體例須統一、取材須周全、瑣碎當剔除，文徵一體方便收錄文章、文苑傳與藝文志當作區隔等系列主張，其實也和這一系列的想法相呼應，都是爲了資料周全而文字簡淨這看似衝突實相協和的理念而作的思考。章實齋志書架構正是循著這個方向來構思的，所以我們可以說，章實齋在志學上所以倡議三書四體，目的也是朝著「文字簡淨」而設立的而已。

在此之後，章實齋又將簡明的要求展現在方便讀者研閱的追求上。他認爲，爲了方便讀者研閱，必需在志書中運用大量的圖表，並在紀傳志書之前，使用編年、紀事本末的敘述法，好救濟純敘述、純紀傳的缺失。的確，傳統的紀傳法，固然有它的優點，卻也有它的缺失。

一般說來，紀傳以紀人爲重心，一切敘述是以傳主爲焦點而敘述開來的。這種寫法，優點是傳主生平歷歷在目，能讓人對傳主有全盤、透徹的了解；缺點則是傳主與其他傳主之間資料或多重出，而且傳主與其他傳主之間相互糾葛的關係不是很清楚；甚至因爲是敘述以人爲中心，於是許多人物共同創設的事件，以及個人在某一相關事件中影響力的輕重差異，便也無法如實的呈現，如《史記》之傳楚漢相爭，一批相干人等，如項羽、劉邦、蕭何、張良、韓信、英布……等等人物的記載便有這種困境出現，即便司馬遷發明了「互見」的筆法，也免除不了讀者交互翻閱的厭煩感。

爲了保持以上的優點，（當然，更主要的是爲了接續國史作補編的這個緣故）章實齋沿襲了紀傳體的敘述法；爲了彌縫後面的缺失，章實齋採用了在記傳之前先以編年、紀事本末二體來作總說，並且大量地運用圖表的方式。

他說：「表之爲體，縱橫經緯，所以爽豁眉目，省約篇章」（〈報廣濟黃大尹論修志書〉）。又說：「總其款目以爲之經，分其細數，以爲之緯；縱橫其法，排約爲賦役表。不過二卷之書，包括數十鉅冊，略無疑脫」（〈方志辨體〉），更說：「諸圖開方計里，義取切實有用」（〈湖北通志凡例〉），便認爲諸圖都有

簡單明瞭的實用價值，也明確地點出了表格對文字的簡省功用。〔註30〕

　　至於〈湖北通志府縣考敘例〉之說：「今通志全書皆以意爲貫通。而疆界分合，輿圖既揭其全已；而府州縣之建置沿革，則參取范氏縣記之意，別爲府縣考一篇，以著欲合先分之意」，則不僅交代了圖的用途，也說明了分述之前，須先立一個總說的必要——因爲有總說然後得收提綱挈領的功效。

　　有關總說的寫作方式，章實齋則將他表達在〈湖北通志凡例〉裡。他說：

> 史以記事爲主。記事以編年爲主……今取自漢以後，凡當以年次者，
> 統合爲編年紀，附於皇朝編年紀後，備一方之記載……紀以編年爲
> 名，例仿綱目大書分注，俾覽者先知古今，瞭如指掌。

這段文字，含有許多意義。如：皇言居首，代表著章實齋對朝廷的卑順。〔註31〕可是編年緊接皇言之後，代表的意義則是：重視編年的意念出現了，証明章實齋希望藉編年體年經世緯的功能，以爽淨史文的敘述。〔註32〕

〔註30〕　〈湖北通志人物表敘例〉之說：「顧炎武嘗惜南北六朝諸史無表，以謂表缺而諸史不得不繁。不知宋元諸史未嘗無表而列傳之繁反過六朝數倍，蓋但表王公將相而不以綜類人物姓名，史傳所由蕪而冗也……」點明了表法的不可不加講求。

　　〈方志辨體〉之說：「總其款目以爲之經，分其細數，以爲之緯」才大略說出了表體縱以立綱、橫以寄數的基本方法。

　　而〈湖北通志凡例〉之說：「表取年經事緯」，則提供了實齋設定表體縱以紀年、橫以存事的另一基本原則。

　　綜合以上兩條文字，可以知道實齋的表，只是運用縱橫交叉的方式，以大標題於縱而爲爲綱、再置細目於橫欄，縱橫交錯，讓一些瑣屑的資料，得以更見條理的陳列罷了。

　　至於〈湖北通志凡例〉又說：「譜牒爲專門之學，前史往往失傳。歐陽唐書宰相系表創其例而不能善其法；鄭樵通志氏族之篇存其義而不能廣其例……即周官小史奠系之法也」，或說：「人名別錄與人物表，雖前人鮮作，其實竊仿杜氏釋例所謂世卿公子諸譜以備讀左氏者稽檢也」，則自陳了實齋個人表學以及譜牒學的淵源。

　　實齋說自己所以敢大量應用表體，全是因爲大量承襲前人智慧的緣故。如：《新唐書》、《通志》，如：《周官》、《左傳》，便都曾給他相當大的啓發。在這裡，我們可以猜知實齋個人的史學知識的根柢究竟何在。

〔註31〕　他對朝廷一向表現出幾近卑順的表情。所以他對傳記人物的取捨，便是一以官書爲準。說：「人物見於正史之外，又有大清一統志及舊通志與府州縣治皆爲官修知書，其人名不得擅加去取」，不敢對官修的志書有所逾越。雖然其後又有但書說：「但事跡有關懲勸者詳列於傳，其事跡無可詳者，亦列於表，以備詢訪」。但這呈顯的意義是志書重在經世濟民的功用，是表的功用而已，是抹殺不了實齋的順民態度的。

〔註32〕　由於要求文理清晰，所以他也要求抖落一切華飾。他判析志書的表現水準爲伍

（四）書法上期嚴謹

　　澄清了志書的體制、本質，確定了志書的功用，以及敘述上既詳且明的基本原則之後，接下來章實齋便要碰觸到實際寫作這個問題了。

　　實際寫作，最先須討論的是志家的修養問題。章實齋在志學中並沒有直接談論這個問題。或許是因為他認為史學理論中的〈史德〉篇以足以解釋這個問題的緣故吧。〈史德〉篇說明：史家必需具備才、學、德、識四樣修養。學以儲備史料，才使敘述流暢，德使評論平正，識使論斷精采，都是上等史學著作中不可或缺的特色。其中才、學、識三樣是唐代劉知幾已先提揭過的重點，只有德這一目是由章實齋倡議的，所以章實齋獨標〈史德〉作篇名，而且也以此篇更得聲名。

　　在〈答甄秀才論修志一書〉裡章實齋已碰觸到了史學敘述到底該不該加入太多史家個人意旨的問題。有關這個問題，他主張：「據事直書」——因為史著混入太多個人的意見，有一個極大的危機，那便是史料的敘述觀點偏頗，史料的敘述內容失真。我國史家一般說來總是認為敘述者本身當抽離開史著本身才行，如《左傳》只在敘述之後用君子曰作評斷、《史記》只在傳記末用太史公曰標己見，他們總是不願意因為個人的好惡混亂了史著的公平性的，所以章實齋效法《春秋》據事直書，以求文字更見簡淨。

　　除了據事直書以外，章實齋在〈答甄秀才論修志第二書〉與〈修志十議〉裡，另外提了一些志書的製作理論，例如：

　　他在〈答甄秀才論修志第二書〉裡提出了七個書法重點。他說：

　　一、考忌煩碎，傳勿渾同。

　　二、成文宜標作者，

　　三、傳文宜詳。典章同之。

　　四、論斷宜嚴。

　　等，說：「大抵有文人之書、學人之書、辭人之書、說家之書、史家之書，惟史家為得其正宗，而史家又有著作之史與纂輯之史，途徑不一」〈報廣濟黃大尹論修志書〉以為惟有具備史識，才算上乘著作。認定史著須有史識在其中才是上品。實齋以為，志書不是用來展才學或現文華的，更不是以稗官野史充數者可以望其項背者。他在〈與石首王明府論志例〉說：「文士囿於習氣，各矜所尚，爭強於無形之平奇濃淡。此如人心不同，面目各異，何可爭，亦何必爭哉？惟法度義例，不知斟酌，不惟辭不雅馴，難以行遠，抑且害於事理，失其所以為言」，便極力強調：史學著作裡，文法不是重點，重要的是史學義例。以為義例不確立，書不成書；即使文章魁奇，也無法振救這本不成為史書的作品。

五、文可自注，以求雅潔。

六、志以俾史乘。

七、女子可以成傳。

其中除了第六條：文以俾史乘，是屬於寫作方向的確立，第七條：女子可以成傳，是屬於資料的擴充以外，其他都是屬於寫作技巧的探討。

例如「考忌煩碎」要求了史料閱讀的方便性，這和「文可自注」一條之追求文章雅潔的想法相類似。這兩條宣言同時應和著「志書製作目的在實用，志書體制須簡潔」的追求，也預示了章實齋在《校讎通義》中提出「自注」一條的淵源。章實齋自家寫作常常自注其下，其意念原來早就萌發於此處。「成文宜標作者」一條，劃分了引文與自撰文字的區隔，不僅有釐淨文章的功效，也展現了作者著述不肯掩人之美的修養。至於「傳勿渾同」一條，要求傳主面貌的清晰，要求史料的考訂須確實、敘述須生動如實；「傳文、典章宜詳」之要求材料詳盡、「論斷宜嚴」之要求傳贊精確，都是強調傳記寫作傳記需要講求內容深刻、資料詳實的意思。

〈答甄秀才論修志二書〉以外，章實齋早期具體的志學理論，多展示在〈修志十議〉之中。〈修志十議〉首先提到修纂志書有二便、三長、五難、八忌。

所謂二便是：「地近則易覈，時近則跡眞」，這雖然與筆法無關，但是確言了志書詳盡略遠的特質，且說明了志書所以必需詳寫近代事跡的緣由。所謂三長是：「識足以斷凡例、明足以決去取、公足以決請託」，這雖是本於志書記載地理範圍較小，和史識、史才、史德系列理念推演出來的說法，但是在其間依舊可以看出時齋對志書有凡例須清、去取須嚴、論議須平的要求。所謂五難是：「清晰天度難、考衷古界難、調劑眾議難、廣徵圖書難、預杜是非難」，「清晰天度、考衷古界」這段文字說明了章實齋對史料考證的嚴格要求；「廣徵圖書」這段文字說明了章實齋對史料盡量求多的心態；「調劑眾議」、「預杜是非」這段文字依舊顯示了章實齋對史識的講求。而八忌是：「條理混雜、詳略失體、偏尚文辭、粧點名勝、擅翻舊案、浮記功績、泥古不變、貪載傳奇」八目。「條理混雜」說的是條例的明晰；「詳略失體」呼應著志書須爲國史補編的想法；「偏尚文辭」澄清了志書體屬歷史的本質，提醒志家千萬不要以文章喧賓奪主；「粧點名勝」說明志書重點在資治的事實；「擅翻舊案」、「浮記功績」、「貪載傳奇」強調寫作態度的嚴謹，說明志家不能一意求奇以致史述失眞，不能無德以致評論不公，不能無識，以致混入內容不夠嚴謹的史料；「泥古不變」

則說明了但依史料所述，可以隨時創例的智慧與勇氣。

在二便、三長、五難、八忌之後，〈修志十議〉又提到了四體四要。所謂四體，其實便是〈方志立三書議〉的濫觴，只是當時未能獨立出文徵而已。不過這是體例的問題，眞要論到筆法，那須看四要一欄，因爲四要一條，在論述史著的文法，所謂：「要簡、要嚴、要覈、要雅」，所述與清眞一意略可相通。

說完了二便、三長、五難、八忌、四體、四要之後，〈修志十議〉才眞正提到筆法這個範疇。在這裡章實齋提出了職掌、考證、徵信、徵文、傳例、書法、援引、裁制、標題、外編等十個主題。其中除了職掌一目是州縣立志科議的雛形以外，其他都是有關書法的建議。

例如考證一目，是史料盡量求眞、求詳的再呼籲；徵信一目，在論作傳的方法。追求的也是史著的眞；徵文一目，在論志書裡書、志一體的作法，以爲當用《漢志》的編目法，不可學《文選》之只知收編文章而已；傳例一目，雖然也在論作傳方法，不過重點落在論傳主當否入傳的去取問題。以爲生人大體不當入傳，又說明人表可以收系一切德行可欽，卻因資料太少，以致無法獨立入傳的小人物。書法一目，重點落在討論考、傳兩體的著重方向。他認爲考體當記載「政教典禮、民風土俗」，不當執溺在「浮誇形勝、附會景物」之中；傳主當以「名宦鄉賢、忠孝節義、儒林卓行」爲重，次要人物可以各種人表年譜附載。強調志書的歷史本質，以及歷史的借鏡功用，以爲不可以以志書作展現文采的場所或應酬物。援引一目，專論引文之法，以爲作品的去取完全決定於它的重要性，而一切傳主的重要作品可以劃入文徵，以免穢亂撰文；又說全引、節引可用「其辭曰」、「其略曰」作劃分。裁制一目，更論引文以及自注之法。以爲自注可以方便說明自己纂述的苦心。標題一目，強調志書以實用爲主，以爲不可將就文采，強分門類。外編一目，說明存遺之法。提出所以收系一切編輯志書所餘的史料的方法。是文徵一觀念的發軔。是章實齋志學中有關筆法理論最重要的篇章。

〈修志十議〉所以大量提到寫作傳記的方法，是因爲志書原本以紀傳爲基本寫作格式的緣故。

有關傳記的作法，章實齋又在〈湖北通志凡例〉裡交代過，他說：

記人之傳約略以類相次，而不甚拘於時代；同一類者仍以時代爲先後。父兄子弟均有可傳者，略仿南北史王謝諸傳之例，合爲一編。

> 與族望表爲表裡焉。傳人略以類次，不須明作標目。今用別裁義
> 例……立人物之表。於本志有傳者，皆於表名之下著名列傳篇次。
> 新收人物不列表者，表後爲別錄以注之……觀者一望瞭然。其記事
> 之傳……於傳後亦作人名別錄。此則爲記事清其眉目。

說明了傳體的排序、分合與目錄。

以傳的排序來說，章實齋以爲事的近同，其重要性遠超過時間的先後。以人物的分合來講，章實齋以爲能合則合。這當是本於省簡志書篇幅、方便讀者研閱的角度而立說的。以傳記的尋索所來講，章實齋以爲當儘量給讀者方便，所以嘗試運用別裁之方，建立一個索引表來救濟傳目混亂的缺失。

此外，他在〈湖北通志新標題收人名別錄敘例〉說：

> 新增文獻有可錄者著之於傳，呈無事實而僅綴虛文……譬如史家無
> 傳而做論贊，無以徵信史矣。茲爲別錄，附入人表之後，以俟後人
> 之咨訪云。

則提供了另一個立表的理由。說他希望剔除掉一切收集不是很完備的傳主，但又能留存其名目，好讓後人繼續補足。

至於他在〈與石首王明府論志例〉中則詳細地討論了傳中人物、地方的稱謂問題。

他說稱謂宜用全稱，官稱宜用制度，以免有語焉不詳、引人誤解的狀況發生。如：「有稱人先是爲司馬公者」，究竟是姓司馬，或是稱尙書侍郎、府同、州同，便令人心生迷悶；又如：「杜台卿稱卿則語不完，而荀卿、虞卿皆可通用」，也是一團爛帳，都該小心避忌才好，這也是一種書法上該小心的問題。

章實齋對志書筆法的要求也表現在他對一些專有名詞的講求上。

例如洪亮吉纂寫《乾隆府廳州縣志》時，固然以布政使司分隸府州縣，因以布政使司爲府州縣之上的政治層級。章實齋則不以爲然，立刻加以辯正，並寫作〈地志統部〉予以批駁。說：「書以乾隆爲名，則循名責實，必當（以巡撫爲主）稱部院，不當更稱布政使司矣」。

章實齋認爲：周之方伯，漢稱部州，六朝州郡，唐人稱道，宋人分路，元稱行省，明則稱承宣布政使司，簡稱布政使司——意取：「朝廷有德澤禁令，承流宣播，以下於有司」（語見《明史‧職官志》）——又以爲布政使司是明代對最高層級行政區域的劃分單位，其主官稱布政使。但清代經過百餘年的變遷，「執掌制度，逐漸變異」，雖然仍依舊制，設有布政使司，且一般習慣，

也稱布政使司為省。可是當時各省未必設有布政使，卻一定有巡撫，且巡撫有正職，職掌一州軍政大事，不像布政使，反而只是掌管錢穀而已，所以巡撫才是當時各省的主官。

由於清代巡撫常加侍郎跟副都御史的頭銜，而一般稱侍郎為部（因分屬六部的緣故）、都察院簡稱院，所以巡撫也可以稱作部院。因為巡撫才是當時各省的主官，而巡撫又被稱作部院，所以章實齋以為為了合時合宜，該稱當時最高行政單位為部院，不僅不當稱省，也不該稱作布政使司。

章實齋就如此大費周章地陳述行省、布政使司、部院三者的傳衍關係，且依據當時的行政制度與洪亮吉進行辨正與批駁，因執定時代的區隔，要人精確的選用部院這個專稱來稱呼，再次展現了章實齋謹嚴的歷史精神。

三、編纂制度

（一）制度上立科房

章實齋以為：古代由於史官制度嚴密，處處有史官剪輯史料提供中央，所以良好的史著容易纂成。但近代志家則不僅少了健全的史官制度作支撐，甚至因為不能掌握方志本質當屬歷史的原理，以致在撰述方志時，不管在取材上、或考證上、纂寫上都容易有差失產生。章實齋在〈州縣請立志科議〉說：

> 蓋嘗考之周制，而知古人之於史事未嘗不至纖悉也……後世史事上詳於下，郡縣異於封建，方志不復視古國史，而入於地理家言，則其事已偏而不全。且其書無官守制度，而聽人之自為，故其例亦參差而不可為典要。

便是針對這種狀況提出的控訴。

章實齋又以為：文學成就受環境的制約。環境改變了，作品的內容、風格也將隨之改變；如果勉強環境已經大變的後世去模仿前代的作風，那是吃力不討好的苦差事。相對的，如果從整體的大環境作起，那在環境裡的人事物也自然而然的會產生極大的質變。他在〈州縣請立志科議〉裡說：

> 夫文章視諸政事而已矣……苟於政法亦存三代文章之遺制，又何患乎文章不存三代之美備哉……後世專以史事責之於文學，而官司掌故不為史氏備其法制焉，斯則三代以後，離質言文，史氏所以難言也。

便是這種理念的發揮。

他相信，史學也同文學一樣，只要有相應的環境，史家便容易有好表現。何況志書纂述需要豐富的史料，而豐富的史料需要辛苦的採與縝密的考證；至於由資料而寫定的歷程，也是極繁重的工作——如此由徵集到考證到寫定的過程，如果不立個制度，進行分工合作，又如何成事？所以章實齋早在寫作〈修志十議〉時就有州縣須立志科的建議，希望能夠透過志科的建立，進行志學環境的改善。希望能夠運用公家的力量，成立志科局，讓現代的志書纂述環境能夠稍稍逼似於從前，能夠有大量的史料採集人員，在考證史料時、纂述史料時，也有大量的同志可以共相研商，以利成就一本最完善的志書。

至於建立志科的具體方案，章實齋則由史料的採集、考證與纂寫三部份來說明。

以史料的採集言，章實齋在〈州縣請立志科議〉裡建議力求審慎。分言之，章實齋以為：一、掌故類，如案牘，平日即錄藏其副。二、傳記類，如官員，去官之日論錄之；如民人，覈正其傳誌譜牒而後錄之。三、藝文類，錄存著作副本。四、志書類，如建築，一舉一動亦須呈其端委。五、表類，如鄉中大事，也一一錄存。六、為防遺佚，另設採訪員額。以為都當及時採集，應時寫定。

以史料的收藏言：章實齋以為當置藏室、鎖櫃，防水火，兼防私人篡改史料。

以史料的考證言：章實齋以為必需訪諸賢士故老，以求詳實。

以史料的纂寫言：章實齋以為基本資料的著錄可以責成一般文吏，但是必需提供明確的記錄程式給他們。所謂「妄作聰明」仍屬小事，更可怕的是賄賂公行、私心作祟，以致信史不成，反成穢史。〔註33〕章實齋說：

> 平日當於諸典吏中，特立志科；僉典吏枝稍明於文法者以充其選，而且立為成法，俾如法以記載，略如案牘之有公式焉，則無妄作聰明之弊矣。積數十年之久，則訪能文學而通史裁者，筆削以為成書，所謂待其人而後行也。

〔註33〕 實齋說：「州縣掌故，因事為名。承行典吏，多添注於六科之外；而州縣記載，並無專人典守，大義闕如。間有好事者流，修輯志乘，率憑一時採訪。人多庸猥，例罕完善。甚至挾私詆周，賄賂公行」〈州縣請立志科議〉正是擔心這個問題。因為掌故記載如果沒有定制，會有法例不完美、態度不公允、材料不可靠的缺失出現。而這也是為什麼實齋在方志立三書議中會希望直接用小吏做書記員的緣故。

就是這個意思。

因爲政事本來陳陳相因，先後變化不會太大——試看周代六官正是歷代六部的基源，而期間流演竟已超過數千年，可以想知——所以只要能夠進行分工，先把收集資料這種公式化的工作交給小官吏，並讓收集史料的工作制度化、恆久性地進行，然後再把纂寫的工作交給具有史識的文士便可以了。

立志乘科房的建議，雖然只是傳統史館局這一意念的延伸，但是這可以看出章實齋對志書工作的重視。〔註34〕

第三節　結語——纂史力求實用

章實齋一生都在思考志例、評騭前人志書、參與纂述志書的工作，述方志，研商的範圍極廣泛，論述的步驟也極完整，方志學可算是章實齋戮力一生的工作。

以定位來說，他談到了志書的性質、種類、價值和功用。

以纂述來講，他談到了史書的訂例，以及史料的徵集、考証和纂寫。他甚至談到了志書的收藏和志科的編制等問題。

以性質來講，他認爲志書當劃屬歷史，應包含人文資料在其中，不當僅以山水地理自限。

以種類來講，他認爲志書會因爲一地的行政地位的高低，或地理涵蓋範圍的大小，而有不同，如一統志、省志、縣志，便是三種不同層級的劃分。順著這種劃分，章實齋以爲在訂例上，當作類似大綱與細目的區隔——低層級的志書，如縣志，當詳說當地的史地資料，以利上一層級的省志取裁；而省志相對於縣志，則當作全面性的提揭，提揭各縣在整個省中的位置與作用——讓縣志成爲省志的資料庫，而省志則是各個縣志的綱領。至於省志之於一統志，也當採用相類似的的互補方式去敘述。於是若欲統攬全局，則往上層志書瀏覽；若欲掌握詳細資料，則往下層志書查閱，如此分合之間互有詳略之殊，因使各級志書形成一有機的編配。

至於在價值上，他認爲志書當如《資治通鑑》，必需有利於治道才好。最起碼，也可以供作國史取裁，成爲纂述國史中最基層的一環。

〔註34〕志書當分記、譜、考、傳諸體沿襲自正史的傳統，立志乘科房亦然，這可以相對地看出實齋的史學淵源十分正統。

若以內容來講，由於方志將作國史補編，所以資料必需力求詳盡。

又，由於志書須作國史補編，所以章實齋在體例上設定紀傳體作基本格式，因爲志書體例與正史能相一致，國史館在取用時才會方便。

由於方志將爲國史取資，資料不可煩亂，所以章實齋設定「文徵」跟「掌故」，甚至如「叢談」這些體式來收容較瑣屑的史料——文徵所以收取名家詩文，掌故所以繫存公私檔案，叢談則以包納一切不成體段，但又未必無用的歷史資料——〔註 35〕有此體段，然後志書才能夠達到資料詳盡而文字爽利的雙重要求，所以章實齋在志書的體例上要求能夠分立三書，甚或是四類。〔註 36〕

在徵集上，章實齋認爲志書必需盡力搜訪，然後能符合「詳盡」的要求。

在考証上，章實齋認爲志書必需力求細密，然後才能使志書成爲可以信用的史料。

在纂寫上，章實齋也認爲當求「清眞」——文字清朗，感情眞實，然後便於讀者閱讀與取材。

而在編制上，章實齋則以爲當用公家之力，制定志科，讓編纂志書的工作能更有制度、更有助力，工作才能恆常而有序地持續下去。並以爲可以運用公家的力量收藏志書，讓志書不至於散佚毀損，而得傳諸久遠。

如此，由建立制度到實際行動，由收集史料到考訂與纂述，由成書到收藏，章實齋對志書的纂著工作，是有他成套的見解的，不僅內容豐實，而且對學界的貢獻宏大。如果我們說：方志學是章實齋學術的源頭與生命的重心，也不爲過。

章實齋明白志書的功能，他知道志書記載一地的自然、人文景況，在政治上可以幫助施政者了解治所的大略情形，人文上可以幫助教化的頒行，〔註 37〕史學上可以補國史，學術上可以存遺佚，作用之大，直追國史，所以當他論到志書的寫作時，也毫不猶豫地直以實用作主要觀念。

〔註 35〕黎錦熙先生曾批評章實齋的「叢談」說：「文物之邦，尤富專著，文徵而外，更有叢書（如清末迄今之《畿輔叢書》、《金華叢書》、《湖北叢書》等，而《安徽叢書》，則分輯繼出，至今未已也），此等工程，不關修志矣」（語見《方志今議》頁八），誤叢談作叢書，和章氏的原議相去絕遠。

〔註 36〕實齋《方志略例》中有〈方志立三書議〉，建議志書當分志（即仿正史而有的紀傳體）、文徵、掌故三體。叢談一體的分立見於〈爲畢秋凡制府撰常德府志序〉。而三書若添叢談，便成四體了。

〔註 37〕清·李奉翰《乾隆永平府志》序便說方志是「輔治之書」。《吏治懸鏡》載：清代官箴有「蒞任初規」。其中第二十三條便是「覽志書」。

以志書的性質來講，章實齋所以極力攔歷史入方志，推人文於地理，是因爲他認定：人文與地理兩樣合載，終比單獨一樣地理來得豐富，對人世更加有用的緣故。〔註38〕若推「方志當屬歷史」的觀點而遠之，則章實齋所謂：外史加詳、前志傳與搜訪傳的設立等觀念也就順理成章的出現了；而這些學說的設定，其目的仍然一概都是在有益於世而已。

以方志須做國史補編的作用來說，他主張以紀傳體做志書的基本格式，那也是爲了方便銜接地方與中央，讓方志在政治功能外多一個史學功能的意思。

以資料求詳來說，章實齋基本上依據「方志須爲國史補編」的看法，襲用紀傳體作自家志書的基本結構。又因爲清楚紀傳體在資料上的不足，所以他補上掌故與文徵——所謂「立三書議」——藉著豐富的文章、檔案，來強化政經文化上的史料。這種想法的根本目的，仍是在加強志書的資志功能而已。

以架構求明來說，章實齋大量運用圖表，在各分論之前先作總論，在文字敘述之前先以圖爲山川城池立位置，以收提綱挈領之效，大膽融合編年、紀傳、紀事本末體個體於一爐，仍是爲了讓文理清晰，方便世人應用志書。

然則，章實齋在製作志書時，不管是由選材、立例、評述來說，都是以實用來敘述，而且藉此展現治教說的本質，所以我們大可直說：章實齋的志學是以實用爲基本精神的。

〔註38〕35 如果我們不能體會實齋極力拓展史料範圍的苦心，那對《和州志》之特立〈前志傳〉——以爲後志雖然新修，卻是多所取材於前志，前志雖被修改，卻依舊保有許史料，所以前志依舊需要存檔，不可淨予刪去——的想法便不能了解了。

　　同樣的，如果我們不能明白實齋對史料於世實有大用的認可，那對實齋提倡「言公」——說世間一切資料可以共享的理想——便也會感到相當詫異了。

第四章　融通尚用的史學

　　章實齋以為方志在本質上近同國史，因將方志學與史學連了線，且在寫
作方志理論時，同時進行史學理論的建立，並以史學理論保障方志寫作的完
美。可以說，章實齋的史學理論是他的方志理論的再發展，是接續著方志學
而成形的學術範疇，所以接著方志學可以談談他的史學。

　　本章首節說明章實齋史學理論的形成軌跡，二節分史學性質與史學方法
兩路敘下，說明其史學知識的性質、功能與發展史，並及史著的高下、史家
的條件、著史的條例、筆法等重點，再以末節作結。

第一節　立說背景——實齋學術重心所在

　　史學研究是章實齋學術研究的重心，章實齋整本《文史通義》以史學為
題的篇目便佔了一大半，即使不是以史為名，內容也多是為史而作。甚至有
互為因果，形同母子的緊密關係的作品，像：方志學是史學的基型、校讎屬
藝文志的部書功夫，文學理論固與史學理論平行，部份經學則採用史學的表
述方式，這都是章實齋以史學為學術重心的明顯例子。

　　以方志學為例：章實齋要求志書須具實用價值——這個想法落實在史學
中，便是「史學所以經世」（〈浙東學術〉）的主張。而體式上分三書這個命題，
也讓他能去深刻地思考所有的舊史體如編年、紀傳、紀事本末，或通史之與
斷代史等等的長處與缺陷，對過去的史家成就作一結辮式的反省；激他選定
通史，創出一個綜融各體之長的新史體。相應於格式上求俐落這個命題，他
思考到自注與別錄這兩個清爽文字、方便檢索的主題。順著作用上補國史這

個理念逆推,他又論及族譜學,因為志學是國史的基礎,族譜學也可以是方志學的基礎,至於州縣當立志科一議,落實在史學中,則是他對國史館局得失的評議。書法上求嚴謹這一點,章實齋在志書上既分五級,認為每一個低層級的志書都是上一層級的補編,這個想法讓他思考到資料與著作的相互關係,發明圓神與方智的區隔。以纂述的態度來講,章實齋在志書上既說了個公允,在史法上他便拓展劉知幾的「史家三長」作四長,提出了史德與史識的講詞。以纂述的方法來說,章實齋在志書上既說了詳近略遠、面貌清晰,在史法上他便也強調類似詳盡略遠與因事名篇的看法。至於作品的收藏,章實齋對志書與史書都有運用公家力量的意思。章實齋便如此地以他的方志學理論孕育出他的史學天地來。此外,章實齋把方志學的淵源繫定在《周官》之上,認為方志是周代各侯國向王室報陳的地方資料,而寫作者是周王室派遣到各侯國的史官,那方志當然也是屬於史學範疇。而章實齋也在〈和州志志隅自敘〉明言自己的製作方志,是為了明示天下,自己的《文史通義》並非「迂言」,說明他的方志學與史學確實深有淵源。可見章實齋的方志學理論和史學理論,關係確實密切。〔註1〕

更以經學為言:章實齋的六經皆史論——主張六經本來只是先王經緯世事之記錄,本質也都是屬於歷史著作的範疇。論述經學宗旨,也多在強調他的史學性質。如此強烈的史學傾向,不免會驅使他做深度的史學研究。

以校讎學來說,校讎主張需要考鏡源流,要讓校讎學具有學術史的目錄功能,這是章實齋校讎學與史學所以產生關連第一個事實。而編輯方志時,為了部類群書藝文志的需要,章實齋發展了他的校讎學——他的校讎學本就源自因應方志學的需要,方志學又與史學並進,這是章實齋校讎學與史學所以產生關連第二個事實。而史學方法中人表與別錄的製作(說詳本章二節三

〔註1〕 以方志學來說,實齋界定志學為史學,以為方志質屬國史,所以他恆用思考史學的方式來思考志學,這是實齋寫作志書的同時,也一定會寫就史學理論的第一個原因。又因為方志理論所能涵蓋的層級仍低,只為堪作國史補編的方志立例,所以實齋需要再提出更高層次的史論做補足,將方志理論作更精密的推演;即使實齋的方志理論本身,和他的史學理論有很多重同的地方,這是實齋須作史學理論的第二個原因。章實齋的方志學理論和史學理論是一對先後出生的同胞,他的史學理論是志學理論的影子。志學與史學在實齋的學術生命中本是一而二、二而一的事情,實齋在〈和州志志隅自敘〉明言自己的製作方志,是為了明示天下:自己的《文史通義》並非「迂言」,因此他努力創作史學理論述;所以當他的志學研究越形成熟的時候,史學知識也就越形深入了。

目五條〈著史的筆法〉），實質只是爲方便讀者尋找本書或相關資料所作的索引，與目錄的關係益形密切。凡此都可以說，章實齋的校讎學和他的史學也深有淵源，而章實齋所以必須建立史法，確實和他的校讎學也深有關係。

以文學論，章實齋他認爲文學雖然可貴，但若就史料運用的觀點來看，文學仍然要歸屬到史家的手下，被當作一種史料來運用——例如章實齋在〈上朱大司馬論文〉中說：「古文必推敘事，敘事實出史學，其源本於春秋比事屬詞。」便將古文的發源歸結到歷史，將史學定位在經學之間、文學之前，〔註2〕躋升史學的地位到文學之上。

他說：「文士務書陳言。而史筆……全貴陶鑄群言」，認爲文家的地位低於史家一層，以爲要成爲一個史家有其必要條件，不是一般專說風華月露的文人所得濫竽充數，所以他說：「文人不可以修史」，也不許韓愈以知史，即使韓愈曾經身任史官，曾經寫作過赫赫有名的《順宗實錄》。〔註3〕對歐蘇的譜學感到不滿，對人說方苞的三色圈點法不可學。〔註4〕提醒文人不可僵固於文法，卻忽略了史學的存在，要人注意千萬不要因爲追求文學之美，而混淆了史學的眞實。

他清楚史學凌駕文學的事實，所以斬釘截鐵地辨分史學與文學的不同——他就文、史提出區隔，以爲文學貴在作者的獨抒性靈、自出機杼，史學貴在遵守史料所提供的內容；主張「文士撰文，唯恐不自己出，史學之文，唯恐出之於己」、「史家著述必有立於文辭之先者，假文辭以達之而已」、「史所貴者義也，而所具者事也，所憑者文也」，強調文詞只是表達史義的工具，而史義才是史著最重要的部分。

章實齋認定文學是史學的附庸，他的文學理論與史學理論的關係，根本形同母子。而當他對當代桐城宗風、性靈口號，感到不正確，有意做回應時，也一定會激使他做相當深刻的史學思考。〔註5〕

〔註2〕　〈詩教〉篇說文學源於詩經，由文學作品的情志說起，這是更細膩的說法，但如果說六經果然皆史，則歸結到最後，文學的淵源到底仍是史學。

〔註3〕　他在〈上朱大司馬論文〉中說：「昌黎之於史學，實無所解，即其敘事之文亦出詞章之善，而非有比事屬詞、心知其意之遺法也。其序列古人，若屈孟馬揚之流，直以太史百三十篇與相如揚雄詞賦同觀，以致規矩方圓如孟堅，卓識別裁如承祚，而不屑一顧盼焉，安在可以言史學哉。」認爲韓愈將經史與文章混爲一談，不知道賞識眞正的史裁，所以不能進入史家之林。

〔註4〕　說辭見〈論文上弇山尚書〉、〈與吳胥石簡〉。

〔註5〕　說詳第五章〈因史說文的文學論〉。

　　由於章實齋大部分的著作都以史學爲重心，爲基源，所以他一定要全力發展他的史學理論，這是章實齋所以創作史學理論的根本動力。

第二節　學說內容

　　在史學的範疇裡，章實齋碰觸的範圍很廣。〔註6〕在內容方面，曾論其性質、斷其功能、述其發展；在方法方面，則詳述史書的良窳高下、史家的基本素養，以及史著的編纂方式，將我國的史學作了一次最有系統的總整理。相應於清末之引入西方史學，章實齋可算是我國舊史學的總其成者。

一、史學性質

（一）範圍的界定——天下萬物盡史

　　將史學範圍說得極廣，類別分得極細，認爲天下事物無不是史料，想含盡經子集盡入史部，這種近似德國蘭克學派的想法，是章實齋對史料的基本看法。

　　誠如前節所說，章實齋曾刻意強調史學的特異，讓史學與文學有一明顯的區隔。章實齋這個觀點淵源自他的志學理論，他曾說：纂寫志書千萬不要沈溺在描寫景物之中；又說：纂輯藝文不要受惑於風華月露之詞，認識到專門錄寫文采斐然的作品原本無關乎志學的眞正價值。而現在，當他面對考據的衝擊之中，反省到資料的豐富不必有用，而提出記注不如撰述的觀點以後，他便明白史識的重要，而刻意壓低文采的作用了。等到五十五歲寫〈方志立三書議〉時，他更以史學來籠罩文學，說文學所以成就史學，以爲文學只是史學中的一支。〔註7〕在〈書教〉篇中強調：一切文章作品都該劃歸史部。〔註8〕然則章實齋的文史區隔，不僅能讓史學獨立於文學之外，也能讓文學包含入史學中來。

〔註6〕　杜維運，雖然不以中國史家夠得上精深的境界，卻極肯定其博大。說見氏著《與西方史家論中國史學》。

〔註7〕　〈方志立三書議〉說：「名筆佳篇，人所同好；即不盡合於證史，未嘗不可兼收也」，雖然是爲方志而立論，可是已經有文學當爲史學服務，其存在意義完全奠基於史學之上的洞識。實齋另有一篇無法考訂寫作年代的〈與石首王明府論志例〉更說：「紀傳敘述之人皆出史學。史學不講，而紀傳敘述之文全無法度」，將傳記文字完全涵蓋在史學理論之下。

〔註8〕　實齋說：「大抵前人著錄，不外別集、總集二條，蓋以一人文字觀也；其實應隸史部，追源當系《尚書》」。

　　除了文學，章實齋也用史學來涵蓋子學與經學。

　　章實齋認為集部只是子部的演伸，除了寫作宗旨純粹與駁雜、明確與混淆的程度有別以外，子部跟集部其實同質性相當大。這是章實齋在〈詩教〉篇中強調的想法。如果集部只是史學的附庸，本質又與子部近同，子部當然也可援例歸入史部的範疇——這是章實齋對子部當劃入史部的說詞。

　　至經學之當納入史學，可用〈易教〉篇的「六經皆史」說來證明。

　　六經皆史說以為六經的本質是「史」，這個史字，究竟該解作史料，如胡適；或解作檔案，如錢穆、余英時；或做綜合論，如倉修良；都不礙事，因為不管採用什麼說法，都是史料的範疇——在往古，他可以是先王行政之跡，是檔案；在後代，這些檔案也將成為一種所以考見往古的史料。所以不管是哪一種說法，都無礙於身為史料的本質，都可以被涵蓋在史學的範疇之中。我國學術一向分作經、史、子、集四部，而如果經、子、集三部都可涵蓋在史部之中，那麼章實齋「盈天地之間皆史也」這句話便自然而然的被逼出，而可以推出天下一切資料並都是史料的類似結論。

　　章實齋在〈史考釋例〉中主張：「史部所通，不可拘於三隅之一也」，以為史部不可自拘於一隅，認為和經、史、子實深相干；主張天下學問之劃成四部是為了學術門類的區隔，但為了學術的會通，卻該與其他學門融通；又說：「三家多與史通，混而合之則不清，拘而守之則已隘」，正是這種想法的反映。

　　章實齋以為天下資料無有不是史料的想法，最後落實在他之仿朱彝尊《經義考》而為《史籍考》。〔註9〕

　　因為他認定天下皆史料，所以他在《史籍考》中包納許多學門，並且呼籲史家纂史要能做到：

　　一、「存古逸」——凡六經、《左》《國》、周秦諸子索引古史逸文，一概加以搜取。

　　二、「採逸篇」——盡搜兩漢以下所有的遺篇逸句。

　　三、兼採經部子部與集部——識「六藝本書即是諸史根源」，一概搜取；知「諸子之書多與史部相為表裡」，同時摘取；知道「文集間有記事」，分別登錄。將一切文字記錄都視作史料，將「盈天下皆史」的概念發揮到極致。〔註10〕

〔註9〕 實齋在〈論修史籍考要略〉中自己如此表述。

〔註10〕 實齋的志學也有一切事物都是史料的主張，所以實齋在傳統的志書內容外，

總之，主張史部含盡天下學問，而天下學問無非史料，便是章實齋對史料範圍的最後界定。

（二）目的的釐清──史學所以經世

章實齋的學術一以經世爲重心，史學理論也不例外。如六經皆史說是如此，而對史著要求貫串古今、融通各體、詳盡略遠，並就史著的高下做出撰述與記注的區隔、筆法的好壞提出圓神與方智等種種說法，又何嘗不然？今先以六經皆史作說明。

前輩學者曾經探索過所以產生六經皆史說的歷史淵源、心理背景，以及學說本身的意旨。〔註11〕但正如經說一章所說的，我們不必管六經皆史說在歷史淵源上是不是果然與先儒如王通、胡應麟、王陽明、李贄、袁枚等都有相當深厚的關係；也不必管他在心理背景裡是否可能與戴震深有淵源；〔註12〕更不必管這個「六經皆史」的「史」字是作史料解、或作檔案解，或做綜合義解，如果能體會到「學問所以經世」的主題，便算掌握到他的學說精神了。〔註13〕何況章實齋曾說：「六經皆先王之政典」（〈易教篇〉語），直將史字作檔案解；又說：「六經皆先王得位行道，經緯世宙之跡也」（同是〈易教篇〉語），既然是以「跡」而言，當然可以解作「史料」；而如果經書是所以考見古聖先王經理天下的史料，那當然仍具經世義。而經書如果既屬檔案，同時又是史料，那將「六經皆史」解作「先王行政軌跡的史料」，那更是沒錯了。

還要添上關訪、前志等傳，以及文徵、掌故之屬。更要列入圖譜，說：「圖象爲無言之史，譜牒爲無文之書」（〈和州志輿地圖序例〉語）、「有文辭者曰書曰傳，無文辭者曰表曰圖，虛實相資，詳略互見，庶幾可以無遺憾矣」，並細分圖表的功能說：「夫列傳之須表而整齊，猶書志之待圖而明顯也」（並〈永清縣志輿地圖序例〉語）。此外，在編纂志書時（如《湖北通志》），還要收納多種資料，如食貨、水利、藝文、金石等入志。這種說法與作法，比由史部包籠經、子、集，來得直接而明確。

〔註11〕參以經爲史的群經說第二節〈六經爲官師分立後的史料〉的敘述。
〔註12〕余英時《論戴震與章學誠》主此說。以爲實齋之發論是因爲想對戴震專主小學的無知，提出反駁的緣故。
〔註13〕如果史學是切合人事的學問。然則六經皆史的史字作史料、作檔案解都沒錯，即使提出綜合說也不是騎牆，因爲他們都沾到了史學與政事、人事有關的邊。只是史料說得空泛、檔案說得狹隘、綜合說依舊不曾跳脫出這個圈圈，都點不出「切合人事」這個精神來，都有不足的緣故。儘管以上三說，在提出自家的主張時，都已看到「先王得位行道，經緯世宙之跡」一語，可惜卻都沒能強調「經緯世宙」一意而已。而這正是本論文所以標題作治教說的緣故。

　　章實齋總是認爲：經原出於學（經書是聖人私家講學所編纂的教本），而學本於官（各種經書都是古代聖王所以施治的資料）。一切所謂經，只是古聖人害怕官、學兩分，想爲後世留一份史料所做的努力而已——〈答客問〉之說：

> 三代之衰，治教既分，夫子生於東周，有德無位，懼先聖王法積道備，至於成周無以續且繼者而至於淪失也，於是取周公之典章，所以體天人之撰而存治化之跡者，獨與其從中而明之。此六藝之所失官守，而猶賴有師徒教也。

與〈原道〉之說：

> 後世文字必溯源於於六藝，六藝非孔氏之書，乃周官之舊典也。

這兩段文字，正深刻地揭露了章實齋以經成學，以學求治的實務本質。

　　其實章實齋強調史學所以經世，由各篇經教也可以得到旁證。因爲章實齋的經說有以史論經的趨向，而今他在〈易教〉裡說一切學問都不可以悖離人世：在〈禮教〉裡說一切學問都出政治，絕無空理可言；在〈詩教〉裡說文學的基本精神在抒情，一切文學史都環繞著抒志這個主題打轉。在〈書教〉裡說各種史體的變化，對〈春秋〉，雖然未做專章討論，其實也可以知道大體脫離不了史學的範疇——可見他的各篇經論，（其實也可以說是史論），其基調只是經世義與實用義而已。試看章實齋在〈浙東學術〉刻意強調六經之切合人事，不也正所以作〈易教〉篇六經皆史一語的回應嗎？〔註14〕

　　當然，深究〈易教〉篇「六經皆史」這句話，是不是有藉以將經學等同於史，將史獨立出經之外的努力，也是很有興味的研究話題。章實齋究竟有沒有藉「六經皆史」說來提升史學地位的意思？最早碰觸到這個主題的是余英時先生。他先在《論戴震與章實齋》中說，章實齋提出六經皆史說有尊史抑經的意味。可是揆諸章實齋個人對經師爲學功夫的精密深表景仰，以及對經書本身的恭謹態度來看，〔註15〕章實齋雖然希望贏得世人的重視，但仍未激烈到抑經以尊史的地步，所以余先生後來又稍稍謹嚴其說，說章實齋有「化經爲史」的傾向。〔註16〕

〔註14〕〈易教〉篇作於實齋五十九歲時，〈浙東學術〉作於後三年，可以作〈易教〉篇的印證。

〔註15〕〈書坊刻詩話後〉說：「自來小人倡爲邪說，不過附會古人疑似以自便其私，未聞光天化日之下，敢於進退六經、非聖無法。」明確底顯現了實齋尊仰群經的態度

〔註16〕說見氏著《中國思想傳統的現代詮釋・清代學術思想史重要觀念通釋》。

　　我想提出比較保守的說法，那就是章實齋的六經皆史說標明了章實齋以史學為重的特殊傾向，讓章實齋與當代學者畫出了一道明顯的區隔。他希望藉著經典本質的澄清，告訴世之學者，學問不可儘往故紙堆中鑽，應當掌握住經典的現實意義。章實齋在〈史釋〉篇中說：「君子有志於學……其無當於實用也審矣」，目的正在提醒學者學不離人生的真諦。

　　他以為如果一意治學，卻遺漏了對人事的關懷，則一切努力都不復具有意義；並以學須通今，對當代學界諸大老提出最強而有力的反擊──章實齋在〈說林〉篇所說的：「學問所以經世而文章期於明道」，正明確地標出了個人的學術傾向。

　　像〈浙東學術〉這篇章實齋生平可見的最後文字，以「史學經世」一句作文眼，強調當代所以考見往古，而事理所以推出真理，以為天下間只有當代與人事才是學術最終關懷；以為為學不能一意遺今而求古，更不能獨貴玄遠與抽象，說：「史學所以經世，固非空言著述也……後之言著述者，捨今而求古，捨人事而言性天，則吾不得而知之矣。學者不知斯義，不足言史學也。」也正是這種心態的發放。

（三）發展史的敘述──史體代有流變

　　除了史學性質、史學功能以外，章實齋也就史學本身的歷史──史學史或是史學理論史，發表他的意見。

　　章實齋在〈書教上〉有所謂「撰述」與「記注」這兩個名詞，他說：

> 三代以上之為史與三代以下之為史，其同異之故可知也。三代以上，
> 記注有成法而撰述無定名；三代以下，撰述有定名而記注無成法。
> 夫記注無成法則取材也難，撰述有定名則成書也易。成書易則文勝
> 質矣，取材難則偽亂真矣。偽亂真而文勝質，史學不亡而亡矣。

這段敘述，除了區分純粹史料與更具史識的作品有差異以外，更有三代以下簡直漸失，不如古往的喟嘆，說明章實齋他對史學的發展持著一種倒退的史觀。

　　然後章實齋又對史著作一分類，並加入歷史源流的說明。

　　他先在〈史考釋例〉將史學分成私修與官修兩大階段，說明史學確有其斷層般的流變：

> 自史氏專官失傳，而家自為學，後漢六朝，一代必有數家之史是也；
> 同一朝代，同一紀傳，而家學殊焉；此史學之初變也……自唐立史
> 科，而取前史定著為十三家……故家自為學之風息，而一代之星，

必集眾以修前代之史，則史學之再變也。

這是就纂述機構的不同而作的區分。

　　而後章實齋又藉著〈書教〉下篇：

　　　　《尚書》變而爲《春秋》，則因事命篇，不爲常例者，得從比事屬詞
　　　　爲稍密矣；《左》《國》變而爲紀傳，則年經事緯不能旁通者，得從
　　　　類別區分爲益密矣。

一節說明《書經》融入《春秋》，並且轉入《史記》、《漢書》的歷程；分別點
出各史書的差異特質——說《書經》的特質是比事屬詞，《春秋》的特質是因
事名篇，說《左傳》以下如《國語》、《史記》等，特質是在各以其類，如分
國、分人的分體記載，也將史體的流變做了一個清楚的呈示——這是就敘述
方式的不同而作的區分。

　　說完了纂述方式、纂述機構以外，章實齋又就各種史體作辨析。他先藉
著〈釋通〉篇就通史一類的記述形式，敘其源流、更作分類，說：

　　　　梁武帝以遷固而下斷代爲書，於是上起三皇，下迄梁代，撰爲《通
　　　　史》一編，欲以包羅眾史，史籍標通，此濫觴也。嗣是而後，源流
　　　　漸別，總古今之學術，而紀傳一規乎史遷，鄭樵《通志》作焉。統
　　　　前史之書志，而撰述取法乎官禮，杜佑《通典》作焉。合紀傳之互
　　　　文，而編次總括乎荀袁，司馬光《資志通鑑》作焉。彙公私之述作，
　　　　而詮錄略仿乎孔肅，裴林《太和通選》作焉……高氏《小史》、姚氏
　　　　《統史》之屬則撙節繁文，自就隱括者也。羅氏《路史》、鄧氏《函
　　　　史》之屬，則自具別裁，成其家言者也。范氏《五代通錄》、熊氏《九
　　　　朝通略》，標通而限以朝代者也。李氏《南北史》、薛歐《五代史》，
　　　　斷代而仍行通法者也。

雖然所述只注意當時間條件，而不曾就表述體式作歸類，種類較亂，但也提
供了通史類一個清楚的別類法則。

　　此後，章實齋又說明紀傳體、記言與編年、紀事本末的源流及關係。

　　他先在〈書教〉篇中翻孟子的案，將孟子的名句「《詩》亡然後《春秋》
作，《春秋》之用」，改作「《書》亡然後《春秋》作，《春秋》之體」強調《書》
與《春秋》關係密切，點醒《書》的史學特質高過《詩》的特質——孟子認
爲《詩》與《春秋》同屬史料，具有可供行政當局採擇的共通點。以爲孔子
贊許古代王者派遣採詩官四處採詩，以作施政之參考的作爲，所以在王官不

再採詩之後，以黎民身份繼起整理國史，做爲《春秋》，以利行政當局作施政之參考。但是章實齋認爲：如果就《書》與《春秋》的關係來看，《書》與《春秋》的關係比與《詩》與《春秋》更切近，因爲《詩》只是史料，《書》卻是史書，和《春秋》的體質更雷同。前二者只是用的關連，後二者卻是體的相似，關係密切許多——這段體與用的辨析，不僅溝連了《詩》、《書》、《參秋》三經的關係，爲經學史添一新說；將我國古《書經》、《春秋》本質屬國史，目的爲施政作參考的經世義作了一次有力的宣言。〔註17〕

接著又在〈書教〉中說紀傳體跟《書經》有傳承關係：

紀傳神明，多得《尚書》之遺。

這和〈史考釋例〉中所說的「其實馬班皆法《春秋》」，同是「紀傳體是由編年體轉化出來」的宣示。

而在〈書教〉下篇，章實齋又說明由編年到紀傳與斷代的轉化。他先以：「春秋之事則齊桓晉文，而宰孔之命齊侯，王子虎之命晉侯，皆訓誥之文也；而左氏附傳以翼經，夫子不以文侯之命同著於編，則《書》入《春秋》之明證也」說明了《書經》之體被《左傳》取代的歷程。再以「馬遷紹法《春秋》，而刪潤典謨以入紀傳；班固承遷有作，而禹貢取冠地理，洪範特志五行，而《書》與《春秋》不得不合爲一矣」與「又自《隋經籍志》著錄，以紀傳爲正史，編年爲古史……則馬班之史，以支子而嗣《春秋》，荀悅袁宏，且以左氏大宗而降爲旁庶矣」說明《史記》、《漢書》曾繼續援用《書經》一體去寫傳記、書志，而紀傳體中有《書經》的影響在。〔註18〕

他說：本紀就像《春秋》，世家、列傳就像《左傳》；本紀爲綱，而世家、列傳爲緯；本紀爲世家、列傳的綱領；一切世家、列傳的人物都環繞著本紀而寫；書志專記制度，更是《書經》記事精神的重現。司馬遷創發紀傳體其實是有意兼納《書經》、《春秋》之長處的，更何況史遷在紀傳體中添入以人爲主的表現方式，更將時間、事件、人物的關係闡發得淋漓盡致，給紀傳體相當高的評價。

雖然章實齋極爲看重史遷的創例，但仍以爲美中不足，還是認定一事分

〔註17〕請與本書第二章〈群經說〉第二節〈學說內容〉部份相參。
〔註18〕傳記中間常有長文的穿插，如「揚馬之辭賦……嚴徐之上書……鄒陽枚乘之縱橫，杜欽古永枝附會」（〈書教中〉）便都是一篇篇類似書經記言體的文字，更何況中間更多「君上詔誥，臣工奏章」，這都是《尚書》體融入紀傳體的明證。

裂在諸多傳主之中，於讀者相當多的不便。爲了讓讀者方便掌握事件的原委與重點，章實齋更建議：「以《尚書》之義爲遷史之傳」，綜融兩體之長，在人物的傳記以及專記制度的書志之外多列事件的專傳，〔註19〕以免歧出之誤，互見之煩。

最後章實齋又以〈書教〉篇，說明編年之缺失，紀傳的優點，以及紀傳所以發明的背景。他說：

> 《尚書》一變而爲左氏之春秋，《尚書》無成法而左氏有定例，以緯經也：左氏一變而爲史遷之紀傳，左氏依年月而遷書分類例，以搜逸也；遷書一變而爲班氏之斷代，遷書通變化而班氏守繩墨也示包括也。

說明：史體所以須由編年轉化到紀傳，是因爲編年有事件受限於時間，屢遭裁裂，有無法暢所欲言一缺失的緣故。〔註20〕由此展示《書經》一體曾屢被割裂，以及《書經》一體終究被編年、紀傳二體取代的事實，〔註21〕將編年體式微而紀傳體代興的過程做了交代。

除了史體的區分與流變史的纂述以外，章實齋也就各史書作評鑑。

以《史記》跟《漢書》來說，章實齋雖然認爲《漢書》不如《史記》，說遷書體圓用神，而班氏體方用智，以精微而言，《漢書》不免稍遜《史記》一籌。〔註22〕可是〈書教〉下篇又說：「遷史不可爲定法，固書因遷之體而爲一成之義例，遂爲後世不祧之宗。」說明《漢書》雖然方智不如《史記》圓神，卻竟成爲後代諸史的宗祖。因爲前史如果已經交代完畢，實在無須多作重複說明；如此以時代爲區隔，包括一代，完整易知，確也正是《漢書》必作斷

〔註19〕其實就是多立書、志一類的作品。由此可以考見實齋重視史書之資志功能的想法。

〔註20〕但是實齋以爲由編年到紀傳的轉變並不是一種斷層的飛越，而是一種有所繼承的轉變。所以實齋曾仔細說明《史記》與《春秋》的關連，以爲《史記》的本紀與世家、列傳的關係，是參考《春秋》、《左傳》的關係而構思的。而後才進一步地肯定《史記》超越《左傳》的長處。認爲《史記》傳主與傳主之間於某一相關事件的牽扯更複雜了，事與事的相互關係更綿密了，其資料的豐富周整，比起《左傳》是顯然可見。以爲由《左傳》到《史記》，最大的進步是：翔實

〔註21〕雖說被紀傳所取代，可是《書經》一體之仿作者，歷代不乏其人。實齋曾舉出晉代孔衍著《漢尚書》、《後漢尚書》、《魏尚》書，唐代王勃取漢至晉朝文字作《續尚書》來說明。可是實齋並不以他們的行爲爲然。實齋認爲：「後人妄擬《書》以定體，固守之也拘……無其實而但貌古人之形似，譬如畫餅餌織不可充飢」（〈書教中〉），對這種仿書而不知書以經世的行爲嗤之以鼻。

〔註22〕圓神與方志的定義見下一節：史著的高下。

代的優點。所以章實齋稱許斷代一體,說:「以示包括」,說其當理。〔註23〕

有關《漢書》以下諸史,章實齋在〈書教下〉中說:

> 左氏編年,不能曲分類例。《史記》紀表傳志,所以記類例之窮也。
>
> 族史轉爲類例所拘,以致書繁而事晦;亦由訓詁注疏所以釋經,俗
> 師反溺訓詁注疏而晦經旨也。

認爲一般史書有字拘於成法,無法靈活其文的缺失,給後代史著較低的評價。

至於「《尚書》爲緯經變爲《左傳》,《左傳》爲搜逸變爲《史記》,《史記》爲包括而變爲《漢書》」三節,章實齋則更嘗試以最簡短的斷制,說明了《書經》以下到《漢書》間各史書的特色,以及史體流變的事實,和改變的原因,最具識見與功力。

二、史學方法

(一)史學的高下──各家成就有殊

對於史著,章實齋懷抱有一種理想。他希望史家對史料不僅能作初步的考據式處理,還能做完美的運用。

對這兩種相異層次的區隔,章實齋曾用多種不同的名謂來表述。

他提出的第一套說詞是撰述與記注。他說記注是素材的蒐集與編配,撰述則是史料進一步的處理與運用。前者仍屬於史料的搜取階段,後者則已邁入史書纂寫的進程。

除此之外,章實齋又用「藏往與知來」,或「著述與比類」等詞組表示之。如〈禮教〉之說:「藏往之學欲其博,知來之學欲其精」,〈報黃大俞先生〉之說:「古人一事必具數家之學,著述與比類兩家,其大要也」,便將搜取史料與處理史料的兩種需求做了另種形態的說明。

而後他在〈答客問〉裡更分史著爲「比次、獨斷與考索」三種方式。這種說法仍然與「撰述與記注」的區分相類似,只是記注一詞,章實齋將它分得更細,直以比次與考索二事當之而已。這與他在〈與陳觀民工部論史學〉中說著史須經蒐羅咨訪、抉擇去取、陶融變化的分法,有異曲同工之妙。

〔註23〕史記已作古史的交代,班固實在不必多說,這該是激使班固化通史爲斷代的重要關鍵,可是實齋始終不肯說出這個關鍵,或許是因爲實齋一意追求通史的宏闊使然吧。實齋追求通史的熱切傾向,完全展現在他的〈釋通〉、〈申鄭〉等篇,可以參考。

　　最後章實齋繼續在〈書教〉篇提出了圓神與方智的說辭，說：「撰述欲其圓而神，記注欲其方以智」——所謂方，是指史料的記存嚴謹可靠，所謂智，是指史料的去取精準合用。所謂圓，是指史家對史料的運用恰到好處，所謂神，是指史家對史料的運用靈巧入神。方以智，強調的是史料的搜取與考辨的功夫。圓而神，強調的是史家對史著的建構能力。

　　因為記注是一種資料的收集，功夫必須踏實，材料務求全備，所以要求方、智；撰述需採擇、判斷、重組敘述史料，需要一種隨史料性質而斷的敘述，所以說其德為圓、神。章實齋因以為纂寫史著如果能夠靈活其筆，往往能成就佳構，如《史》、《漢》；相反的，如果拘於成例，不免流於呆板，勢將形同類書，如《元氏科錄》。〔註24〕強調了史著不可拘於成例的靈活性。

　　就如他在〈家書二〉中辨析「館局纂修」和「一家著述」為「截然兩途，不相入也」，或〈家書三〉所說：「吾於史學，貴著述成家，不取方圓求備，有同類纂」，或在〈報廣濟黃大尹書〉強調：「著作之史與纂輯之史途徑不一」一般，章實齋早年以為記注（即比次與考索）價值不如撰述（即獨斷）。強調：

　　　高明者多獨斷之學，沈潛者尚考索之功……若夫比次之書，則掌故
　　　令史之孔目，簿書記注之成格，其原雖本柱下之所藏，其用止於備
　　　稽檢而供採擇，初無他奇也。

認定獨斷具個人的慧識，為最高級的作品；考索以功夫之精細取勝，居其次；比次只是材料的搜集，層次最低，對三者的高下，做出強烈的批判。甚至將比次之書，「擬之糟粕與糞土」，〔註25〕以為不如獨斷與考索。〔註26〕

　　但後來在〈書教〉篇中說法則平和下來，不再強烈的做高下臧否，試予二者以平等的地位。以為史著的良窳奠基於史料的多寡，宣稱：「記注無成法，則取材也難」，以為記注雖然只是材料的收編，但如果沒也豐富紮實的史料，所謂巧婦難為無米之炊，即使識見再高，也難整理出良好的作品出來，〔註27〕

〔註24〕《史篇別錄例議》說：「紀傳神明，多得《尚書》之遺，如馬班諸家，折衷六藝成一家言，往往以意命篇，不為常例……必如《元氏科錄》，則流而為類書之摘比，胥吏之簿籍。」

〔註25〕〈答客問〉下篇語。

〔註26〕〈申鄭〉說：「孔子作《春秋》，蓋曰其事則齊桓晉文，其文則史，其義則孔子自謂有取乎爾。夫事即後世據家之所尚也，文即後世辭章家之所重也。然夫子所取不在彼而在此，則史家著述之道，豈可不求義意所歸乎？」則是就文章不如識解方面著筆。這種說法可以跟記注與撰述的說法互參。

〔註27〕實齋在〈書教〉篇中說：「撰述有定名……勢不得不然也」就是這個意思。同

刻意強調記注之必要。要求讓搜集史料的工作制度化，好讓材料搜取得更完備。

這種說法已算平允，可是因為章實齋個人對乾嘉學風的針砭意趣使然，他終究要在記注之上再特出史識一意，以強調撰述的重要。

他認為撰述史著時，必須先有明確的寫作目標作指導，然後能保障搜取來的史料件件合用，有功不唐捐的好處。如章實齋在〈報黃大俞先生〉裡說：

> 為比類之意者，必知著述之意，而所比次之材，可使著述者出，得
> 所憑藉，有以恣其縱橫變化；又必知己之比類與著述者各有淵源，
> 而不可以以比類之密而笑著述之或有所疏，比類之整齊而笑著述之
> 有所畸輕畸重。

誠惕撰述者不可以自以為功夫密實而輕視從事著述之業的人，正是這種心態導致的。

（二）史家的條件──史家需具四長

劉知幾曾說優良的史家必需具備史學、史識與史才的素養，章實齋將之分析得更細膩，而且添上史意、史法、史德等項目，希望藉以提升史家的水準。〔註28〕

章實齋在〈史德〉說：

> 才學識三者得一不易……史所貴者義也，而所具者事也，所憑者文
> 也……非識無以斷其義，非才無以善其文，非學無以練其事……能
> 具史識者，必知史德，德者何，謂著書之心術也。

又在〈家書二〉說：

> 劉言史法，吾言史意。

提出了史學、史識、史才、史意、史法、史德等專有名詞。

篇又說：「周官三百六十，具天下之纖析矣……以為記注之備也」，也由側面再說明了史料必須全備的事實。〈答客問〉下篇又分比次為及時撰集以待後人之論定者、有志著述先列群書以作資料者、陶冶專家勒成宏業者三類。高層次者已經逼似撰述，低層次者也比純作考據卻漫不知宗旨何在者高明。以此可見實齋對記注的功夫果然不敢輕忽。

〔註28〕 〈和州志志隅自敘〉說：「劉知幾、曾鞏、鄭樵皆良史才……然鄭樵有史識而未有史學，曾鞏具史學而不具史法，劉知已得史法而不得史意」，將才學識法分聚何人，作一標明。而且由各項之難以兼具，可以看出所謂識、學、意都不容易並有，若要添上史德，更是益加困難了。由此可見實齋對史家期待之深與要求之嚴格。

章實齋所謂「學」指與傳文相關的基本知識，「識」指就傳文作價值判斷
的能力，「才」指運用史料以描述史事的敘述能力，「法」指撰史方法的歸納
與建立，「意」指知識、價值並方法等各方面的融通，而「德」則指史家對史
料下評斷時的持平心態。若再添上史字，可以說：史學是史家本乎史德、完
成史著、展現史識、推出史法的基本知識，而史識是推出史法必備的慧解，
史法是落實史學的根本原理，史意則是是對學、識、法的徹底領會。

基本上，「學」的層次最基本也最低，所以章實齋不許它混入法、識、意
三者之中。他在〈上朱大司馬論文〉中將史學著作依層次、境界的高下，將
史學範疇細別作史考、史選、史纂、史評、史例、史學六類，說明考是考據，
選是文章總集，纂是資料彙編，評是評議，例是史法歸納，學是學問，並以
為這些體裁與著作或許都可算是名世之作，可是卻稱不上是史學：

> 唐宋至今，績學之士，不過史纂史考史例，能文之士不過史選史評，
> 古人所為史學，則未之聞矣。

可見章實齋對史著期許之高，以及「史學」境界之低。

所謂「識」其實是一種判別是非的慧見。有關是非心的產生、價值的取
捨、智慧的形成問題，章實齋用〈習固〉篇來傳達，[註29] 他先說論辯的起
源，以為起於是非之淆似。其次說論辯當求辯至明豁至無可辯，然後止。最
後斥責那批習於前人之辯，以為一切顯豁而無須辯者算不得是擁有真知的
人。全文論述方法有些像莊子在論齊物，雖然原文不見得全是針對史學而發，
但是章實齋很清楚地傳達了識見功夫所以形成的歷程。

他認為史識是史著的精華所在，惋惜：「史守掌故而不知擇，猶府守庫藏
而不知計也」（〈史釋篇〉），認為史家必需具有辨識史料輕重的能力，否則不
足以稱作史家。

他在〈釋通〉篇中有一段「通史勝於斷代」的敘述，他說：

> 載筆彙而有通史，一變而流為史鈔，再變而流為策士之類括，三變
> 而流為兔園之摘比。不知者習而安焉，知者比而斥焉，而不知出於
> 史部之通而亡其大原者也。

[註29] 葉瑛校注說〈習故〉篇當是「發〈原學〉篇未盡之意」，其實〈原學〉篇說的
是道器論的問題，是〈原道〉篇的補述，葉氏所說的不盡合乎事實。何況實
齋〈史德〉篇也提及「夫是堯舜而非桀紂，人皆能言矣，崇王道而斥霸功，
又儒者之習故矣」，說辭、意念，甚至寫作時間都相同，所以以〈習固〉篇當
〈史德〉篇的註解或許更好。

然後在文中自注：

> 如：小史、統史之類，但節正史，並無別裁，當入「史鈔」。如：文
> 獻通考之類，便於對策敷陳之用，雖仿通典，而分析次比，書無別
> 識通裁，實為類書之學，僅是「類括」。

並自注「摘比」說，如：綱鑑合編及時務策括一類。這些註解，說明了章實齋認為一本理想的史著，除了時代的貫串以外仍須有「別識通裁」在其間。

有關「別識通裁」，章實齋不曾明確作定義，但他曾在〈釋通〉篇裡列舉了一些他個人認為稱得上是史著的作品。以為：上者如鄭樵《通志》、杜佑《通典》、司馬光《資治通鑑》、裴潾《太和通選》，次者如高峻《小史》、羅泌《路史》、范質《五代通錄》，熊克《九朝通略》，李延壽《南北史》，薛居正、歐陽修的《新舊五代史》。並以為鄭樵《通志》總合古今學術，義例最精，杜佑《通典》能取法《周官》，司馬光《資治通鑑》離合紀傳之互文，裴潾《太和通選》規仿《文選》，以及其他各史，也都別具特識，而薛、歐的著作則可惜在他兀自限於五代而不能統合古今。

我們可以由這些評論猜知，所謂別識通裁，其實是貫串古今、嚴明義例、講求經世、獨創史法等特識。〔註30〕

章實齋「史識」的說法脫化自劉知幾的《史通》而首見於《和州志·志隅自序》。但因為年少氣盛，雖然承襲劉氏說法，卻要讓說法更深一層，所以才會先變劉氏的「才、學、識」為「學、識、法、意」，在《和州志·志隅自序》裡，說：

> 劉知幾、曾鞏、鄭樵皆良史才……然鄭樵有史識而未有史學，曾鞏
> 具史學而不具史法，劉知幾得史法而不得史意。

在〈釋通〉篇裡又認為鄭樵雖然有發凡起例的智慧，考據的功夫卻不夠精確：

> 通志精要在乎義例，蓋一家之言，諸子之學識而寓於諸史之規矩，
> 原不以考據見長。

直到五十四歲，章實齋為學有成，更具自信了，才直接採用劉知幾《史通》才、學、識三者並言的講法，說：「非識無以斷其義，非才無以善其文，非學無以練其事」，認為史家欲作良史至少須有三長：一學二才三識；並在三者之外添了一個德字：

> 史所貴者義也，而所具者事也，所憑者文也……劉氏之指，不過欲

〔註30〕說詳下兩小節：〈史著的條例〉與〈著史的筆法〉。

　　於記誦之間，知所抉擇以成文理耳……此猶文士之識，非史識也。

　　能具史識者，必知史德，德者何，謂著書者之心術也。

希望透過修養，提升學者的境界，保證心術的端正。說：

　　所患夫心術者，謂其有君子之心，而所養未底於粹也……蓋欲為良

　　史者，當慎辨於天人之際，盡其天而不益以人也。

要人盡去私念，純任天心，一依史料的真實去呈現事件的本來面目。〔註31〕

　　總之，才、法、識、意四者，學的層次最低，卻是所以推出識、法、意的基礎；意的境界雖高，可是如果不經過學、識、法的經驗，也推拓不出。四者一體兼備，才是最理想的史學體式。至於四者之上，還須深入史德，才算成家，這是章實齋對自己的堅持，也是他對後學的期許。

（三）史著的條例──著史首重融通

　　章實齋對史著的寫作期許很高，他要求史著能做到貫串古今、融通各體、詳盡略遠的工夫。

1、貫串古今

　　時代拉長了，史料隨之增多，可以讓讀者有更豐富的數據去作改善未來的考量〔註32〕──依此意念，章實齋要求史書取材時間要長，因提出了「輕斷代而重通史」的說法。

　　斷代史是我國正史一貫採用的體式──因為斷代為書可以顯明時代的區隔，而且隔代立刻接續撰史，史料可以周全取得，不會有年久湮滅之虞，可以不用浪費大批人力物力於重複的史料之上，〔註33〕所以從班固裁裂《史記》以成《漢書》開始，斷代史便成了比通史更流行、且代代為政府所採用的史體，使正史幾乎都是斷代史。只是儘管斷代史的聲勢如日中天，但在擴充史

──────────────

〔註31〕除了純任天德這種大方向以外，實齋又提到更具體的方法，那就是恕道，說為史須恕。但所謂恕，「非寬容之謂，能為古人設身處地也」。以近人的說法，就是不以古律今，也不以今律古的意思。

〔註32〕〈和州志列傳總論〉說史料處處皆有，除了正史以外，更有故事（如《漢志》有〈孝文傳〉）、小說（如《穆天子傳》）、專門之記（如《列女傳》）、一家之書（如王肅《家傳》）或一人之傳（如〈陸先生傳〉），以及其他不以傳名卻實為傳的作品（如〈襄陽耆舊記〉），要人「網羅放失，綴集前聞」，以為「所徵者博，然後備約取也」，語意與此略同。而〈闕訪傳〉中要求：「別裁闕訪之篇，以副慎言之訓，後之觀者，得以考求」，何嘗不是自盡量保存史料的角度而著眼？

〔註33〕當然也有部份學者深不以中國史書採朝代為斷，卻無法顧及到歷史的真實段落的說法為然。

料才能讓史著推論基礎更加可靠的理念下，章實齋依舊要逆勢而行，一意強
調通史的重要。

　　章實齋首先在〈釋通〉篇中說明史料所以必需盡量求全的理由，說通史
有「六便二長」的長處：

　　　　通史之修，其便有六：一曰免重複，二曰均類例，三曰便詮配，四
　　　　曰平是非，五曰去牴牾，六曰詳鄰事。其長有二：一曰具剪裁，二
　　　　曰立家法

　　所謂重複，指改朝換代之際，明明是相同的人事，卻要分記於前後兩代
的國史，是一種篇幅的浪費。所謂類例，是指各史的立例，因為作者不同，
敘述體例往往互異，勢將造成讀者研閱時的困擾與不便。所謂詮配，是指傳
主與傳主的分合問題。那些人物該為專傳，那些人物當列合傳。分合得宜，
將見作者的特識，分合不當，更見作者的無知。所謂是非，是對傳主的評鑑
標準。所謂牴牾，指不同的史家對同一史實，在敘述上的異同點。所謂鄰事，
指有關四夷的記載。

　　章實齋認為通史的體裁可以解決許多記載史事的困難點，如因為時代紛
亂，各史重出，所以材料常常重複，敘述時見牴牾；而觀點有異，更會導致
類例有殊，編配有別，詳略互異，是非不同等種種出現在斷代史的弊端。

　　接著章實齋更跳出專重考據、詞章的時代風氣，在〈申鄭〉篇中明確肯
定鄭樵貫串古今的宏觀。〔註34〕稱許鄭樵有史才、能獨創，說：「鄭樵生千載
而後，慨然有見於古人著述之源，而知作者之旨，不徒以詞采為文，考據為
學也。於是遂欲匡正史遷，益以博雅；貶損班固，譏其因襲；而獨取三千年
來遺文故冊，運之以別識心裁。蓋承通史家風，而自為經緯一家言也」，揄揚
鄭樵能特立於史料的考證與史文的雕琢之上，而立定許多傳統史家疏忽的條
例，斷為「發凡起例，絕識曠論」、「專門絕業，漢唐諸儒不可得而聞者也」、
「史遷絕學，《春秋》之後一人而已」。

　　考據盛行的時代，《通典》所得的評價並不高，即使有所認可，頂多也被
當作豐富的史料看待而已，何況其中還有「考據不精」的譏彈在裡面。可是
章實齋卻能認識鄭樵的長處，可見他對通史的推崇，即使通史也有本身難以
解決的缺點。〔註35〕

_____

〔註34〕　〈釋通〉篇作於實齋三十六歲，〈申鄭〉篇則是實齋四十二歲的作品。
〔註35〕　〈釋通〉說了通史的六便二長以外，也說了通史的三弊。他說：「一曰無短長，

因爲喜愛通史，所以也讓他極力肯定班書的〈古今人表〉——認爲班固的〈古今人表〉除了可以以簡馭煩，檢省許多無須以煩詞贅語加以描述的人物，或是一些資料不足，根本難以成篇的傳主以外，更展現了貫串古今的跨度，打破了斷代的侷限，平衡了斷代的不足，展現了章實齋對史料上有意盡量求廣求足的傾向，〔註36〕儘管一般學者對〈古今人表〉的評價並不高。〔註37〕

2、融通各體

因爲希望史書具有最大的功能，所以章實齋要求史料廣足。要求廣足的結果是不僅史書時間的跨度要綿長，體式上也須追求多樣化〔註38〕——所以章實齋不單以班固以下的斷代史爲不是，也以史遷的通史爲不足——因爲史遷所建立的體式，充其量也只有書、表、本紀、世家、列傳五體而已——章實齋要求樣式變化更多的史體。

章實齋以爲好的史書當以記事爲主；因爲事件所以呈現往史，寄寓教訓，而成就其經世的價值。相反的，如果單只強調記言體會將史著本質降低爲史料，使之淪落爲文徵一類的東西。

因爲重視記事，所以章實齋有「因事名篇」的建議。所謂「因事名篇」，指：希望史家記錄史實時，能藉事件的完整敘述以呈現歷史眞實，而不要局限於固定的寫作模式，造成編年史之事爲時遷、或紀傳體事爲人限的缺失。

因爲重視事件的完整呈現，所以他推崇《書經》的理由便與一般世人看法不同。一般學者認爲《書經》的價值在它如實地記錄下古代聖君賢臣治國理民的宏謨，肯定它創設了記言一體；章實齋卻認爲《書經》的價值不在創發記言體，而且根本不存在記言體，在〈書教〉篇裡說：「古人事見於言，言以爲事，

　二曰仍原題，三曰忘標目」，意在提醒學者以通史寫作時當注意的一些重點，如：不可以作剪貼簿而無貫串的功夫，不能一仍原題而疏忽了材料本身的性質，不能忘了給舊材料加上新題目而已。

〔註36〕著述須重宏通，這種想法和志學理論說「史體縱看、志體橫看」略可相通。所謂縱看，指寫作須求深度，所謂橫看，指纂寫要求廣度。由廣度與深度交叉聯想，可以知道實齋史料盡量求全的意向。

〔註37〕在《史記》的映照下，實齋對《漢書》早有諸多不滿，何況〈古今人表〉對古今人物妄分高下，一向很少有人認可，所以實齋自己也承認「班氏古今人表，人皆詬之」（〈史篇別錄例議〉語），但現在實齋偏偏對它青睞有加，這其中原委，就很值得令人深思了。

〔註38〕以通史取代斷代史，重的是時間的流貫，史料的擴充；綜融各體之長，則是針對史注的實用功能，因應史料的剪裁，對史體進一步的活用。

未嘗分言事爲二物也」，認爲紀言一定會隨同記事存在，就如《書經》各種文獻記錄之前，都會附記事件始末一般；更認定：凡是「以《尙書》分屬記言，《春秋》分屬記事，則失之甚也」，強調《書經》的價值在它能掌握史學應世的精神，能將一些於世有益、影響深遠的事件、言詞、文章，（尤其是事件的記存），一一依照事件的性質，用最簡潔的筆法錄下，方便後人借鑑；並說《書經》各個篇章如果不曾在它的首尾附上所以發言的事件背景，這些告、謨，作用便不彰顯，意義便不存在，以爲《書經》的重點在事而不在言，而言所以成事而已。

爲了證明記史實當以記史事爲優先，他甚至運用起樸學學者論學的技巧來作說解。他以字源說史，在〈爲畢制軍與錢辛楣宮詹論續鑑書〉中引說：「《說文》史訓記事，又孟子趙注亦以天子之事爲天子之史」，說古史字即是「事」字。強調：「見古人即事即史之意」。並在〈書教〉篇說：「《書》取足以達微隱，通形名而已矣，因事名篇，本無成法」，清楚地呈現他以事爲史著主體的思考方式。

除了對《書經》有新看法以外，章實齋對編年體與紀傳體也有意見，他早就察覺到編年體與紀傳體的缺失。

編年體是順應著人們對時間的反省能力而產生的，它的優點是時序清楚，缺點則是事件的起迄不清。因爲限於以紀年爲優先，所以不免要將事件、人物作切割，以致一個相連貫的事件可能因爲受到時間的分隔，斷成好幾個部份，導致任何一個想讀這本史籍，想要瞭解這件事件的來龍去脈的人都會感到相當不方便——因爲該事件分係在好幾年之中，而因爲一年之中又有好多事件，致使想要翻查該事件的人便會受到一些不甚相干的史料的干擾：何況有時候該事件的前因皆後果處還會中隔好多年，那讀者更容易錯失了這條珍貴的史料了，〈史篇別錄例議〉之說：

> 編年之史，能經而不能屈。凡人與事之有年可記、有事相觸者，雖
> 細如芥子必書；其無言可紀與無事相值者，雖鉅如泰山不得載也

便將編年體輕重不分的毛病完全摸清。

至於章實齋在〈史篇別錄例議〉裡說的：「史以記事也。紀傳之文，事同而人隔其篇」這一段話，則清楚地標出紀傳體的特色與缺陷。

「史以記事」，強調事皆人之所爲，說明了人在歷史中所起的主導作用，點出了人在歷史發展中的重要性，以及紀傳體所以發展出來的深意；說明紀傳體可以凸顯傳主的一生事跡與精神。可是互相糾葛的諸多傳主，在分別敘

述時，如果一一敘述同一事件，不免重複冗沓，而如何簡潔地交代其中的始末，也是史家一個極大的挑戰——章實齋在〈史篇別錄例議〉說：「紀傳之書，類例易求而大勢難貫……蓋史至紀傳而義例愈精，文章愈富，而於事之宗要，愈難追求，觀者久已患之」，又在〈書教〉篇說：「左氏編年，不能區分類例；《史》《漢》記表傳志，所以濟類例之窮也。族史轉為類例所居；以致書繁而事晦」，恰將紀傳體的得失完完全全地作了交代。〔註39〕

因為對記言、編年、記傳三體各有不滿，同時對「因事名篇」的原則相當期許，所以章實齋相當重視紀事本末體，並給創發此體的袁樞最大的肯定，說：「按本末之為體也，因事名篇，不為常格……文省於紀傳，事豁於編年，決斷去取，體圓用神，斯真《尚書》之遺也」，以為紀事本末體可以將編年事為年分，記言只有言而人事皆消失不見，紀傳只有人而事不存的缺失完全消彌。

當然，通鑑記事本末發凡起例，雖然有別創之功，可是篳路藍縷，到底仍嫌粗糙。所以章實齋在〈與邵二雲論修宋史書中〉曾論及它的侷限：「夫通鑑為史節之最粗，而通鑑記事本末又為通鑑之綱紀奴僕，僕嘗以為此不足為史學，而止可為史纂、史鈔者也」，能正視紀事本末一體的侷限性，〔註40〕但卻刻意拓而充之，有益增強它的功能：

> 紀事本末本無深意，而因事命題，不為成法，則引而申之，擴而充之，遂覺體圓用神。《尚書》神聖製作，數千年來可仰望而不可接者，至此可以仰追。

以為如果能夠掌握住紀事本末因事名篇的特質，稍加變化，濟助編年、紀傳之事為人、年所隔斷的缺失，凸顯事件（如：制度、戰爭……等）的主題，則更能讓人掌握到「載之空言，不如見之實事」（〈邵二雲論修宋史書〉）的歷史本質。〔註41〕

〔註39〕實齋所以能對紀傳體有這麼深刻的評價，當是因為他青年時期寫作方志的時候已經研考過各種史體的長短的緣故。當時他以方志需補國史，所以一以紀傳為方志的主幹，而這種實地操作的經驗讓他對紀傳體有了深刻的體會，讓他瞭解了紀傳一體的侷限。

〔註40〕通鑑記事本末發凡起例，雖然有別創之功，可是篳路藍縷，到底仍嫌粗糙。所以實齋在〈與邵二雲論修宋史書中〉曾論及它的侷限：「夫通鑑為史節之最粗，而通鑑記事本末又為通鑑之綱紀奴僕，僕嘗以為此不足為史學，而止可為史纂、史鈔者也」。

〔註41〕〈史篇別錄例議〉之以別錄——即今之索引——救紀傳之窮，也是實齋雜用各體之一例。

此外，章實齋在〈書教〉篇更說：「史爲記事之書，事萬變而不齊，史文屈曲而適如其事，則必因事名篇，不爲常例所拘，而後能起訖自如，無一言之或遺或溢也」，將紀事本末的長處做了賅要的敘述，表述了一己爲什麼要以紀事本末救紀傳的根本原因。

其實章實齋心目中自有一種理想的史裁。他想用「師尚書之意，而以遷史義例通左氏之制裁」的體式，作理想史裁的基型。所以他建議：

> 以尚書之義爲遷史之傳，則八書、三十世家不必分類，皆可仿左氏而統名曰傳；或考典章制作，或敘人事終始，或究一人之行，或合同類之事，或錄一時之言，或著一代之文，因事名篇，以緯本紀，則較之左氏翼經，可無偏於年月後先之累，較之遷史之分類，可無歧出互見之煩，文省而事益加明，例簡而義益加精，豈非文質之適宜，古今之中道歟。（〈書教下〉）

完整地展示要求融通各體的意向。

3、詳近略遠

章實齋一向重視實用，對史著的要求也以此意爲基準。他在〈史釋〉篇說：「書吏所存之掌故，實國家之制度所存；亦即堯舜以來因革損益之實跡也。故無志於學則已，有志於學，則必求當代典章以切於人倫日用，必求官司掌故而通於經術精微。則學爲實事而文非空言，所謂有體必有用也」，以爲「道不可以空詮，文不可以空著」，又在〈浙東學術〉中說：「史學所以經世，固非空言著述也。且如六經，同出孔子，先儒以爲其功莫大於春秋，正以切合當時人事耳」，強調史著的徵實性，認爲事必切於自身然後可以致用。根本意念正在此「經世致用」一意。

因爲重視實用所以他對史著要求能詳記現今的事件，以備後人存查。因爲：（1）史料與當代的時間越近，與當代的關係必然越深，影響的軌跡也益加清楚。（2）史料以當代最齊全，時間距離拉得越長，散逸越厲害，有及時搜取、寫定的必要。〔註42〕（3）古史已經前人寫定，前人所知的史料比我人清楚，所以除非得到新的史料，自信可以重新翻案，否則沒有必要浪費精力

〔註42〕「史部之書，詳近略遠，諸家皆然，不獨在方志也。太史公書，詳於漢制，其述虞夏商周，顯與六藝背者，亦頗有之。然六藝具在，人可憑而正史遷之書，則遷書雖誤，猶無傷也。秦楚之際，下逮天漢，百餘年間，人將一惟遷書是憑，遷於此而不詳，後世何由考其事耶？」〈記與戴東原論修志〉這一段話說的就是這個意思。

在往史上面。所以寫史不當「捨今而求古」本是一個淺顯的道理——而章實齋也這麼要求學者。

章實齋在〈浙東學術〉說：「後之言著述者，捨今而求古，捨人事而言性天，則吾不得而知之矣。學者不知斯義，不足言史學也」——不許學者「捨人事而言性天」是「道器論」的演伸，「捨今而求古」則更清楚地提出了史著記載必需「詳近略遠」的基本原則。〔註43〕

而後章實齋又在〈史釋〉中說：「學者昧於今而博古，荒掌故而通經術，是能勝周官卿士之所難，而不知求府史之所易也。故捨器而求道，捨今而求古，捨人倫日用而求學問精微，皆不知府史之史通於五史之義者也」，更將寫史不當捨今求古，甚至是捨器求道、捨人事求學問的理由又通通依附到古代「學官合一」這個臆說上去了。

4、利便學者

章實齋著史，本就以方便讀者爲寫作的基本要求，所以他極力想要打破單一傳體的藩籬，想用紀傳貫穿編年；〔註44〕用書志醒豁編年；〔註45〕也用編年貫穿編年；〔註46〕以爲只要可以方便讀者研閱史籍，任何方法都可以運用到史籍裡面。他著史的目的，有很多地方，都是爲方便讀者運用，讓史籍地功能更加彰顯而已。〔註47〕

章實齋在〈史篇別錄例議〉稱讚杜預之治《左傳》，說：

> 集解隨文以經之，類例別類以綸之，《春秋》經世之旨，若杜氏其庶幾乎……集解之書，蓋以編年之法治編年，釋例之書，則以紀傳治編年者也。

所謂：集解之書以編年之法治編年，指的是它依隨著《春秋》原典逐字逐句地添加註解，由於是依隨原典，所以不曾變易其體例；所謂以紀傳治編年，

〔註43〕〈記與戴東元論修志〉說：「史部之書，詳盡略遠，諸家類然，不獨在方志也」。
〔註44〕〈史篇別錄例議〉說：每帝紀年之首，著其后妃、皇子、公主、宗室、勳戚、將相、節鎮、卿尹、臺鑒、侍從、郡縣、守令之屬，區別其名，著其見於某年爲始，某年爲終，是亦編年之中可尋列傳之規模也。
〔註45〕〈史篇別錄例議〉說：其大制作、大典禮、大刑獄、大經營，亦可因事定名，區分品目，注其終始年月，是又編年之中可尋書志之規模也。
〔註46〕〈史篇別錄例議〉說：至於兩國聘盟，兩國爭戰，亦可約舉年月，繫事隸名，是又於編年之中可尋表曆之大端也。
〔註47〕他少年時期便曾重新爲《左傳》做編年，今天這種別錄的大量製作，正是幼年時期這種想法的發皇。

則是因為釋例已經變易其例，另外用其他專題來做說解的緣故——這正是章實齋極力綜融各體的表現。

此外，為了改善紀傳體的缺失，章實齋又提出運用用自注、表或記事本末體三種方法來濟救。

自注，指自家做解釋。因為傳記中或有事為文遷——事關重要，卻因為了文章爽淨的要求，無法直接入文時，章實齋嘗試運用自注的方法作補救。這是傳記筆法的再講求。〔註48〕〈史篇別錄例議〉說：

> 一朝大事，不過數端，紀傳名篇，動逾百十。不特傳文互涉，抑且表志載紀無不牽連。逐篇散注，不過便人隨事依檢，至於大綱要領，觀者茫然……故於紀傳之史，必當標舉事目，大書為綱綱，而於紀志表傳與事連者，各於其類附注篇目於下，定著別錄一編，貫於全書之首，必覽者如振衣之得領，張網之契綱。

說的正是：紀傳的缺失，若非自注，一定解救不得；以為有時且需以事為綱，將各有關篇目標注其下，以方便讀者之尋索。

因為重視自注，所以章實齋曾就自注的形態與淵源做過研究。

他認為如果以為史家自注之例起於《漢書藝文志》的小注，仍然不是的解。因為倘若追根究源，《史記》其實已經早有其例，如史記裡頭所謂「事詳某傳」、「互見某篇」等因應一事並行，同時分書的文字，便已是一種自注了，只不過牽涉於紀傳本身純文型態的拘遷，所以不得不變異其形而已。〔註49〕

他又在〈史注〉篇中舉史遷之自述、班志之自注、裴松之之詳注、范沖修之考異、《三輔決錄》、《洛陽伽籃》之專書另行，作為自注的五種典型。他說這些方式在本旨上或以明著述之本旨，或以博廣異聞，或以見取取之從來；形態上或以篇末自述，或以大綱加小注，或以文中附註，或以書末別出，或以專書別行；總之是大有益於史事的登錄、史義的判明，史料去取之說明。而後更具體地說明史注的功用有六。說：「史注所以明本志，見去取，識功力，省史文，

〔註48〕自注另有一種解釋，指師法的遺形。〈史注〉篇中實齋說：「古人專門之學，必有法外傳心，筆削之功所不及，則口授其徒而相與傳其業，以垂永久也」，便以為注是家學、師法的精神所在。因為史書中的微言大義，必需以口耳相傳的方式加以提點，因怕師法不傳，所以更以子注的方式寄存之。

〔註49〕〈史篇別錄例議〉裡說：「史家自注之例，或謂始於班氏之志，其實史遷諸表已有子注矣……紀傳自以純體屬辭，例無自注，故歷史紀傳，凡事涉互詳，皆以旁注之義同入正文」，就是這個意思。

見存書，表負責」。〔註50〕將自注的歷史、形式、功能，做了完整的敘述。

除了自注，章實齋又中提出「別錄」的講法。

他在〈史篇別錄例議〉說：「別錄之名，倣於劉向，乃是取《七略》之書部，撮其篇目，條其得失，錄而奏上之書，以其別於本書，故曰《別錄》」，將《別錄》命名的原委作了一個清楚的說明。並在〈為畢制軍與錢辛楣宮詹論續鑑書〉說：

> 紀傳之史，分而不合，當用互注之法以連其散；編年之史，渾灝無門，當用區別之法以清其類……欲於一帝紀中，略仿會要門目，取后妃、皇子、將相、大臣、方鎮、使相、諫官、執事、牧守、令長之屬，各為品類，標其所見年月，定作別錄一篇，冠於各帝紀首，使人於編年之中，隱得紀傳班部。

仔細說明了可以用別錄作書志，或救紀傳與編年二體之窮。

有關紀傳的缺失，章實齋以為是「類例易求而大勢難貫」（〈史篇別錄例議〉）。類例易求，指的是傳記明顯的是在寫人，毋庸置疑；大勢難貫則說同時互相牽扯卻分寄在眾多傳記中的人物，究竟該如何避免重複，卻又記載得周周詳詳的的問題；這種困難，對主筆不免是一大考驗。

處理這個問題，傳統的史家，即使精采如史遷，也免不了用「事詳某傳」、「互見某篇」的方式來標明。但史遷所運用的方法，劉知幾已經以為「不勝繁瑣」；同樣的，章實齋也說史遷這種技巧「於事雖曰求全，於文實為隔閡」（引同上），所以他主張用「子注」——即前節所謂的自注的方式來補救。儘管這似乎是前無古人的作法。

可是章實齋以為這仍不夠，因為紀傳的篇數動輒上百數十，讀者不可能逐篇翻閱，讀來不免掛一漏萬；何況有時因為館局配合工作的不妥，「全書不免牴牾」，甚至「人雜體猥，不可究詰。或一事而數見，或一人而兩傳」，而且與傳相關的甚至可能牽扯到書、志一類的資料，所以更是非有「別錄以總其綱不可」，所以章實齋主張另作別錄一篇，說：

> 紀傳之史，必當標舉事目，大書為綱，而於紀表志傳與事連者，各

〔註50〕試看類傳跟合傳這種寫作方式，本是著眼在運用對照以省筆墨而見精神（孫得謙《史記筆法》）。可是這種區隔方法，如果沒有著者本人，或是後代注家將之抉出，其義法勢必隱微而不彰。然則，讀者只當二位以上的專傳來念仍是小事，有些二流的史家徒以姓氏相近、血緣相同便胡亂湊成一團的粗糙情況，恐怕也不是杞人憂天的情況。

於其類附註篇目於下，定著別錄一編，貫於全書之首，俾覽者如振
衣之得領，張網之挈綱。

以爲先編主要傳主於上，再將所有與此有關的傳記或書志等一切相關篇目篇
目詳列於下，於是讀者讀來便將宛如提綱而挈領，對一切相關資料都能夠作
最完整的掌控了。〔註51〕

除了標示互見的篇名，以便學者研究、理解以外，章實齋以爲如果能夠
將紀事本末的精神貫注到紀傳體裡面去，將相關事件的來龍去脈作個交代，
必能加深紀傳體的功用。章實齋說：

誠得以事爲綱，而紀表志傳之與事相貫者，各著於別錄，則詳略可
以互糾，而繁複可以簡省，載筆之士，或可以因是而恍然有悟於馬
班之家學歟。

可是章實齋作別錄，不僅想用記事本末貫串紀傳，他甚至想要直就各史書最
精微的命意處作標舉。他在〈史篇別錄例議〉裡說的：

紀傳之最古者，如馬班陳氏，各有心裁家學，分篇命意，不可以常
例拘牽；如馬班之〈老莊申韓〉，班之〈霍金元后〉，陳之〈夏侯〉
〈諸曹〉之類。春秋隱微，難以貌求，不有別錄以總其綱，則耳目
爲微文所蔽，而事蹟亦隱而不彰矣。

便標出了他對史家技藝追索到底的野心。

當然別錄的作用不僅對紀傳有幫助，他對編年的好處也很多。〈史篇別錄
例議〉說：

紀傳苦於篇分，別錄聯而合之，分者不終散矣；編年苦於年合，分
而著之，合者不終混矣。

強調紀傳、編年如果都能分別以事統貫，另作別錄以供索引，自然能解決「篇
分」、「年分」的困境，帶給讀者更大的方便。〔註52〕

除了子注、別錄以外，更進一層地，章實齋又應用了人表的互見功能來
縮減重出的篇幅。

〔註51〕實齋所要求的別錄，取材不僅來自同一本書，他甚至要求同一作者表達在外的
相關意見。所以他說：各家「各有心裁家學，分篇命義，不可以常例拘牽，如……
《春秋》隱微，不有別錄以總其綱，則耳目爲微文所蔽，而事跡亦隱而不彰矣」，

〔註52〕〈史篇別錄例議〉說：《後漢書》以後的目錄「全錄姓名……乃類俗之文案孔
目、藥草經方」，並以爲別錄可以改善舊目的廣度與深度。如此說來，實齋別
錄的功用又加多一項了。

章實齋在爲汪龍莊先生的〈史姓韻編〉作序時說：

> 夫史之大忌，文繁事晦，史家列傳，自唐宋諸史，繁晦至於不可勝
> 矣。欲使文省事明，非副人表不可。而人表實爲治經業史之要冊，
> 而姓編名錄又人表之所從出也。

說明史著常有繁蕪之失，而人表的設置可以簡淨文字，簡省篇幅，達到如〈三
史同姓名錄序〉中所說：「列傳繁文既省，則事之端委易究」的目標。

其實若以史傳傳主眾多，而多者未必能全盤掌握的情況來看，史家如果
不在史書中爲讀者設立人表，不管是讀史或注史，都會產生「偏枯去取」或
「隨類求全」的毛病——所謂偏枯去取指掛一漏萬，資料搜集不全；而隨類
求全則指刻意求多，勉強拼湊比附；其實是兩相對應的詞彙。合在一起，是
指無法適切地掌握資料的意思〔註53〕——爲了方便著者與讀者都能輕鬆地掌
握史料，章實齋一定要鄭重地提出人表的建置。

人表的範例是《漢書》的表，〔註54〕試以〈古今人表〉爲例作說明：〈古
今人表〉的格式是橫幅以年爲綱，直幅以等第爲目，交叉成格，而中間系存
以古往今來，各種不同事功與人品的人物姓名爲表格。如此在橫幅直幅交叉
成目的寫作方式下，因爲標目清楚，即使未見傳主生平，也可以由傳主所居
的類目知道他的基本性行，於是人物性格不必再多詞費，讀者也能輕易掌握，
如此一來，敘述傳主的文詞當然可以大爲簡省。如章實齋在〈三史同姓名錄
序〉說的：「人表入於史篇，則人分類例，而列傳不必曲折求備」，或〈永清
縣志職官表序例〉說的「足以爽豁眉目」，便是這種情形。〔註55〕

本著這種省文字、淨篇幅的想法再往下推展，章實齋進一步主張：古史
已有的傳記，新史無庸重複寫作，只要以人表繫存，並將正史原文直接歸入

〔註53〕〈史姓韻編序〉說：「溯古之傳非得人表以爲總彙，則於故籍必有偏枯去取之
嫌；微今之傳，非得人表以爲總彙，則於近人必有隨類求全之弊」。

〔註54〕〈永清縣志職官表序例〉：「以《周官》之體爲經，而以《漢表》之法爲緯，
古人立法之博大而不疏，概可見矣」，說明了《漢表》在後世史書製作表格時
所居的卓越地位。〈覆崔荊州書〉更自承自己寫方志的職官表時，取法「本於
《漢書》百官表」。可以想見實齋製作各表時，於《漢書》取澤之豐渥。

〔註55〕在〈永清縣志職官表序例〉中實齋提到〈漢表〉設格少而收錄人物多，勝過
後代史書，是因爲後代史書「班分類附之法不行於年經事緯之中，宜其進退
失據，難於執簡以取繁也」，提出了如何簡省人表篇幅的原則是：同一橫格之
中無妨兼記多項同類的人物；無須一類一格，不僅看不出同類的清楚歸類，
還會造成跨頁編目的不方便。

文徵即可，如〈傳記〉篇所謂：

> 往者聘撰湖北通志……人物一門全用正史列傳之例撰述爲篇，而隋
> 唐以前，史傳昭著，無可參互詳略施筆削者，則但揭姓名爲人物表，
> 其諸史本傳悉入文徵以備案撿。其於撰述義例，精而當矣。

便強調，若能善用人表，資料既不致於重出，也不會散逸；既以篇幅簡淨，
檢索也十分方便。章實齋在〈史篇別錄例議〉得意洋洋地說：「人至數千，卷
盈累百，目錄子注，〔註56〕可以備詢檢而不能得其要領，讀之者之所苦也。
作使者誠取目錄子注之意，而稍從類別區分以爲人物之表焉，則列傳之煩不
勝取，可以從併省者殆過半矣」正是這個理由。

史體由記言、編年到記事，其實已經發展得差不多了。可是書不盡言，
言不盡意，文字敘述本有其先天的侷限，何況事有多糾葛，繁複而難說者，
敘述更是難以清晰地與人相溝通。面對這種困境，章實齋說：「難於稽檢，別
編爲表」、「難以文字著，別繪爲圖」，說明圖的功能；並在〈史篇別錄例議〉
裡說：「作史者誠取目錄子注之意，而稍從類別區分以爲人物之表焉，則列傳
之繁不勝取，可以從并省者殆過半而猶未已矣」，〔註57〕強調表的作用。

因爲表可以清楚地貫串諸傳，圖則可以表白純文字所敘述不來的事物，
這是爲什麼章實齋在編方志時一再主張要多繪圖表，於編錄圖書時，也再三
強調必須多收圖譜，並爲圖譜獨立出一個編目的原因。章實齋眞心認定圖與
表確是濟救文字之窮的良方。〔註58〕

〔註56〕所謂「目錄子注」，標明這是一種類似索引功能的追求。而如果這是一種援借
目錄技巧，依類別區分所作的表格，當然也可以援例推出大事表等表格，雖
然實齋此處只是專爲列傳人物立說而已。試看〈亳州志人物表例議〉之說：〈古
今人表〉固然有強分聖智，妄加品藻以即有古無今，名實不符的缺失，但「向
令去其九等高下，與夫仁聖愚智之名，而以貴賤尊卑區分品第，或以都分國
別，異其標題，橫列爲經，而以年代先後標著上方，以爲之緯，且名著其說
曰：取補遷書作列傳之稽檢，則其立例，當爲後代著通使者一定科律」，可知
在人表之間蘊含著無限創例的可能。

〔註57〕實齋曾說：「此說別有專篇」，可惜原典未見。不過我們依舊可以由實齋撰述
的方志包有的眾表，如：官師表、選舉表、氏族表想見其變化之多端，用處
之宏大。

〔註58〕倉修良說「難於稽檢，別編爲表」是司馬遷的發明。他的「表示用譜牒的方
式，既可囊括錯綜複雜的史事，又可以表現出歷史的線索，因此對本紀和列
傳的史事能夠起到穿針引線的作用」。以爲實齋體會得表的好處，也明白史書
的先天侷限，所以才能精確地說出表的功能並要後人多多應用。（《中國史學
名著》，第五章〈史記〉，第二節）

總之，爲了讓史事的記載法更臻於完善，章實齋總是盡量靈活其方，所謂：「記言記事之窮，別有變通之法」，便是一種不守成法的表現。

5、家學心法

章實齋將史學著作組織方式分作家學心法與館局共纂兩種。認爲家學心法的著史方式，可以讓史著更臻細緻，不像館局諸公共纂，因爲體制龐大，運轉不靈，不免時相牴牾，備顯粗糙。

章實齋認爲「心法家學」其實是作者之獨見慧識，師弟共修、父子相傳所形成的寫作默契與傳統。

章實齋在〈史注〉篇中舉《史記》《漢書》作例證說：

> 史遷著百三十篇，乃云藏之名山，傳之其人，其後外孫楊惲始布其書。班固《漢書》，自固卒后，一時學者未能通曉，馬融乃伏閣下，從其女弟受業，然後其學始顯。

於是斷言：

> 夫馬班之書，今人見之悉卒，而當日傳之必以其人，受讀必有所自者古人專門之學，必有法外傳心，筆削功之所不及，則口授其徒而相與傳其業，以垂永久也。

便認爲《史記》《漢書》其中著作實有家學心法的存在，而且這兩本著作之勝出其他史著，正因有家學心法在其中的緣故。

章實齋在〈書教篇〉更舉《春秋》作例證說：

> 史之大原本乎《春秋》，《春秋》之義昭乎筆削，筆削之義，不僅事具始末，文成規矩已也；以夫子義則竊取之旨觀之，固將綱紀天人，推明大道，所以通古今之變而成一家之言者——必有詳人之所略，異人之所同，重人之所輕，而忽人之所謹；繩墨之所不可得而拘，類例之所不可得而泥，而後微茫杪忽之際有以獨斷於一心；及其書之成也，自然可以參天地而質鬼神，契前修而俟後聖，此家學之所以可貴也。

再次證明高級的史著確實有作者之獨斷特識在其內。認爲一本好的史著有他的基本法則，〔註59〕如果史家於此不曾用心，一定會削弱史著的價值，相當

〔註59〕〈和州志前志列傳序例〉：「明乎史官法度不可易，而意義爲聖人所獨裁，然則良史善書亦必有道矣」，確言了史法的存在。同篇又說：「然而史臣載筆，侈言文苑，而於春秋家學派別源流，未嘗稍容心焉，不知將自命其史爲何如也」，則提出了史家必需講究史法的要求。

可貴，所以當珍視之：

> 專門之學，未有不孤行其意，雖使同儕爭之而不疑，舉世非之而不顧，此史遷之所以必欲傳之其人，而班固之書所以必待馬融受業於其女弟，然後其學始顯也。

相對的，如果貿然以默契不夠的諸學者共同創作，必定會有相當多的扞格出現：

> 使伏鄭共注一經必有牴牾之病，使馬班同修一史必有矛盾之嫌。

而這便是後代館局修史的致命傷，同時也是章實齋強調館局諸公著史時該注意的地方。

章實齋在〈說林〉說：

> 唐世修書置館局，館局則各效所長也；其弊則漫無統紀而失之亂。

說明館局的建置，好處是各學者專家匯聚一堂，能夠各展其才，各效所長，而有其優點；可是因為沒有一個統一的想法，也不免導致敘述散亂的結果。說明即使有個分工的體系、職掌的區隔，如《新唐書》之分工，也不免水準不齊之失——所以章實齋看不起四史以後的正史，說二十二史盡是「纂類之業，相與效子莫之執中，求鄉愿之無刺」，以為他們因為不敢蕩佚規矩，結果因小失大，形成全無主見，精神全失。也只以「史料」看待二十二史，說這些只是「存一代之舊物」，「整齊故事之業」，以為只當得上是比次一類而已。〔註60〕

（四）著史的筆法——文法特重紀傳

章實齋在〈史篇別錄例議〉正視了紀傳體難工之實，說：「蓋史至紀傳而義例益精，文章愈富，而於事之宗要愈難追求。」也在〈上朱大司馬論文〉說明了史傳文字之難工，強調：「蓋文詞以敘事為難，今古人才，逞其學力所至，辭命議論，恢恢有餘，至於敘事，汲汲形其不足，以是為最難也。」因提出了紀傳體許多該注意的筆法。

章實齋首先強調史家撰史當一隨史料以記事，要求史家依照材料作處理，不可擅加個人情志在其間。例如他在〈與喬遷安明府論初學課蒙三簡之

〔註60〕〈答客問〉下篇篇尾有一大段分條說明比次之業所以難於憑藉之因。他說一因本無見識，再因專重文采，三因濫易字句，四因不注出處，五因去取失宜，六因刪去圖譜，七因不收要集，八因拘牽成例，這些說法雖是對一般比次之書的批評，其實也可以當作對一般史書的諍言。

二〉說：「古人著書無例，隨所觸而著例」，便以爲上古簡直，主張史著一因
自然而成篇，以爲寫作並無成法；若如「近人作書，先定凡例」，便甚爲不是；
要人隨事而記史，不要先有成法成見在心。以爲史料如果眞夠豐富，那史家
只要一依史料的性質，稍稍變通其法，便可以寫出很好的史學著作。

　　章實齋認爲史料才是列傳的主體，以爲只有因應史料特質而訂立的道
理，絕無委曲史料以將就既定成例的理由。以爲列傳的基本筆法是「一因史
料，勇於創例」：〔註61〕

　　　旁推曲證，聞見相參，顯微闡幽，折衷至當，要使文成法立，安可
　　　拘拘爲劃地之趨哉。

認定：史是事、是理，不是純感性，不是純創作、純想像的東西。以爲歷史
的眞精神是眞實。

　　章實齋在〈書教〉之說：

　　　上古簡質，書取足以達微隱，通形名而已矣。因事名篇，本無成法。
　　　不得如後史之方圓求備，拘於一定之名義者也。夫子敘而述之，取
　　　其疏通知遠，足以垂教矣。世儒不達，以爲史家之初祖實在尚書，
　　　因取後代一成之史法紛紛擬書者，皆妄也。

便是這種主張。〔註62〕

　　而後章實齋再論及人物的分合。

　　一般說來，紀傳體史書在列傳部份容有專傳、合傳、附傳、類傳四種體
式——專傳是一傳寫一人，合傳是一傳寫二人，附傳是一傳以一人爲主而他
人附寄在其間，類傳則是三人以上以史蹟相似而合記在一傳之中的筆法。例
如《史記》的〈魏公子列傳〉是專傳，〈范雎蔡澤〉是合傳，趙括爲〈廉頗藺
相如列傳〉的附傳，〈老莊申韓〉則是類傳。

　　四種傳體中最難寫的是類傳，所以章實齋曾經專就類傳一體提出他的看
法。歸納出類傳的串連方法，以爲有「以事聯，或以道合，或以類從，或以
時次」四種：

〔註61〕〈史篇別錄例議〉說：「史以記事者也，紀傳編年，區分類別，皆期於事有當
　　　　而已。」表現的正是這種一因史料，例隨材定的觀點。
〔註62〕這段文字裡頭另有重點：(一)史學發展的進程——上古簡質而後代繁複、(二)
　　　　史著基本寫法的說明——以達微隱，通形名爲要，卻不必花俏，務求反應眞
　　　　實、(三)對古今史著的評價——後史拘泥，不如古史之特具原創力、(四)
　　　　對當代迷信經典的砭鍼。意涵相當豐富。

> 史家銓配列傳自有精義，或以事聯，或以道合，或以類從，或以時
> 次，其常例也。(〈三史同姓名錄序〉)

所謂事是事件相關，道是主張近同，類是事蹟相似，時是時間接近。這種分法條理井然而且涵蓋周全，是章實齋對「列傳人物之分合」的特識。

體例既定，章實齋接著談到傳寫人物的筆法。

他在《和州志·列傳總論》中，曾提出人物入傳的大原則與纂寫的細則。那便是「論世」、「類次」、「與奪」、「品節」幾個原則。

他以為寫作傳記者該注意到整個傳主的時代背景，才能給傳主的表現做恰當的定位，或給傳主所有的表現找遠源。所以他說：「低昂時代，恆鑒士風」。這是「論世」。

他又討論到如何看出諸傳主的異同點，以利類傳的編纂，以作論贊的評語；以為如果有行誼相近的諸傳主當注意牽合的原則，以及孰主孰從，材料當如何編配等問題；章實齋說：「同時比德，附出均編」，便是這個緣故。這是「類次」。

然後他又注意到文旨展現或間接、或直接的區別；他說：「情有激而如平，指似諷而實惜；反證若比，遙引如興」，這便是「與奪」。也注意到帶引出傳主事跡，強調傳主諸事的輕重問題。所以他說：「一事互為詳略，異撰忽爾同編」，這便是「品節」。

最後他並提醒史家，「人物列傳，必取別識心裁，法春秋之謹嚴，含詩人之比興，離合取捨，將以成其家言」，〔註63〕要人不可掉以輕心。

此後，章實齋又陸續補充說明，要人注意以下三個現象：

一、紀傳無分，名實多爽——以為紀與傳不必堅持「一記國君，一記臣下」的區分，但要明白傳體的編配，恆是以紀為綱而以傳為目，而紀所以統傳的體例；以為不可以兩不相干，造成架構渙散的現象。〔註64〕

二、區為定品，刪節事實——章實齋以為紀傳在傳人物以做國史補編，當以詳為事，不可以胡亂刪節；並以為傳主的分合有其必要的理由，

〔註63〕 語出〈亳州志人物表例議〉。

〔註64〕 〈永清縣志恩澤紀序例〉：「紀之與傳，古人所以分別經緯，初非區辨崇卑」，說明實齋並不堅持紀以記帝王，傳以記臣屬。所以實齋甚至希望能夠採用編年為記，而眾人(不管是帝王，或是臣屬)一概以傳記載的格式，說：「本紀但具元年即位，以至大經大法，足為事目，於意愜矣。人君行事，當參以傳體，詳載生平，冠於后妃列傳之上」。

不可以胡亂編配；即使刻意追求義法，如歐陽修《新五代史》，恐怕也有得不償失的譏誚。至於〈和州志闕訪列傳序例〉怪責舊志說：「向來撰志，條規人物，限於尺幅，摘比事實，附註略節，與方物土產區分門類約略相同；至其所注事實，率似計薦考語，案牘讞文，駢偶其詞，斷而不敘——士曰孝友端方、慈祥愷弟，吏稱廉能清慎、忠信仁良，學盡漢儒，貞皆姜女，千篇一律，蕪葭茫然，又何觀焉」，則強調紀傳必須注意傳主個性的鮮明呈現，不可一因習套，以避免「有似類書摘比」的缺失。

三、一人之事，複見疊出——章實齋要史家注意「材料不可重複」出現的簡明原則。〔註65〕

將傳記的筆法做了更完整的歸納。

在說完傳與紀的區分、傳主與時代、傳主與傳主的關係，傳記的筆法等問題之後，章實齋又在《永清志列傳序例》裡補充說：

一、不是史官，依舊可以為傳。〔註66〕因為如此史料才會益見豐富。

二、傳文宜用互見法。因為如此讀者讀史才會方便，不須時時另外查閱他傳傳文。

三、援引正史，可改其文，卻不當濫改其意。因為這樣才能將歷史真實與文學之美取得最完美的平衡。

四、史傳的編次、言外之意、都當敘說清楚。因為歷史重在借鑑功能，晦澀總是作者必須避免的缺點。

將列傳的寫法做了更完全的補足。

因為列傳是一國之史，碑志卻是一人之史，而家譜更是一家之史；後二者並是國史世家、列傳部份最好的參考資料，所以章實齋除了列傳以外，也談碑志與家譜的寫法。

〔註65〕〈亳州志掌故例議〉曾為史籍卷帙太過厚重擔憂，說：「《唐書》倍《漢》而《宋史》倍《唐》，已若不可勝矣。萬物之情，各有所極，倘後人再倍《唐》《宋》而成書，則連床架屋，無論人生耳目之力必不能周，抑且遲之又久，終亦必亡」——這和本節所說的話都在強再史文簡潔的必要性。

〔註66〕這個觀點又見於〈傳記〉篇。〈傳記〉篇一般都說著年不詳，如果由《永清志·列傳序例》之說：「近人有謂文人不作史官，於分不得撰傳」，說法與〈傳記〉篇全同，則二文或可定作同期的作品——都是四十二歲左右的作品。又，因為〈傳記〉篇與《永清志·列傳序例》說法近同，所以也就不用再贅引了。

　　首先他認為碑譜功能以為世借鏡為主，不必強調瑣碎的考據。章實齋在〈駁孫和碑解〉引孫氏說，以為：「盤于几杖不可稱其文盤于几杖，例碑銘之不可稱碑」，並認可這種說法。可是接著章實齋便認定只要方便，其實也無妨，認為孫和的說法太過堅持。強調：「凡為文辭，必則古昔，得其意而已矣。古人法度有必不可違者。有界在可否間者，亦有必不可行者，不可不辨也。」以為碑體重在人的生平事跡，不必在意瑣碎的枝節事件。便是一個顯例。

　　此外章實齋在〈書郎通議墓誌後〉說：「夫官名地名，必遵當代制度，不可濫用古號以混今稱。」認為古人法度不可盡信，去取之間必須仔細考量。在〈墓銘辨例〉說：「涉世之文，不比杜門著述，師古而不戾於今，協時而不徇於俗，斯庶幾矣」，或說：「文人意之所在，大體苟得，其餘詳略短長，，要於一是而已」，也是類似的想法。

　　他總以為作傳不可一意法古，只能考量當代的習慣寫法，須注意以合宜為最高原則，沒有什麼打不破的規則。

　　接著章實齋又舉出墓銘傳不一定要比銘長的的原委，來打破世人的迷思。強調碑傳之體，描述以人為本，而功能以借鑑為先。〔註67〕

　　至於年譜一體，章實齋在〈韓柳二先生年譜書後〉裡說：

　　　　年譜之體，昉於宋人，考次前人撰著，因而譜其生平時事與其人之

　　　　出處進退，而知其所以為言，是亦論世知人之學也。

標出了譜學開創的年代、寫作的方法、體例，和著作的功能、目的。

　　他誇獎宋人創為年譜一體，說：「文人之有年譜，前此所無，宋人為之，頗覺有補於知人論世之學」（引同上）。

　　他認為經由年譜對譜主一生事跡所做的清楚交代，反見出譜主的主要思想軌跡，便能讓讀者精確地反省譜主任一單篇作品的真正宗旨所在。

　　又以為年譜若能精確呈現譜主的想法，讓任一作品都能得到最精確的詮釋，便可以學者方便以之再建構作者的思想體系、生平事蹟，讓作者的生平事跡會能夠得到更精確的傳述、更合實的呈現——〈韓柳二先生年譜書後〉說：「文集者，一人之史也」，正是因此而推出的說法。

〔註67〕〈韓柳二先生年譜書後〉說：「傳記碑碣之文與哀誄策誥之作，前人往往偏重文辭……或不知文為史裁，則空著其文，將以何所用也」，便是強調不要為文采所惑的重要原則。

年譜的功能，除了可以經由事跡先後的排列，呈現作者的思想路線以外，章實齋以為也可以因為作品繫年，讓讀者能對譜主的作品做出更精確的判斷。章實齋說：「文章乃立言之事，言當各以其時，即同一言也，而先後有異，則是非得失，霄壤相懸」（引同前），正是這個緣故。

章實齋甚至因此強調：「故凡立言之士，必著撰述歲月，以備後人之考證。而刊傳前達文字，慎勿清削題注與夫題跋評論之附見者，以使後人得而考鏡焉。」而且自己就如此地就自己的作品進行作品標住寫作年月的工作——因此我們現在才可能清清楚楚地看出作者思想成熟的軌跡。

何況如果繫年的工作沒作好，作品價值便很難斷定。因為一篇文章即使所述內容全同，先見之明與事後強飾，價值便有天壤之別；而作品價值常因出現時間不同而產生極大的差異，如章實齋自己就舉了一個例子。他說：「酈食其請立六國之後，時勢不同楚漢之初」，以為立六國之後這個建議，若在天下初亂的時候提出，可以激起天下人士的故國之思，讓起義抗暴的行動加速興發；可是若在天下將定之時提出，六國舊臣紛紛求去，而布衣之士有功無賞，徒然讓人心紛亂，讓壯士寒心，讓劉邦辛辛苦苦聚集的戰鬥力一下子分崩離析而已，是絕對錯誤的行動，所以章實齋總是要人多多注意作品的繫年問題。

第三節　結語——經世史學的代表

史學是章實齋的學術重心。

方志的製作借史學理論而更臻完善，文學理論因史學理論的架構而得以推出，經學裡的六經皆史說代表著經學已被史學化，甚至校讎學的辨章流別，也流注著史學的精神。章實齋一切所以證成道器論的學說，都以史學為主軸，緣史學而發展，史學真是實學術體系中極重要的一環。

因為一以史學作學術重心，所以章實齋由青壯到老耄，一直都在史學的園地裡耕耘。

例如：章實齋二十七歲的〈修志十議〉第四「徵信」一節，論及了作傳的方法。雖然本節文字只是為志書而立說，但是志書本為國史補編，是國史的基礎，所以這段文字便是章實齋的史學寫作理論，當然也是章實齋最早的史論文字。

同年的〈天門縣志〉說：史、選體制不同，以為文徵選文焦點當與《文

選》略作區隔——可見這時章實齋已經意識到史學與文學的不同了。

三十七歲的《和州志》提出「史識、史學、史法、史意」四個名謂，強調史家應當具備的素養有以上四事。認爲史學研究進程由識而學而法而意，最高目標在效法春秋而以史學經世；標示了史學研究的不同進程與境界，也說明了史學的研究目的。除此之外，章實齋同時又建立了「文徵」這個體式，將一切文章資料都收納其中，讓志書更加簡潔明朗，確實表示志書（史書）果然與文學不同科。

另有〈原史〉一文，開篇便有一段類似史學史的敘述。不僅展現他對我國史學發展的整體掌握，也表現了他對我國史學的面興趣。更有意義的是，在這篇文章中，章實齋接著又由史籍有文士傳的事實作反省，以爲正史中史臣亦當有傳，有爲史學名家作傳的想法——即使他的想法可能是由經學史轉化而來，〔註 68〕卻無礙他付與史學以獨立地位，希望提昇史學地位，使與經學等同的努力與慧見。預示了他在桐城宗風大盛的時期，能爲史文的筆法爭一席之地，或以文筆作史筆附庸的可能。〔註69〕

四十二歲時章實齋做了《永清縣志》，其中的〈列傳序例〉提供了許多傳記筆法。〔註70〕同書的〈官師表〉、〈選舉表〉，或〈輿地圖〉、〈田賦書〉等提出：表可以移作列傳的目錄，圖是書、志的張眼，則具體肯定了表與圖在史書中的功能，正視了幾百年來倍受冷落的史家技藝，將正史的體例作了更周延的補強。

五十歲時章實齋建議編訂《史籍考》。其中「存古逸」的想法強調了經史同源的理念，〔註 71〕「辨家法」發展了正史可能形成的筆法，〔註 72〕「重剪裁」點明了作品需具實用目的的要求，「搜逸篇」以及「通經」、「擇子」、「裁集」、「選方志」各篇提醒史家世上處處皆史料的事實，以及著史必需注意史料以及論述的周密性的問題，「辨嫌名」則想爲異名同實的書籍作互相參照的索引，以減輕著史者於讀史者的無謂困擾。雖然這系列觀念只是受到朱彝尊《經義考》成書的刺激而有的想法，卻絲毫不減它在史學上的價值。

〔註68〕實齋說當：「略仿經師傳例，標史爲綱，因以作述流別，互相經緯」，可見他想作史學史的想法是由經學有史、而經學大家有傳的想法產生出來的。
〔註69〕說詳本論文第六章〈以史爲文的文學論〉。
〔註70〕說詳本章二節〈著史的筆法〉一目。
〔註71〕說詳本章二節〈史著的高下〉貫串古今的部份。
〔註72〕說詳本章二節〈史著的高下〉家學心法的敘述。

　　五十一歲的〈與族孫守一論史表〉提到了人名索引的製作，這和《史籍考》的「辨嫌名」所述者有殊途同歸的作用。

　　五十二歲的〈史釋〉、〈史注〉點明史學經世的學術宗旨，提倡以注文清朗史體的著史方法，在技巧與宗旨上都有別出心裁之處。

　　五十三歲《亳州志》中的〈人物表〉，詳述人表的歷史淵源與利弊得失，〈掌故〉以「書志以擷其要，典要以備物數」標示掌故一體的必要性，以及史書本質有大綱與資料的區分。這種作法可以減輕志書本體的負荷，因為他以列傳記重要人物，以人表附記次要或古史已經有載的傳主；同樣的，以書記記載重要法度，而以掌故附記文獻資料；可以將史文與史料作一明顯的區隔。章實齋認為這是他個人的獨到處，所以在同年度寫信給史餘村時，仍然津津樂道說：《亳州志》的精神盡在人表與掌故二體。

　　五十四歲的〈讀史通〉辨分編年與紀傳二體的歧殊。〈史德〉強調讀史、著史兩方面都需要平正其心才能兩全其美。〈唐書糾謬書後〉抉出糾謬失誤處二十例，呈現出章實齋的史料考證功力。〈韓柳二先生年譜書後〉、〈論文上弇山尚書〉討論年譜一體的作法。〈為畢制軍與錢辛楣宮詹論續鑑書〉除了提出「詳近略遠」的記事原則以外，也有會合編年與紀事本末於一體的想法。〈上朱大司馬論文〉用消去法，將史學突出於選、考、纂、評、例之上，說史學以識為主，不是徒靠文筆、博稽、議論等小伎倆便能取代的。展現個人在史學理論上旺盛創作力。

　　延續著前年的創作力道，章實齋在五十五歲時又提出多篇重要的史學理論。〈書教〉與〈與陳觀民論史學〉或莊或諧地表述了個人對歷史本質、史體轉變和著史方法的見解。〈方志立三書議〉確立了志書的架構，暗示著章實齋對史籍最根本的要求確在：以簡潔的敘述，配置詳細的史料；在最方便的情況下，給讀者最詳實的史料。至於〈與邵二雲論修宋史書〉則有意以不同體式，為同一史實做交叉式的描述——如《宋史》是紀傳體，章實齋則有意以記事本末體補敘，希望讓讀者擁有更多角度的視野，可以方便掌控更詳盡的歷史事實。

　　五十九歲的〈易教〉明白地提出六經皆史的說詞，強調學術所以經世的主張。為自己的史學理論作一最搶眼的宣告。

　　他認為史學為經世而存在，認為歷史的最大作用是作世人行政施事的參考。

　　因為要求經世，所以他對史著要求極多，如資料力求詳盡、年代橫跨久

遠，希望方便世人參考。資料詳盡之中則更另有取捨，要求記述能夠詳盡略遠，以為後人留下最真實可靠的史料；年代橫跨久遠裡也要求能夠以通史為優先選擇體例。方便世人參考裡要求能夠融用各種史學記錄的體式，讓它兼有各種體式的長處，好刺激讀者作更多的聯想，有更好的收穫。也建議多多使用圖表索引，或作自注，讓純文字無法具體表現、純敘述無法條理呈顯的缺失都因此而改善。

他就史家技藝提出的一切建議，如史家須具備才、學、識、德，須具備家學心法，須注意人物傳記上如論世、類次、與奪、品節等原則，要注意文筆的雅潔，要凸顯人物的個性等種種建議，其實也都是順著經世的要求而談論。因為一本史書如果不能引發讀者閱讀的興味，那如何產生借鑑的作用，具備經世的功能？

因為要求實用，所以章實齋講求注史的筆法技巧，章實齋說文筆，其實全是為了經世義而發的。

其實經世致用本是中國傳統的學術精神，由孔子開始，便有類似的走向。即使在清初，依舊有大批學者一再對當世提出反省之詞。只惜幾場文字大獄，將一批批學者擠入故紙堆中，而有待章實齋再提點罷了。

章實齋這種貫串古今的宏觀想法，跨越了他的時代，只可惜他的通史說一直到西洋史學傳入以後才能得到該有的重視。可以說，章實齋超越了他的時代百年之久，也寂寞了百年之久。

第五章 本史說文的文學論

　　章實齋視文學與史學如一物，常常將二者合流，說文學跟史學的方式往往同一而無別，而且一依史學理論以建構他的文學理論。他自名其書爲《文史通義》，便說明他的作品亦文亦史，內容固然側重於史學範疇，但是文學技藝也在所論列。儘管當時文壇不是掩於桐城宗風，便是湮於性靈號誌，章實齋所述，僅能以一人微言輕來描述，卻不影響他以史說文這種大開大闔的思想軌徑。本節即就章實齋系列文論作整理，分立說背景，理論體系，以及結論三節述下。背景一節強調章實齋史學文學的關連，以及對桐城學派所作的反應，以說明時齋理論的產生背景；體系一節，則分知識、形式、創作、批評四項，詳說章實齋文學理論的重點，及其相互間的關連；結語一節則對全章作一總結，並略述章實齋理論的不足處。

第一節　立說背景——史學的落實與美化

　　章實齋論文學，有一個理論基礎，那就是史學的落實與美化。

　　以文學本質論，他先在〈韓柳二先生年譜書後〉宣稱文學跟史學的重同性，將文學的創作目的、生成基礎，完全安置在史學之中，說：「文集者，一人之史也……撰者或不知文爲史裁，則空著其文，將以何所用也」，以爲集部跟史部關連密切，而文學作品可以當史料用；認定如果創作者在寫作時不曾意會到作品的史學作用，將會削弱本身的文學價值。並在〈東雅堂校刊韓文書後〉說：「一人之集，固爲一人之史，而他集與他史傳，固將藉是以爲辨裁；執一不可相通，兼收乃克有濟」，繼續強調史學文學的重同性，以及各種文集

－133－

之間交相參照，可以增強史料功能的意見，以為每一種文集都具史學價值，建議應當會合取用。〔註1〕

由編選的角度講，章實齋也視文學作史料，想納文學入史部，如他在〈書教〉中篇裡加註，說：「蕭統《文選》以還……姚氏之《唐文粹》、呂氏之《宋文鑑》、蘇氏之《元文類》，並欲包括全代，與史相輔」，說許多文選的編輯都是為了充實史部，作史著的參考資料用。〔註2〕

更以創作的角度講，章實齋嘗試透過經學，將文學和史學合流，以為只有懂得史學，才能掌握文學的創作訣竅，〔註3〕因在〈與汪龍莊書〉中說：「敘事之文，出於《春秋》比事屬詞之教也」，將紀述文字的寫作法則歸結到史學之中。

有時他還將所謂的文學範圍縮小，說文學是記敘文，是史傳文，如他在〈上朱大司馬論文〉說：「古人著述，必以史學為歸……古文必推敘事，敘事必出史學，其源出於春秋比事屬辭」，在〈報黃大俞先生〉裡說：「辭章記誦，非古人所重，而才識之士，必以史學為歸；為古文辭而不深於史，即無由溯源六藝而得其宗，此非文士之所知也」，他另有〈古文公式〉、〈古文十弊〉二文，而他所謂的古文，竟然都是史傳文字，直將史學與文學熔為一爐，直以史文當古文，以史學當文學。〔註4〕

因為章實齋視一切文學作品本質惟為史料，以為都是可以提供給執政者作行政借鏡的材料，所以他泯去總集、別集的劃分，以為這是不必要的區隔，並在〈書教〉下篇大聲疾呼：「大抵前人著錄，不外別集總集二條，蓋以一人文字觀也；其實應隸史部，追源當係尚書」，繼續宣揚他的文學經世說——然則，章實齋的經世觀念，不僅流竄於他的志學、史學、校讎學，連文學本身，也不例外。

章實齋重視史學，常將文學做史學講，所以他常常直以紀傳文字當文學範疇最重要的部份。在他的文論中，有關傳述文字，恆居最大宗，也是這個緣故。

〔註1〕 這是「盈天下皆史也」一理念另一角度的說詞。

〔註2〕 這和他在編纂方志時一定要特立文徵的想法實相呼應。

〔註3〕 〈文德〉篇說：「古文辭而不由史出，是飲食不本於稼穡也」，說法與此近同。

〔註4〕 實齋在〈說林〉中說：「編次卓然不朽之文集，則關於其人之行事，與人之言其言，與論其人與文者，故當次於其書，以備其人之本末也。是則一人之史之說也」，提出編次文集的方法，說：編文集不僅編當事人的作品入集，連有關當事人的所有資料，不管是相關論評、傳記，都當編選入集，以方便讀者作研究參考。這是以史學研究的方式去編選文集，是一種另一形式的文史合流。

他在〈論課蒙學文法〉中曾詳論敘事之文的技巧，說：

> 蓋其為法，則有以順敘者、以逆敘者、以類敘者、以次敘者、以牽連敘者、斷續敘者、錯綜敘者、假議論以敘者，先敘後斷、先斷後敘、且敘且斷、以敘作斷，預提於前、補綴於後，兩事合一、一事分兩，對敘、插敘、明敘、暗敘、顛倒敘、迴環敘，離合變化，奇正相生。

分析記敘文的種種寫法：以為可以或以時之先後分（順敘、逆敘），或以事類的關係分（類敘、次敘、牽連敘），也可以或以敘述上連慣性的變化分（斷續敘、錯綜敘），或以夾敘夾議的的變化分（假議論以敘，先敘後斷、先斷後敘、且敘且斷、以敘作斷），或以敘述上的總分分（預提於前、補綴於後，兩事合一、一事分兩），以及其他或用對比、或用穿插（對敘、插敘），或用直接間接的表現差異（明敘、暗敘、顛倒敘、迴環敘），將記述文的表現方式，作最多角度的陳述。〔註5〕

除此之外，章實齋又在〈古文十弊〉歸納記敘文的寫作原則，說：

> 敘事之文，作者之言也；為文為質，惟其所欲，期如其事而已矣。
> 記言之文則非作者之言也，為文為質，期於適如其人之言，非作者所能自主也。

將文章分作記事、記言兩大體類，〔註6〕認為事件的發展、人物的性格與行為，都是作者必須注意的重點；而合實與傳神則是作家寫作必須遵循的根本原則——「期如其事」、「期如其人」，是章實齋敘事、寫人的基本要求，也是他史學文學合流的具體表現。

除了這種如其人、如其事的正面追求外，章實齋也消極地要求作者避免刻板。章實齋在〈古文十弊〉中曾怪責史家立傳往往千篇一律，毫無個人面

〔註5〕難怪梁啟超《中國歷史研究法補編》要大力誇讚實齋的史學技巧，説他：「對於作史的技術，瞭解精透，運用圓熟」了。

〔註6〕這是因為實齋常常會以史傳文字作他的古文重心的緣故。例如他在〈與陳觀民工部論史學〉中專論史學時，就也曾將史體分作記事、記言二大類，而說：「記事之法，有損無增，一字之增，是造偽也……記言之法，增損無常，惟作者之所欲」，便是一個顯例。不過這裡可以注意的是，實齋在〈古文十弊〉裡先說：敘事隨心，記言則不然；後者〈與陳觀民工部論史學〉卻說：記事有損無增，而記言隨性；二者顯然有矛盾。其實若以如人、如事來說，記事記人都是一樣的有法當守，都是一般的嚴格。記言當合其人性行，固然是真；記事當傳其真，又豈能任意揮灑？實齋這種「惟其所欲」的言論，只是文人渲染的語詞，還是該優先考量「期如其事」、「期如其人」這個傳真的原則，而前後二文也當作互文解讀才是。

目。以寫女子為例，則先說：

> 抑思善相夫者，何必盡識鹿車、鴻案，善教子者，豈皆熟記畫荻丸
> 熊。自文人胸有成竹，遂致閨修皆如板印。

並接著提出「靈活傳神」、「記述宛似」等條例作寫作的法則：

> 與其文而失實，何如質以傳真也。由是推之，名將起於卒伍，義俠
> 或奮閭閻，言辭不必經生，記述貴於宛肖。而世有作者，於斯多不
> 致斯思。是之謂優伶演劇。

> 古人文成法立，未嘗有定格也。傳人適如其人，述事適如其事，無
> 定之中有一定焉。

主張傳主才是傳記的重心所在，以為一切描寫都當以呈顯傳主面貌為焦點，
不可依循成規，抹煞傳主的真實生命。

其實，除了史傳文字，縮小範圍而論敘寫事況，章實齋的主張也是一樣，
強調真實無偽，靈活多變，如他在〈答某友請碑誌書〉篇中說：「述朋黨之爭
逐則曰夜鯉晨梟，敘幼學之能文則曰龍文虎脊，高材不遇曰荊玉屢蹶，晚歲
亨佳曰蔗味回甘……或似優伶科諢，或似觸政藏迷，對之如墮雲霧，不知說
鬼說夢」，認為直接敘寫，讓事件一清二楚地表達清楚，遠勝過濫用一些陳腐
空洞的成語，正是避忌刻板制式的另一種呼籲。

此外，章實齋又主張，記事上不許作者妄增內容，必以如實為準，記言
時要求傳神，如〈與陳觀民工部論史學〉中章實齋之說：「語則必肖其人。質
野不可用文語，而猥鄙需刪；急遽不可以為宛辭，而曲折仍見」，便以合乎傳
主個性、或當時反應的真實景況為基本考量的重點，都有求真的史學精神冠
竄其間。雖然他又加了清晰、文雅為但書，也未必不是史學精神的轉化。

不管是由合實或傳神來說，章實齋總是混文學與史學於一爐。章實齋所
以如此強調，有其社會背景，那是因為當時八股文盛行，一般人寫作多是徒
重格式，卻缺乏作者性情，喪失了作品的特質的緣故。雖然在當時，有桐城
學派之祖方苞提出相當紮實的文學理論與作品做後盾，給當代文壇做一個較
高明的指導；章實齋卻依舊以為不足，主張必須加以振救。

所謂八股文，是明清時代科舉制度規定的文章體式。又叫制藝、制義，
時藝或時文。他要求試子用四段排比式的文章格式去闡述考題，又禁止運用
誇示或較為華麗的修辭，甚至不許引用古史為證，在格式上設定諸多限制，
禁錮大部分的創作靈感，對文學創作是一個極大的摧折。

面對這種時弊，方苞首標義法作爲爲文綱領，而袁枚則提出性靈說強化作者的巧思。袁枚所謂性靈，指作品必須含有作者的眞性情；方苞所謂義，指言之有物；所謂法，指言之有序，〔註7〕其實就是今日所謂形式與內容要兼顧的意思。

二人所論相當持平，也足以給當代的八股文人做適當的點撥。不過平情而論，方苞義法二事，他較側重法，他要學者注意文章架構與修辭，所以他甚至圈點《史記》，要學者注意學習司馬遷的筆法，對八股的攻擊仍然不夠透徹，而這正是章實齋以方苞爲不足之處；至於袁枚的爲人，章實齋更是屢致微辭。可以說，八股之禍不得紓解，是章實齋所以更要發表系列文論的社會背景。

第二節　學說內容

章實齋的文學理論總是伴著史學理論而架起。他的史學知識論裡以爲天地之間的各種記錄都是史料；理所當然地，他也將主張文學作品也是史學作品，主張必須以史學經世的同時，也主張必須以文明道，還爲文體的發展作系統的敘述。〔註8〕在史著纂寫上講求圓神與方智的平衡，在文學理論裡也講求作者的情志、見識與文學形式的兼具，同樣的，在史德之外，也必如鏡之映形一般地提出文德的說法。章實齋的文學理論本是和史學理論相應而生的。〔註9〕今即分述之。

一、文學本質

章實齋論文學，以爲其生成是因道體的作用而有，其目的在宣揚道體之實存與完成經世的責任，其精神則具現於作者的理性與情志。他的生成論有傳統載道說的影子，目的論有豐富的實學精神，情志說則是明末李贄、公安三袁以來的餘論。

〔註7〕　方苞說：「《春秋》之制義法，自太史公發之，而後之深於文者亦具焉。義，即《易》之所謂言有物也，法，即《易》之所謂言有序也。義以爲經而法緯之，然後爲成體之文」（〈又書貨殖列傳後〉，《望溪文集》）

〔註8〕　如〈詩教〉篇，便多論及這些範疇。

〔註9〕　倉修良〈章學成評傳〉第九章〈別具一格的文學理論〉引〈史德〉篇說：「史之賴於文也，由衣之需乎彩，食之需乎味也」，強調實齋文史一體的概念。話雖不多，已能呈示出文史合一的特色。

（一）文學生成──文學因道的作用而產生

　　基於道氣論由器見道的說法推演，就文學的產生歷程來講，章實齋會說「文為道器」；針對當時學者一意博古求古遂成泥古的學術風氣，章實齋會講「文以明道」。

　　延續著傳統的文以載道說與自家的道器論，章實齋以為：文學是表現道體的工具，而其目的則在證明道體的實存，完成道的作用；在反映現實，為社會服務──如〈辨似〉篇說：「夫陰陽不測，不離乎陰陽也；妙萬物而為言，不離乎萬物也……夫言所以明理，而文辭則所以載之之器也」，〈與朱倉湄中翰論學書〉說：「學問之事，非以為名，經經史緯，出入百家，圖轍不同，同期於名道也」，便先後指出：道是所以產生文學，而文學只是證明道體實存之工具。以為：文學的存在是為了證成社會形成原理與歷史發展的原則，其責任在對人世盡一份改善的功能，有強烈的淑世功能。

　　章實齋的「文以明道」說是兼融自一己的道器說和唐宋以來的載道說而形成的。因為章實齋的文學論是自清初反理學、講實用的氛圍中醞釀出來的。這種理念，投射到史學或文學，便讓他認定：理是道的本質，文是所以載道、明道的器具。這種看法引出他如〈史釋〉所說：「道不可以空銓，言不可以空著」這種強調實用的文學觀，讓他傳統合流，和古文家的載道說、明道說的精神牢牢相契，讓自己成了所以護衛古文作家觀念的尖兵。

　　但實際上章實齋和古文家終有極大的差異，那就是他有他的道借器顯說作後盾，這是我們該注意的地方。試看韓柳以來的載道說總以宣揚儒家的道為大纛，而章實齋所述的道卻是近似《易傳》的萬物所以生成的總原則。章實齋著重的是道不離人生的實學精神，而不僅是文以明道的工具義，除了強調道體懸遠難測的抽象性，以保證道體引生萬物的實質能力，同時也強調「道由器顯」的觀念，認為無器則不能證見道的實存，不能彰顯道的作用。

　　他曾將「文」字解釋作文章、文辭、文字三義，〔註10〕可是不管文的意義如何，依照章實齋的道論來說，都只是器，是現象世界中所以表現道體的一種物態。更依章實齋道器論恆以形上統形下的觀點來說，不管章實齋是要論文學產生歷程或說文學的功能，一定也會以形上統形下，以道體統文學，所以章實齋一定會說：「言所以明理」，以為「道」不僅是形下的道理義，它更是形上的道體義；不僅是被宣揚的事物，更是形成事物的原動力。所以他

〔註10〕說詳第二節知識功能的內文。

以為文學的本源在道體，而存在的目的在落實道體的功能；以為任何理論都
必須落實到現實來講。

　　章實齋之強調器，往往只是為了闡明道；在道的抽象義外，時時強調道
的作用義，目的也是在以此促成道器的相合。在章實齋的觀念裡，器世界的
根本大事是道；所以所有的器，不管是六藝的創立、史書之記錄、志書的編
纂，甚至是文章的創作，與器相形，便都不是最根源的存在，都是為了治教
的推展，為了闡述天地間的發展原理—道的存在而存在而已，而這便是章實
齋超越古文家的地方。

　　章實齋畢竟認為文學的重點正在闡明道體——所以他在〈與吳胥石簡〉
中說：「古人本學問而發為文章，其志將以明道，安有所謂考據與古文之分哉。
學問文章皆是形下之器，其所以為之者道也」，以為文學與道有情同親子的關
係，而且文學是專為明道的目的而存在。

　　這個主張雖然跟傳統的古文文家有幾分近似，但在強調創作的經世功能
外，章實齋一定要界定文學創作的目的在彰顯道體、宣揚道理——如他在〈與
邵二雲書〉說：「以學問為銅，文章為釜，而要知炊黍芼羹之用，所為道也」，
便是這個意思。雖然其間在文章之外添上一個學問的要件，但仍相當清楚地
表明：文章的主要目的在闡明道體。文學與治教、道體來比，在章實齋的觀
念裡，永遠只是第二義，甚至是第三義。

　　當然，冷靜客觀地說，章實齋的說法雖然於傳統有別出新裁之處，卻也
未必更臻完美——即以「文以明道」一語來說，便嫌仍有誤差。因為以文學
作品來講，文章所表述的事件、現象和本體才是所以寫作的主體，而文字本
身只是記錄事件、描述現象，或是道體的工具；如果不曾明白目的，勢必無
法利用工具；因此「文以明道」一語，該用「文以明器」一語來替代，而且
必須等到器明，而後始見道顯才對。〔註 11〕章氏「文以明道」的說法，根本
犯了以工具釐清目的的錯誤。〔註 12〕這是自傳統文家沿襲來的錯誤；可惜章

〔註11〕「文以明器」這種說法，比直說文學可以呈現本體界的「文以明道」一說法
　　　　更合實齋的想法。因為實齋的想法一向不流於抽象，即使偶而談玄論道，其
　　　　目的也在說現象世界而已——正如他認為史料是所以證成社會的形成與歷史
　　　　的發展的原則，而一切學問都當為社會國家而服務，他對文學也持相當的看
　　　　法，認為文學的目的只為描述道器而存在。所以在實齋的想法裡，「文以明道」
　　　　只是一種簡略、甚至是一種不精確的說法；其本意當是「文以明器」，器明而
　　　　後道顯才對。
〔註12〕所謂「文以明器」，指文字、文辭、文章呈現了吾人所理解的現象界；而的確

實齋不曾自覺。

（二）文學功能——創作的目的在經世

章實齋認爲文學專爲經世致用的目的而存在。我們首先以文字作說明，因爲文字是章實齋認定的文學基本單位。

章實齋他認爲論文學創作的目的可以推原到文字；而文字的產生，正爲宣揚道理而創設。如〈詩教〉上篇說：「官師守其典章，史臣錄其職載，文字之道，百官以之治，而萬民以之察，而其用已備矣」，或說：「聖王書同文以平天下，未有不用之於政教典章，而以文字爲一人之著述也」，〈和州志〉也說：「文字之源，古人所以爲法治也。」便同時認定文字是致治之具，以爲文字的基本功用在推行政治，安定社會。

由於重視文學的功能，所以章實齋他說作品的淑世作才是我們該注意的焦點，至於作者是誰，並不見得重要。〈詩教〉上篇或說：「聖王書同文以平天下，未有不用之於政教典章，而以文字爲一人之著述也」便以爲只要寫作目的明確，能夠一意爲民，即使不知道作者究竟是誰，也沒有什麼要緊。〔註13〕這種觀念和〈言公〉篇正相呼應。

其次我們可以再以文章、文學，或一切文化教育作說明。可以發現，章實齋主張所有的文學創作、文化教育、文化活動都爲經世這一目的而存在、而進行——例如他在在〈與史餘村簡〉說：「文章經世之業，立言亦期有補於世」，在〈答沈楓墀論學〉說：「學資博覽，需兼經歷；文貴發明，亦期用世」，便主張文學創作的目的在經世；在答〈周筤谷論課蒙書〉中說：「古學俗學之分不在文字，在乎有爲而言與無爲而言，文辭高下猶其次也」，在〈評沈梅村古文〉說：「不患文字之不公，而患文字之徒工而無益於世教；不患學問之不富，而患學問之徒富而無得於身心」，以爲文學創作必須有益於世教；一系列的說詞，都很明確地標示出了文學創作的根本功能究竟爲何，基本目的究竟何在，顯示出章實齋側重實學的思想傾向。〔註14〕

也必須有了現象界，然後可以覘見道的作用，所以說「等到器明，而後才見道顯」，只可惜這種區分雖然在他的〈辨似〉篇裡靈光一現，有：「言所以明理而文詞則所以載之之器也」的說詞，可惜他還是震懾於傳統的說法，不敢將這種定見化作一種口號來宣揚。

〔註13〕這種想法，和他的言公理論實相呼應。言公說請參本章〈創作法〉四。

〔註14〕此外實齋仍有許多文章必須具有實用性質的宣言，積極的說法，如：〈言公〉中之說：「古人之言欲以喻世，而後人之言欲以欺世……古人之言欲以淑

　　最後再以「為文以明道，明道以致用」的文學生成論來說，章實齋依舊呈現出重內容而輕形式的傾向。章實齋在〈答客問〉裡說：「道不明而爭於器，實不足而競於文，其必與空言制勝、華辯傷理者，相去不可以寸焉」，以為為文需重內容，貴實用。如果只知踵飾爭華，那便是買櫝還珠，其病與空說無憑等同。在〈辨似〉篇裡說：「虛車徒飾，而主者無聞，故溺於文辭者，不足與言文也」，認為內容與形式二者，形式只是其次義，內容才重要。二者都在諷勸學者不要因為一意耽求辭采之華美，忘了文理之明晰曉暢，致形成喧賓奪主的窘狀。

　　重視作品的內容以及實用性的說詞，在章實齋的《文史通義》裡可謂是觸目皆是。例如：〈辨似〉之說「立言以立意為宗」，〈文理〉篇之說「立言之要，在於有物……文章為明道之具」，便同時說明著作的目的在闡明道理，創作的主體在呈示內容，而形式只是表現內容的工具。而〈言公〉中篇之說「文，虛器也；道，實指也」，或〈原道〉下篇之說：「文章之用，或以述事，或以明理……不知其故而但溺文辭，其人不足道矣」，便同時警惕學者千萬不要取小而遺大；這也是創作必重內容的類似主張。此外，如〈說林〉說「文辭猶三軍也，志識其將帥也」，將作者之情志當作作品的重點所在。〈答問〉篇說「重在所以為文辭，而不重文辭也」，以為作品的重點在內容而不在形式。〈言公〉說「世教之衰也，道不足而爭於文」，以為只有缺乏內在志識的人，才會借外在的文采自飾，也都在強烈地宣稱作品內容的重要性。

　　至於〈與史餘村簡〉之說：「夫文求其是耳，豈有古與時哉」，強調作品須由內容見精神，分高下，都與形式無關；以為古文之所以高過時文不是因為寫作技巧有良窳之分，純是因為想法內容有純駁之別，則認為時間不是作品好壞的評判依據，而準據卻在內容本身。如此以內容為評判學價值的根據，將世人貴古賤今的迷思完全打破。

（三）文學特質──作品由作者的理性與情志見精神

　　文學內容重於文學形式，已經揭露如上。接下來要說的是，章實齋的文

世，而後人之言欲以炫己」，〈說林〉之說：「君子立言以救弊，歸之中正而已矣」或「學問期於經世，而文章期於明道」。消極的說法，如：〈與邵二雲論文〉之說：「夫立言於不朽之三，苟大義不在於君父，推闡不為世教，則雖斐如貝錦，絢如朝霞，亦何取乎？」〈俗嫌〉之說：「夫文章之用，內不本於學問，外不關於世教，已失為文之質」，都強烈地傳達了學以經世的意念。

學內容究竟是什麼？

　　章實齋曾在〈答問〉篇說：「著述必有立於文辭之先者，假文辭以達之而已」，這種講法已明示了文學內容之存在，而且其存在的必要性先在於形式的產生。可是有關文學的內容，究竟是什麼，仍舊說得含糊。這個道理一直要到〈古文十弊〉，章實齋才將它說得清楚一些。

　　章實齋他說：「凡為古文辭者，必先識古人大體，而文辭之工拙又次焉。不知大體，則胸中是非不可評，而所論次未必俱當事理」。以為如果缺乏大體，則作品將無法定是非、當事理。在這段敘述裡，他雖然並沒有直接地界定這個「大體」的性質，可是卻用反面的描述，強調這個大體的不可或缺。

　　大體究竟是什麼，這個議題在〈辨似〉篇裡章實齋將它說得更具體了。他說：「立言之士，以意為宗，蓋與辭章家流不同科也」，認為真正的好作品，必須帶有作家個人的識見，而且這正是所以讓作家超越一般文人的依據。將所謂的「大體」，具體解作「作者的見識」。這和〈評沈梅村古文〉之說：「仁者見仁，知者見知，要於實有所見，故其所言自成仁知而不誣，不必遽責聖賢道德之極致，始謂修辭之誠也」講法全同，都在強調作品之好壞與作者的道德修養不完全相干；而在道德之外仍有文字長技，尤其是作者見地一事可說。〔註15〕

　　因為重視作者的見地，所以章實齋在〈答周筤谷論課蒙書〉說：「古學俗學之分不在文字，在乎有為而言與無為而言。文辭高下猶其次也」，又在〈再答周筤谷論課蒙書〉說：「凡立言者，必於學問先有所得，否則六經三史，皆時文耳，況於他乎」，強調內容超乎形式，而形式所以成就內容，內容以有益人世為重點；並以為只有知道這個原則，才能妥善運用資料，不至於因小而失大。以為經史之價值決定於使用者的識見，無識者讀經史，只將經史作記憶之學，當時文資料等概念，不免入寶山而空手回。

　　章實齋以為，文人必須有識然後可以成家，所以他在〈說林〉篇中又說：「修辭不忌乎暫假，而貴有載辭之志識，與己力之能勝而已」，明確地指出：作品必須展現作者的見識然後能夠見其價值。〔註16〕

〔註15〕〈書郎通議墓誌後〉說：「人心不同如面，文詞亦如是也。不見著文之人，而相與商榷為文之意，則不可以善改其文，恐作者之意未必爾也」，這段文字，是由改文也當注意文旨，來說明作品內容、作者志識的重要。

〔註16〕此外，由〈古文十弊〉、〈辨似〉到〈說林〉，另有「大體」、「意」、「志識」等異名出現，其實都是指作品的內容——見地與想法而言，由此可見實齋論文學時，對識見一意要求的迫切程度。

　　除了見識一義以外，〈詩教〉篇又說：「文集……雖有高下純駁之不同，其究不過自抒其情志」，指出在「內容」裡，除了作者的見識一物可說以外，應當另有「作者之情志」這個重點。

　　章實齋以為：情志的不可或缺，往往更在事理已具之後才被察覺。因為有許多文從字順、理明意暢的作品，就修辭技巧來說，也許已經是面面俱到，無懈可擊，可是一般讀者讀來總覺無法深契人心，以為那些文章稱不上是好作品，這便是其中少了一份情意的緣故。章實齋在〈雜說〉篇中說：

> 人之於文，往往理事明白，於為文之初指，亦若可無憾矣，而人見
> 之者，以謂其理其事不過如是，雖不為文可也。此非事理本無可取，
> 亦非作者之文不如其事其理，文之情未至也。

便將志識不足，說理不明二事，剔出於文章不能盡如人意的條件之外，獨獨留下感情不夠深摯這個情況作理由，〔註17〕以說明情意在文學作品中的重要性。然則，我們可以說，章實齋認為：作品必須包有作者本人傑出的識見、真摯的感情才可以算是周延。〔註18〕

　　如果識見與情感是作品不可或缺的特質，那麼接下來的問題當是：如何才能掌握宏闊的見識，培育真摯的情感？章實齋主張：識見的培養，由學問中來。感情的導出，則由真誠的性情引致。

　　他在〈文理〉篇中說：

> 孟子曰：持其志，無暴其氣。學問為立言之本，猶之志也；文章為
> 明道之具，猶之氣也。求自得於學問，固為文之根本；求無病於文
> 章，亦為學之發揮。

援用孟子的觀點，以學問當志，以文章當氣，而以學問統文章。主張「求自得於學問，固為文之根本」，主張以學問為獲得志識、寫就佳作的不二途徑。〔註19〕

〔註17〕實齋如果不重視作者的情志，他不可能特意強調「清真」這個寫作原則。不過清真一意在下頭〈創作論〉中自會詳談，所以此處先不做任何闡述。

〔註18〕實齋在〈又與正甫論文〉裡說：「猶當求資之所進而力能勉者，由漸而入於中，得究其所以然，所謂道也；又由是道，擴而充之，隅而反之，所謂大道也。由道德而反之，乃可謂之立言」，在結論部份似乎是主張作文也須具有道德條件，但是由上下文來看，這個道其實指的是依乎自己的情性，所以仍是指作者的情志而已。實齋的時代到底離宋明理學之強調道德已經遠了，他跟袁枚的性靈說，在最深沈的地方，其實是敷奏著同樣的旋律的。

〔註19〕王義良〈章實齋以史統文的文論研究〉第四章〈文以史裁的創作論〉頁 250

至於學問如何導出志識，而志識如何流露於文章之中呢？章實齋以為是一種有諸中形乎外的自然顯現。例如他在〈皇甫持正文集書後〉主張為文當如：「水之波瀾、山之巖崸，所積深厚，發於外者不知其然」，便是這種講法。

另外有關情志問題，章實齋以為作者因誠懇而使作品富有真，而且這種由真心到深情的流布，也是一種水到渠成式的自然流露。例如他在〈文理〉篇中設譬說：

> 富貴公子雖醉夢中不能作寒酸求乞語，疾痛患難之人雖置之絲竹華宴之場不能易其呻吟而作歡笑，此聲之所以肖其心，而文之所以不能彼此相易，各自成家者也。

主張：

一、作家之所以成家，是因為每篇作品中都有自家的本色在。（此聲之所以肖其心，而文之所以不能彼此相易，各自成家者也。）

二、本色是因乎自家的性情，是自然的發放，不是因乎造作與虛假。（聲之所以肖其心。）

三、這個本色不會因環境與際遇而改易。（富貴公子雖醉夢中不能作寒酸求乞語，疾痛患難之人雖置之絲竹華宴之場不能易其呻吟而作歡笑。）

四、作家必須能夠灌注真感情於作品，然後其作品才可以見特色，才能夠動人；並且讓自己能因為自家獨特醒目的風格，而在文壇之上佔一席之地。

強調在文學創作上，「真」字不可或缺的特性。說的就是這個意思。

又如他在〈史德〉篇說：

> 凡文不足以動人，所以動人者氣也，凡文不足以入人，所以入人者情也。氣積而文昌，情深而文摯；氣昌而情摯，天下之至文也。

不也在說明這個道理？

總之因為章實齋在文章寫作上極力強調作者的情志與見識，所以才會強調作品的志識，要求依情傍質以行文，如〈說林〉篇說「譬彼禽鳥，志識其身，文辭其羽翼也」，〈古文十弊〉講「與其文而失實，何如質以傳真也」，極力強調文學的特質正在真與識。〔註20〕

說實齋積學養氣實有承襲自孟子者。

〔註20〕情志二者的總體現，實齋也以「意指」一辭稱之。詩教下篇說：「善論文者，貴求作者的意指，而不可拘以形貌」，前面以情意與見識來和形式相對待，

二、形式發展

　　在文學形式上，章實齋曾就文體的發展，做史學角度的觀察。他說我國各種文學形式的發展源頭在《詩經》，而完成與定型則在戰國，這種說法已在經說一章〈詩教〉部份做說明，此處不再贅述，〔註21〕僅就形式的存有與轉化的必要作說明。說明章實齋雖然重視情志，可是依舊肯定形式足以強化內容的功能，提出形式與內容合則兩美的中和說法。而且隨著歷史時時流變的現象，章實齋也有文學形式當隨時代對美或濟世的不同需求，時時更作更新的主張。

（一）形式的必要──形式可以強化內容

　　章實齋雖然強調內容重於形式，不過他之輕視形式只是與重視內容相對而有的說法。在強調內容之後，章實齋依舊正視辭采之美，重視辭采對文章的增飾功能，認為隨著辭采的增飾，文學的影響力往往隨之增強，而文學功能也隨之增大。

　　這種對文學形式之美的正視，在章實齋的〈文史通義〉裡並非偶見。他在〈辨似篇〉說：「《易》曰：「物相雜，故曰文」，又曰：「其旨遠，其辭文」，《書》曰：「政貴有恆，辭尚體要」，《詩》曰：「辭之輯矣，民之洽矣」……未嘗不以文為貴也」，即在強調文章形式的必要性；同篇接言：「蓋文固所以載理，文不備，則理不明也。且文亦自有其理，妍媸好醜，人見之者，不約而有同然之情，又不關於所載之理者，即文之理也。故文之至者，文辭非所重耳，非無文辭也」，也在說明文采存在的必要性，極力強調文采在言語上、文學上與政治上的具體功能。至如〈答問〉篇之說：「就文論文，先師有辭達之訓，曾子有鄙倍之戒；聖門設科，文學、語言並存，說詞亦貴有善為者─古人文辭未嘗不求工也」，〈雜說〉之說：「文固用以明理，或以記事，然有時理明事備而文勢缺然，乃若有所未盡，此非辭意未至，辭氣有所受病而不至也……辭氣受病，觀者鬱而不暢，將並所載之勢與理而亦病矣」，便引論語為證，以為假如沒有文彩，將會形成美感的缺陷，給人帶來意有未盡的感覺，減弱作品對讀者的影響力。又如〈與林秀才〉中說：「《易》曰：「修辭立其誠」，辭不能不出於修，近日學者，正坐偏學而不知文耳」，明白宣稱辭藻的必要性；〈說林〉說：「理重而辭輕，天下古今

現在卻直以意指一辭當之，所以說，他也有以意指一辭來替換情志的時候。
〔註21〕王義良〈以史統文的文論研究〉第三章〈文理論〉第二節，有詞章之學興、著作之始衰兩節，說明文章由六藝而諸子而文集的層層轉變，條理相當清晰，可以參閱。

－145－

之通義也，然而鄙辭不能奪悖理，則妍媸好惡之公心，亦未嘗不出於理故也」，宣稱求美是人性的一種自然表現，以爲修辭有其必要性，給修辭一個形而上的理據，都是類似的說詞。

文辭不可修飾太過，卻也不可以素淡無文，這兩樣看似對立的說詞，其中當有一個平衡點在。章實齋在〈說林〉篇之說：「聲色齊於耳目，義理齊於人心，等也；誠得義理之所齊，而文辭以是爲止焉，可以與言著作矣」，強調寫作時必先內容而後形式，而且以烘襯內容爲講求形式的準據，便初步給形式與內容立了一個很好的均衡。

這個平衡點，除了美感的飽足以外，說得更清楚一點，是經世的功能。所以章實齋在〈辨似〉篇又說：「文之至者，文辭非所重爾，非無文辭也」，除了強調文采的必要性以外，更指明了文辭之存有，全因爲了跟實用平衡。又如〈答問〉篇之說：「著述必有立於文辭之先者，假文辭以達之而已」，也同在說明文辭之存有，是依附於文學內容而已。

這三段話，將他以經世作爲寫作基礎的導向，以及文學形式爲文學創作之次要義等想法，烘托得相當透徹，也與他的知識功能論──創作的目的在經世、在宣揚道理，做了一個很好的呼應。

（二）形式的變化──形式代有因革

章實齋認爲文學形式是不斷的在發展，不斷地在轉化的。

他在〈已卯札記〉中說：「氣運變遷，天時人事，未有歷三四百歲而不易者。語言文字，從上而下，蓋有出於不知其然而然，非人力所能爲也」，〈與邵二雲論文〉中以天下作者多潮流帶動的事實，說明文學形式常有轉化的現象。

推測形式的轉化與形成常常是一種漸次發展，並非人力所能掌控的東西，頗有幾分唯物論的調性。這種變化，章實齋以爲有其必要。

〈砭俗〉篇說：「文章之道，凡爲古無而今有者，皆當然也……文生於質，視其質之如何而施吾文焉……因其人之質而施以文，則變化無方，後人所關，可以過於前人矣」，認定文字的創作本乎事實的需要，作品的產生必須依照人情事變的本然而作，而文體的產生是因乎自然的發展；又以爲文章的述作，必須隨順情志的眞實感、事況的現實面去創作才行；以爲不可一意仿古，由此推翻了歷來文人貴古賤今的錯誤觀念。

他在〈答朱少白〉中說：「文字古無今有，不論前後。蓋古猶今也，安見

出於晚近者之必不如古耶」，認定文章的變化是必要的發展，他的產生是依附在事變的必然性之上，本身並沒有自主性，也沒有絕對的優劣性可言。他在〈駁孫何碑解〉中說：「古人法度，有必不可違者，有界在可否間者，亦有必不可行者……必不可違者而違之，是謂悖矣；必不可行者而行之，是謂愚矣」，〈砭俗〉篇說：「因乎人者，人萬變而文亦萬變也；因乎事者，事不變而文亦不變也」，又說：「夫文生於質，視其質之如何而施吾文焉」，正同時在強調文章創作，全依作品內容而發展，沒有一定的法度需要堅守的觀念。

美感的追求，所以成就經世的作用；經世的功能本事章實齋形式所以存在的基礎。為了經世的目的，所以烘見內容的形式就有必要隨世之所需而時時作調整，以此，變化在章實齋的理論體系中便常是一種必要的現象。章實齋在〈砭俗〉篇中提出「寬以取古，而刻以繩今，君子以為有耳而無目也」的議論，對一切迷信古往，或以古以攻今的學者加以抨擊。認為如果文人不隨著世變而進行創作風格、內容之改變的話，一定是一種落伍、一種過惡，這種觀念便也因之一再被章實齋所強調了。

三、創作方法

章實齋的文學理論，雖然只是依著史學理論演述，但因為能夠正視形式的必要性，所以仍有相當豐富的理論，尤其是有關創作的技巧。在創作方法論中，章實齋提出了貴清眞、講義例、重文德、求至公四個大原則。

（一）創作法一：清眞

章實齋提出創作的基本原則是清眞。

他在〈評沈梅村古文〉中說：「古文之要，不外清眞；清則氣不雜也，眞則理無支也」，又在〈信摭〉裡說：「論文以清眞為訓，清之為言不雜也，眞之為言實有所得而著於言也。清則就文而論，眞則未論文而先言學問也」，同時提出「清」、「眞」兩字作古文創作的法則，並強調所謂「清」，是以語言特色與文章風格言，所謂「眞」，是以思想內容與敘述理路言。也就是說，章實齋要求創作文章需做到：文字爽淨而風格統一，內容充實且文理明晰的地步。

因為要求風格統一，所以章實齋要求作者注意：作家、作品、家派的風格區隔。以為即使尊貴如經書，也因作者不同、創作目的不同，而有不同的風格與面貌，代表著不同類型的創作典範。要文學創作者注意，千萬不要貪

多務得，以免成了個四不像。如章實齋在〈乙卯札記〉裡說：

> 清則主於文之氣體。所謂讀《易》如無《詩》，讀《書》如無《詩》。
> 一律之言，不可有所夾雜是也

便在告誡學者不要因爲他家的美好表象眩惑了自家風格的統一；強調學習者面對眼前或往古的作品與宗派，即使寫來動人如經書，也不要爲炫惑。

這種堅持，當然和保持自信、勿徇時風的省思有相當的關連——章實齋當時考據之風盛行，許多才份在義理、在詞章、在史學的學子紛紛委屈自己的天分，投入了考據學的領域裡，讓自己無法快樂的、完足的完成自己應有的成就，所以章實齋要求學子正視自己的天分——這種思考理路，換到文學典範裡，也有一樣的作用：某家作品再眩惑人，再熱門，如果不適合乎自我天生的脾性，當然也不應當去盲目追求。

除了家派的面貌要求清楚以外，因爲章實齋一向認爲文學有發展、文體有變化，所以他在家派之外更添入了「時間」的條件，說明文學的表現，一代有一代的風格，在〈詩教〉篇中提出了文學史的流變觀點，說文體、風格有流變，且代代有不同。並在寫作上要學者多加注意，以爲千萬不要混雜各體。如〈乙卯札記〉中所說：「時代升降，文體亦有不同。用一代之體，不容雜入不類之語。亦求清之道也」，便是類似主張。

再以文字的純淨來說，章實齋認爲作者必須注意到詞語的完整性與特殊性。要求作者寫作時不要含混其辭，極力追求遣辭用字的精確度。例如章實齋曾在〈地志統部〉裡說：專有名詞如官名地名不可以任意混用古稱、偏舉或省略，便強調了詞語運用的完整性。

在一般文章裡，章實齋更注意到行文用字的特殊性問題。如他在〈古文十弊〉裡說：

> 古語不可以入今，則當疏以遠之；俚言不可雜雅，則當溫以潤之。
> 詞則必稱其體，語則必肖其人——質野不可以用文語而鄙野需刪，急
> 遽不可以爲婉辭而曲折仍見。文移需從公式，而案牘又不宜徇，駢
> 儷不入史裁，而詔表亦豈可廢？此皆中有調劑，而人不知也。

先以「古語不可以入今」、「俚言不可雜雅」強調行文時用詞的純粹，以爲不可文白夾雜；「詞則必稱其體，語則必肖其人」要求描寫人物時聲口必須符合該人的身份，敘述事件原委時情境必須逼似實際的景況；「文移需從公式，而案牘又不宜徇，駢儷不入史裁，而詔表亦豈可廢？」更就上二者作進一步的

思考，在材料的取捨與消融上頭下功夫，以為拘與放、規矩與變化、傳統與創新之間，仍有許多值得學者留意的重點。〔註22〕

在這段敘述裡，我們可以發現，章實齋注意到語意因時間產生了距離，語詞因時間產生的變化的事實，以為古語今與有不同，這竟是語言學的範疇。同時他又注意到人物口氣、文字節奏的傳神度。前者是近年來講述戲劇小說者倡述的高度技巧，後者雖似姚鼐陽的剛陰柔說，卻比他的說法更深一層。因為陽剛與陰柔只是全面風格的粗略劃分，「急遽不可以為婉辭」的要求則已細緻到講求文字的強弱快慢，以為這些都需隨著作品中任一章、任一節的高低起伏來作抑揚頓挫。

總合來說，這段文字也在告訴任何一位作者：在寫作時，任何材料的取捨與消融都需要仔細作考量，要文家盡量做到系列要求——單純化、合理化、真實化，章實齋對文字技巧的講求其實是相當深刻的。〔註23〕

什麼是清真，清真對文章所起的作用在哪裡，在前文已經闡述完畢，接下來可以探討的是清真是如何獲致的問題。

若以文理明晰與內容充實的要求來說，章實齋以為這牽涉到作者學養的培成。他在〈為梁少傅撰杜書山時文序〉裡說：

> 文章之要，不外清真；真則理無支也，清則氣不雜也。理出於識，
> 而氣出於才……學以練識而達其才，故理徹而氣益昌，清真之能事
> 也。

除了再次解釋清真的性質與功能以外，章實齋更進一層地為「清」、「真」之何以產生的源頭作了一個具體的說明。

章實齋以為文章之清出於人之才氣，文理之明源自人之見識；認為清真的特質須由學者自身的天資與學養來成就；以為有學養然後能形成見識，可

〔註22〕王義良《章實齋以史統文的文論研究》第四章第二節「文章可以學古，制度必須從時」一目（，頁290）說法可以參考。

〔註23〕清真之外，實齋又提出「文勢」的講法。他在〈雜說〉裡說：「有時理明事備，而文勢缺然，乃若有所未盡，此非辭意未至，辭氣有所受病而不至也……辭氣受病，觀者鬱而不暢，將並所載之事與理亦病矣」，所謂「文氣」，指文章的氣勢。這說法早在曹丕的《典論》〈論文〉便已觸及，所以也不是什麼難知的學問。實齋當然知道文章本身有文氣一事可以探討，認識到文勢的存在，認為文章即使能達到清真——所謂氣不雜、理無支的地步，若沒注意文勢的暢盛，那也是意有未盡。只不過實齋將他的作用擺在清真之後，視為是次於清真的第二寫作重點罷了。

以將自己的天賦發揮淨盡，這系列說法和孟子的養氣說、擴充論、性善學很相似的觀點。至於在〈文德〉篇說：「學也者，凝心以養氣，練識而成其才者也」，在純粹地擴充其德以外加上了充實外在學問一意，將知言代換成練識，將孟子成德一意輕易地轉換成堅持自性，這是他的進步。

（二）創作法二：義例

章實齋重視文字技巧，所以多說爲文義例。

1、文字之華樸需合乎文章之體式。

寫作文章，章實齋積極要求的是傳神、消極避忌的是刻板，統言之則是講求寫作要得體。因爲各種文體都有它的產生背景，相應於這種背景，也有它該有的功能——例如贈序類是爲表敬愛、陳忠告而作，〔註24〕自然有需言之有物、喻之忠摯的要求——所以章實齋也因之在許多篇章中提出系列寫作原則，要求「辭則必稱其體」（〈與陳觀民工部論史學〉語）。

首先他在〈論課蒙學文法〉裡說：

> 論事之文，疏通致遠，書教也。傳贊之文，抑揚詠歎，辭命之文，長於諷喻，皆詩教也。序例之文與考訂之文，明體大用，辨明正物，皆禮教也。敘事之文，屬事比辭，春秋教也……若夫易之爲教，繫辭盡言，類情體撰，其要歸於潔淨精微，說理之文所從出也。

以爲：論事之文，追求的是「疏通致遠」的清晰曉暢；傳贊之文，辭命之文，追求的是「抑揚詠歎」的情酣意暢；序例之文與考訂之文，追求的是「明體大用」的綱舉目張；敘事之文，追求的是「屬事比辭」的有條有理。爲議論、敘事等文類，以及傳贊、序例、考訂諸文體做了一個言簡意賅的說明。〔註25〕

而後他又在〈評沈梅村論古文〉裡，爲書信類與序記文字建立法度，說：

> 辭命之文，本於風人遺旨……書翰解此，則命意深厚，出辭溫雅……記序之文，因事命篇，理趣自足；然山水遊宴，形容景物，要使文不入靡，琢不傷樸……序論近人文字，揄揚工拙，掎摭利病，忌用無根浮語，漫爲讚賞，有累文體。

〔註24〕 依徐師曾《文體明辨》所述而言。

〔註25〕 限於身處經學復興的時代使然，讓他將歷史因緣繫掛在經典之上。這段以經典作文體淵源的說法，板滯若班固《漢書藝文志》之以百官作諸子百家的學術淵源。可是儘管實齋說法缺失明顯，但他對各個文體，都有不同的要求，則有清楚的認識。

以爲書翰要溫雅，記序要清楚，寫景要濃纖合宜，序論要實語有據。說：記敘文字的原則是「因事名篇，理趣自足」，以爲遊記作品雖然可以善加形容，但是須加節制，「要使文不入靡，琢不傷樸……字句破壞古文法度」。序論文字「先要推堪作者之旨，折衷道要；次則裁量法度，斟劑規製，使人有律可循……是非可否，必有精理要言可資啓悟」，以合道與否爲評量基準，以鋪陳書旨，方便讀者掌握爲敘述重點，以啓發讀者，讓讀者開卷有益，才是記序文字的寫作規範。至於傳述文字，章實齋以爲須以史學紀傳手法爲之，所以常說：「紀傳文字全是史裁，法度謹嚴」。

　　除了以上種種界說之外，章實齋更在〈與胡雒君〉中提出論辯文字的寫作原則，說：「大抵攻辨文字，義蘊惟恐有所不暢，有蘊不暢，便留後人反詰之端；而措詞又不欲其過火，過火亦開後人反詰，所謂太過反致不及也。」並說：「太過之弊，作者不知，方自以爲暢足，而不知其似是而非也」。以爲議論文字以明理爲要，不須在詞鋒上太過尖銳，以免失卻和氣，說理不夠持平。

　　除了經由各類文體的特質，標示作家所當表現的方向以外，章實齋也具體的交代所以達成各類文體要求的技巧。他在〈評周永清書其婦孫孺人事〉便曾提及各種文體的寫作方法。

　　他先說積極的寫作技巧：

　　　　名理以峻潔著之，莊嚴以凝重敦之，和氣以溫潤含之，屬辭以嚴肅薦之，隱懷以婉約寓之，深情以往復生之，所謂順其勢而導之也。

以爲以爲不同的文類有不同的要求與風貌，作者應該以不同的風神完成它該有的情致，使文情與文理兩相協調，有相得益彰之利。

　　然後再說消極的修補技巧：

　　　　醒昏昧以警闢，靖躁邃以春容，洗荒穢以清道，收疏蕪以縝密，拓愀隘以雄健，還破碎以渾樸，挽頹靡以卓犖，摧庸腐以精堅，所謂反其病而藥之也。

說明文章寫作上有說理不深、文理不清、敘筆不密、內容空洞、材料不詳、架構不緊、文氣不旺、觀點陳腐等缺點，以及所以振救的祕訣。

　　此外，章實齋更提出一些看似有病，其實是故意追求的飛白技巧：

　　　　斷續若刺謬，微文似迂闊，牽連如不倫，此則能事已極，反將如不能也。

最後還提出群經作典範，說：

> 變化擬於《易》，從容得於《詩》興，《書》意疏通，《禮》文繁密，
> 《春秋》得其懼志，《左氏》獵其腴情，折衷群言，運以寸心微妙，
> 當其命辭遣意……變化縱橫，幾於鬼神造化。

具體說明各文體要求的趣味該有何經典可作典範，當依據何等方法才可以達至。將寫作的細緻變化，發揮得無微不至。

2、事理清楚清楚而且感情豐富是文章的兩大要求

章實齋在〈雜說〉篇中分別說明議論、記敘與抒情三種文字的描寫重點，說：

> 今人誤解「辭達」之旨者，以為文取理明而事白，其他又何求焉？
> 不知文情未至，即其理其事之情未至也。

以為議論文當求說理清楚，記敘文當求敘事明白。抒情文則要求表情深刻。

章實齋曾由抒情的刺激，反省到記敘與議論之中也有興味淋漓的美感要求——例如他以為讀孔子世家讚，令人低徊不已，讀項羽本紀，令人慷慨激昂，讀韓愈原毀，叫人頷首稱是，以為一篇文章，要令讀者拍案叫絕，不添入「情至」一項是不夠的。將抒情的技巧融貫到記述文字之中，為史傳文字的寫作技巧別開生面。

章實齋也因為體會到這種意醨筆暢的美感，所以才敢將「辭達」解釋作情至，在傳統的意達說法之外，作另一種詮釋。

3、修辭的目的在表意的明晰、表情的合宜

在講論文章作法的時候，章實齋有心無心地總會將文章的範圍縮小到史傳文字上去，所以他在〈論課蒙學文法〉時也會以史傳文字的寫作為焦點，而說為文的基礎在《左傳》。他說：

> 資於左氏而順以導之，故能迎機而無所滯也。其後漸能窺尋首尾則
> 纂輯人物，而論贊倣焉；稍能充於辭氣則擬為書諫，而辭命敷焉；
> 又能略具辨裁則歸為書表，而序例著焉。至於習變化而學為敘事，
> 互同異而習為考定，則又識遠氣充，積久而至貫通之候也。

以為但能精研《左氏傳》，通過「纂輯人物」、「擬為書諫」、「歸為書表」的種種演練，自然能夠貫通到論贊、辭命、序例等史傳文字必須觸及的種種體式，可以具備一個史家的基本能力；甚至進一步可以貫串各種能力而寫出一個有識斷、事曉義透的史傳文，或是考定精詳的當的史考作品來。

章實齋因此而為自己及世人提出一種理想的寫作模式。但一般說來，章

實齋對作品的要求總會將這個標準降低一個層級，以爲修飾的目的只在爲了文意的清晰與表情的合宜。他在〈說林〉篇中說：「文辭非古人所善，草創討論，修飾潤色，固已合衆力而爲辭矣，期於盡善，不期於矜私也」，便以爲修辭的目的在「盡善」——雖然所謂盡善爲何並沒有明說，但總是脫不了情志與事理的表述罷？所以他在〈與胡雒君論文書〉又要說：「大抵攻辨文字義蘊唯恐有所不暢，有蘊不暢，便留後人反詰之端；而措辭又不欲其過火，過火亦開後人反詰。」直以文理明晰爲寫作第一重點，而以忌諱華飾太過接續其論，可見章實齋在修辭上關心的正是情志與事理兩大要項，只是一意強調以內容爲優先便是了。

（三）創作法三：文德

相映於史家需有史德的講法，章實齋認爲文家也必須具備文德。〔註26〕章實齋所謂文德，指的是文家著述的心術。章實齋在〈史德〉篇中說：

> 德者何？謂著書之心術也……所患乎心術者，謂其有君子之心，而所養未底於粹也。

雖然論爲史學而發，其實也與文學相應，說的是著作時作者必須注意自家的修養。如他在〈文德〉篇裡說：

> 古人論文，惟論文辭而已矣。劉勰氏出，本陸機說而昌論文心；蘇轍氏出，本韓愈氏說而昌論文氣；可謂愈推而愈精矣。未見有論文德者……以古人所言，皆兼本末，包內外，猶合道德文章而一之；未嘗就其文辭之中言其有才、有學、有識，又有文之德也。

便專篇說明文德的必要性，認爲古代文家雖有文氣、文心的說法，可惜多與道德連成一氣，未能予文學一獨立的地位。

此論不僅標出了史學與文學具備的相應關係的觀點，更將道德修養與實際寫作作了的區分。〔註27〕他說：

> 凡爲古文辭者，必敬以恕。臨文必敬，非修德之謂也；論古必恕，非寬容之謂也。敬非修德之謂者，氣攝而不縱，縱必不能中節也；恕非寬容之謂者，能爲古人設身處地想也。

〔註26〕實齋談到文家心術的篇章有：〈文德〉、〈辨似〉、〈箴名〉、〈砭異〉、〈質性〉以及〈說林〉等篇，可見其重視文家心術的程度。

〔註27〕這段敘述，以才、學、識、德四事相提並論，説法與〈史德〉篇論史德時一模一樣。可見實齋文論與史論關係果然密切。

強調：自家所探討的是文章中事，而非修身養性的論題。雖然援用古人的辭彙，義用卻不盡相同，強調自己在傳統的樣貌裡添注入新意念。

　　章實齋以專注敬謹與設身處地來說明文德，和一般理學家說法貌似而實異。一般理學家說修養當然必說敬，必說恕。敬者敬謹，和孔門所謂的「盡己之謂忠」的說法淵源極深，恕者能為別人著想，和孔門所謂的「盡己之謂忠」的說法相雷同。而章實齋講論文德時，也援借這個基本概念，所以說貌似，但章實齋對敬謹的功能卻因為落在文章寫作與賞析之上，這便和理學家大有區隔了。

　　對於「敬」字，章實齋解作「氣攝而不縱」，提出的目的是避免寫作時因精神渙散而「不能中節」；對於「恕」字，章實齋定義為「能為古人設身處地想」，目的是避免過分主觀，以保證評鑑的中肯：

> 聖門之論恕也，己所不欲，勿施於人，其道大矣，今則第為古人論古必先設身以是為文德之恕耳……主敬則心平而氣有所攝，自能變化從容以合度也……道不足而爭於文，則言可得而私矣。實不充而爭於名，則文可得而矜矣。言可得而私，文可得而矜，則爭心起而道術裂矣。

對創作與評論都有相當積極的主張。

　　在文學理論裡，章實齋雖然也說敬恕，可是因為著重點與理學家確實有所差異，所以章實齋才會一再強調，自己的說法和道德修養無關。但雖說和道德修養無關，並不是說章實齋不重視修養，其實是因為章實齋認為一般所謂的修養，人人皆知，不需辭費，倒是須在細部更作講求罷了。試看章實齋在〈與邵二雲〉篇中說：「文貴謹嚴雄健，夫謹嚴存乎法度，雄健存乎氣勢；氣勢必由書卷充積，不可貌襲而強為也；法度資乎講習……非作家老吏不能神明」說明想要寫作精彩需有經驗累積、方法襯底，不正明說寫作仍須具有蘊蓄涵養的工夫嗎？〔註28〕

（四）創作法四：至公

　　章實齋認為寫作的目的在見道，不在文字的炫耀；寫作的精神在情志與

〔註28〕　有人懷疑實齋的文德說不是創見。如章太炎《國故論衡》〈文學總略〉。的確，我國《論衡》《文心雕龍》等都有文德一詞，不過他們說的多在文章內容的重要性（王充）、道德教化的功用（劉勰）打轉，和實齋包有創作、評論兩路說明，講法並不相同。實齋自有他的偉大貢獻。

事理的表達，不在**聲聞**的爭取。所以他在〈說林〉篇中強調：

> 文辭非古人所善，草創討論，修飾潤色，固已合眾力而爲辭矣，期
> 於盡善，不期於矜私也。

認定文章只要對公眾有利，便當寫作、傳述，至於作者究竟是誰、寫法如何，
便也不是那麼重要。

　　寫法不甚緊要這種論點，首先引出了章實齋「無強立例」的主張。

　　他認爲一切文法都有其產生的背景及其存在的意義，可是因爲時代的移
易，環境的不同，勢必會造成需求的差殊；所以任何一個文家，只能以因應
時代需求爲優先考慮，卻不當堅持某種既定的法度，不管是他想效法古代的
成規，或是另創一個全新的局面。章實齋在〈評沈梅村古文〉說：「學者動言
師古，而抑知古人抑有不可法者，後人亦有不可廢者」，又說：「雖非古人之
法，但求事理可通，抑抑可以爲其次矣」，便是這種想法。

　　〈書教〉下篇說：「史爲記事之書，事萬變而不齊，史文屈曲而適如其事，
則必因事名篇，不爲常例所拘，而後起訖自如，無一言之或遺或溢也」，也說
明史文以史事本身的發展眞相爲依歸，如果史實需要，卻與文法不合，那主
文者也當以呈現當時的眞實爲唯一的考量，勇敢的創發新例。認定因應內容
的需要，優先於恪守前人定下的古文義法。給自己一個相當靈活的揮灑空間，
不至於窒死在傳統的桎梏下。

　　至於作者爲誰並不重要這種想法，則引出了他的「模仿無傷」說。

　　因爲章實齋以爲一切作品以實用爲重，而如果作品的內容果然重要過形
式，在內容優先的條件下，模擬自然便成了無傷大雅的一件事。〈說林〉說：「修
辭不忌乎暫假而貴有載辭之志識，與己力之能勝而已」、〈答問〉說：「古者以文
爲公器，前人之詞如已盡，後人述而不必作也……重在所以爲文辭，而不重文
辭也」，便都在強調；內容果若超乎形式，那麼作者一旦能掌握祝內容，或考量
到內容的先在性，則不管所述是不是模仿自前人，都是不必在意的一件事。

　　這種想法當然和他的史料史著關係論深有相關。章實齋一向認爲，史家
憑藉史料成就史著，靠的是才學德識，活用的是史料，這史料既不拘任何形
式，當然也不在乎是不是自家所撰，史家有權活用任何史料，即使是大量截
用，如班固之於〈史記〉。

　　爲了證明自己說法的正確，章實齋以學習的歷程來作說明。他在〈鄭學齋
記書後〉宣稱：初學到成家之前，模仿與超越也是一個必經的步驟，提出：「大

約學者於古，未能深究其所以然，必當墨守師說。即其學之既成，會通於群經與諸儒治經之言，而有以灼見前人之說之不可以據，於是始得古人大體，而進窺天地之純」的說明，主張非模仿無以進門檻，同時也非模仿無以進堂奧、甚至是走出去再另立門戶，將模仿的必要性作了一個清楚而具體的解說。〔註29〕

文學創作的基本考量在他的實用性，所以不必管原作者是誰，不必管眼前的作品幾分抄襲，只要他是於世有用的，便可以算是好作品。這種觀念在模仿說以外更引出了他的「言公」理論，將他的「學以應世」說作了最透徹的引伸。

四、批評原則

（一）批評原理的說明──以道為依據

章實齋正視文學批評的存在，肯定文學批評的必要。

他在〈說林〉篇說：「理重而辭輕，天下古今之通義也，然而鄙辭不能通悖理，則妍媸好惡之公心，亦未嘗不出於理故也」，首先承認文學評論存在的客觀事實。認為作品的形式如果不能合宜地表現內容時，讀者可以加以唾棄；相對的，對優秀的作品也可以加以稱楊，就作品進行合宜的批判。

接著章實齋又在〈雜說〉篇說：「文非古人所重，而言則非一端而已。故聖人之言亦有專指文辭而言；即稍知學問之人一有推見其柢蘊者；不可以論文為文士之言而薄之也」，說明文學果然形式重於內容，認可文學的基本功能果在經世；同時也以為形式有其存在的必要性，讓文學評論在鄙棄形式的夾縫中探頭。

因為認可文評的存在，所以他也將世之文評作一等階式的判析。他在〈文理〉篇中說古人：「論及文辭工拙則舉隅反三，稱情比類……或偶舉精字善句，或品評全篇得失，令觀之者得意文中，會心言外，其於文辭思過半矣。至於不得已而摘記為書，標識為類，是乃一時心之所會，未必出於其書之本然」，以為前人作的文學批評，根本便是多事，頗有一些有反論文的味道。

章實齋也論及文學批評的價值標準。他認為作品所以闡明道理，所以道理

〔註29〕 本著這種看法，則所謂前後七子的模仿說，或緊接著的公安、竟陵，以及入清以來的性靈說、肌理論，在實齋個人的理論架構裡，便都無甚意義。因為不管是隨順成法或是獨抒性靈，種種門派、種種理論、種種區隔，都只是在作者個人感受的多寡打轉，並不曾考量到對社會的功能問題。而文學、甚至是學問的實用功能，才是實齋心目中最根底的考量啊！

是判斷作品價值的第一個依據。他在〈詩教〉上篇說：「知戰國多出於詩教，而後可與論六藝之文；可與論六藝之文而後可與離文而見道；可與離文而見道，而後可與奉道而折諸家之文也」，便以為能掌握道這一層主題，然後才算掌握到批評的金針，論評時才能得到中肯的判斷，要學者重視文章深層的意旨。

章實齋論道的目的在經世，所以他批判文學價值的另一個方法是看作品本身對世界有沒有用。〈答問〉篇中說：「若論於文詞，則無關大義，皆可置而不論」、〈言公〉中篇說：「取辨其事，雖庸而不可廢；無當於事，雖奇而不足爭也」，並以為可以保留不同的作者風貌，因續言：「即人心不同如面，不必強齊之意也」，便以為如果作品跟人事無關，實不必多費唇舌去作批評，明顯以經世作論文的原則。

他持以判斷文學作品之價值、給文學家作歷史的定位，說明文學思潮之佳劣，其準據全在對當時有用與否的經世觀。因為重在經世，所以是否具有內涵，便又是章實齋評斷作品價值的第三個原則。他在〈書教〉中篇以編輯奏議類的作品為例說：「後之輯奏章者，但取議論曉暢，情辭慨切，以為奏章之佳也；不備其事之始末，雖有佳章，將何所用」，便強調編輯作品當注重內容本身，以內容作入選與否的依據；強調文學的價值在他的實用性。

然後章實齋又提到創作心理學。如〈雜說〉篇之說：「文生於情，情又生於文；氣動志而志動氣也」，主張作品產生的根源固然是內心之情意，可是寫作時因為感情的投入，會越寫越強烈，於是連原本沒有的想法與感受，也會在寫作間被激發出來——所以章實齋接著說：「固有所識解而著文辭，辭之所及，忽有所觸而轉增智解，皆一理之奇也」，細膩描寫了學創作過程的心理變化。

相應於創作者須有敬恕之心，章實齋也強調批評者面對作品時態度要平正公允。如他在〈文德〉篇中說：「不知古人之世，不可妄論古人之文辭也；知其世矣，不知古人之身處，亦不可以遽論其文也」，在〈答問〉篇中說：「論文貴天機自呈，不欲人事為穿鑿耳」，便從批評必須平心靜氣，不可以今律古的原則中，提供給批評者一個最根本的批評規範。

（二）文學史的建構——以史說文

以歷史發展的眼光來說文學的流變便叫文學史，而文學史的發展有兩大要件，一是閃亮耀眼的文學大家，一是相互推移、輾轉向前的文學思潮。這兩股動力，章實齋都曾言及。

例如他在〈說林〉篇中說：「才之長短不可揜，而時之今古不可強。」認

爲一個作家地位的建立，除了靠過人的才份，也因時代的造就。並舉司馬遷
爲例說，他寫先秦史部份文字生澀，遠不如寫漢代：

> 司馬遷述尚書左國之文，孑孑而不足，述戰國楚漢之文，恢恢而有
> 餘，非特限於才，抑亦拘於時也。

這種說法已碰及了時代與作品互相牽涉的事實。他認爲潮流的力量很大，可
以扭曲一個人的才性：「風會所趨，庸人亦能勉赴；風會所去，豪傑有所不能
振也」（引同上），不僅隱然已經有認可文學潮流存在的意味，認定作家可以
帶領時代風騷，也思考到時代影響個人的問題。〔註30〕

　　章實齋的歷史性格相當強烈，所以不僅能正視一個時代自有一個時代的
風貌的事實，甚至還談起文學史的發展。例如他在〈雜說〉下篇中提及古文
的發展史。他說：

> 古文之目，始見馬遷，名雖託於尚書，義實取於科斗。

認爲古文名目由史遷始造，名義源自經學古文、今文的名謂中衍生。又說：

> 詞之美者可加以文，言語成章亦謂之詞……未有以所屬之辭即稱爲
> 文，於文之中又稱爲古者也。

說明古文的名稱，在史遷以前本不確定。又說：

> 自東京以還，迄於魏晉……彼時所謂文者，大抵別於經傳子史，通
> 於詩賦韻言……文緣質而得名，古以時而殊號，自六代以前，辭有
> 華樸，體有奇偶，統命爲文，無分今古。

認爲在魏晉時期，古文不彰，文之名謂，還被駢文、辭賦類所專佔。六代以
來雖然也能混入散文類，到底仍不是釐清得很清楚。又說：

> 自制有科目之別，是有應舉之文，制必隨時，體須合格，束縛馳驟，
> 幾於不勝。於是吾衰誰陳？太白慷慨於大雅，於今何補？昌黎深悲
> 於古人，玉溪自恨於幕游，劉亢希風於作者，師魯之矯崑體，永叔
> 知謝楊劉。自後文無定品，俳偶即是從時，學有專長，單行遂名爲
> 古，古文之目，異於古所云矣。

認爲時文志科的要求，桎梏了士子的文學創造能力，所以益發顯得系列大家

〔註30〕因爲每個時代有每個時代的流行想法跟慣用語法，將形成他那個時代的特
殊風貌，所以民國人的風格必定異於清代，而清代也跟明代不同；甚至是
同一時代因爲時期不同，也會有不同的風格，如盛唐詩派，在盛世流行的
是浪漫派，是自然派，等到局勢頹唐時，便由邊塞或社會詩派來代領風騷
了。

的卓越，認爲今日學界流行的古文名義，是由唐宋八大家以後才確立的。

　　肯定唐宋八大家之成就的同時，他也對當時以八股當古文的流行看法提出不屑的批駁：

> 宋元經義，明代始專，策論表列，有同兒戲。學者肄習，惟知考墨房行，師儒講求，不外蒙存淺達，間有小詩律賦、駢體韻言，動色相驚，稱爲古學；即策論變調，表判別裁，亦以向所不習，名曰古文，斯則名實不符，每況愈下，少見多怪，俗學類然。

並在〈與汪龍莊書〉中說：

> 辭命之文，出於詩教；敍事之文，出於春秋屬事比辭之教也。左丘明，古文之祖也，司馬遷因之而極其變，班陳以降，眞古文辭之大宗。至六朝古文中斷，韓子文起八代之衰，而古文失傳亦始韓子，蓋韓子之學，宗經而不宗史……近世文宗八家，以爲正軌，而八家莫不步趨韓子，雖歐陽手修唐書與五代史，其實不脱學究春秋與文選史論習氣。

倡言文學當以經史爲本源。

　　所述雖然不如今日文學史著作的清晰與細膩，但是大家的提出、名謂的定義、史的流變、價值所在的標明，一些文學史的重點，章實齋已經都能論到了。何況他還曾一一論述文學大家的成就，說文學潮流的正偏，如在〈皇輔持正文集書後〉中說：

> 中唐文字競爲奇碎，韓公目擊其弊，力挽頹風，其所撰著，一出於
> 布帛菽粟，務俾實用，不爲矯飾雕鏤，徒侈美觀

以唐代的奇碎定位韓文公的古樸，並他在〈答問〉篇中批評方苞講論文法的方法不甚高明，在〈與孫淵如觀察論學十規〉中批評袁枚導慾宣淫，在〈與吳胥石簡〉中續批袁枚妄論古文名義，不知學以經世的道理，不能見道體之眞，雖然不是專就古文而論，卻也是一些文學史式的批評，更見章實齋對文學史的貢獻良多。

　　章實齋以爲能掌握住經世之用，超越過對形式的迷戀，才算掌握住文學創作的重心：

> 學者有事於文辭，無論辭之如何，其持之必有其故，而初非徒爲文
> 具者，皆誠也。（〈言公中〉）

以爲「道不足而爭於文」（亦〈言公〉中篇語），認爲如果沈溺在形式之中，

不僅對當世無益，卻不知道將自己的理念貢獻出來，藉大家的運用語傳頌，來達到永久流傳的希冀，將對自己想藉文學創作以致永垂不朽的想望，有致命的殺傷力：

> 學者莫不有志於不朽，而亦知不朽故自有道乎？言公於世，則書有
> 時而亡，其學不至遽絕也。（〈言公中〉）

認為這種錯誤的概念，對文學發展是一個致命的沈淪：

> 道不足而爭於文，則言可得而私矣。實不充而爭於文，則文可得而
> 矜矣。言可得而私、文可得而矜，則爭心起而道術裂矣。（〈言公中〉）

認為作家所以能至不朽，是因為他的作品蘊蓄的豐富內容，以及深厚廣闊的關懷。並認為作品的好壞，根源在作品是否立基於人生。如果與人生相合，則如水到而渠成，和他的經世概念緊密貼合。

因為堅持文以經世，所以章實齋對古經義給予全新的解釋。他在〈言公〉篇中說：「《易》曰：修辭立其誠。誠不必至於聖人至誠之極致始足當於修辭之立也。學者有事於文辭，無論其辭之如何，其持之必有其故，而初非徒為文具者，皆誠也。有其故，而修辭以副焉，是其求工於是者，所以求達其誠也」，將《易經》〈乾卦‧文言〉「修辭立其誠」，傳統以「內心的誠愨」作定義（如孔穎達疏便說：「外則修理文教，內則立其誠實，內外相成，則有功業可居」）的方式做翻案，提出能否念念在經世為斷。以為寫作時，如果能掌握住經世的準則，不管是內容的具備、條理的曉暢——「持之有故」，或是形式的講求，文采的修飾——「修辭以副」，都不算捨本逐末，都有其必要，都是所以達到誠字的方法。將古義予以縮減，以為誠愨的修養只算誠的半個條件，調必須加上經世一意，才算是誠完整的定義。

重視內容，不僅讓他持以斷定作家的存有價值與學術地位，他也用此區分文學流派。

判定文學家的價值，我們可以再舉韓愈作範例。

章實齋在〈上大司馬論文〉中讚許韓愈「善立言而又優於辭章」，許作「山斗」，卻有惋惜他「不深於春秋，未優於史學」，並在〈與汪龍莊書〉中說「古文失傳亦始韓子」，可見章實齋確以內容判分作家的成就高下。

至於家派的劃定，則當回看他的《校讎通義》。

章實齋在《校讎通義》〈漢志詩賦〉篇裡曾經對《漢志》為什麼會將屈原、陸賈、孫卿各家分作三個流派提出質疑，並且試圖解決這一個目錄學上的問

題。他說《漢志》賦家雖然明列五門，分類有部份是依據總集與別集的歧異而作的劃分，但卻不曾說明四家卻須分三派——即屈、荀分家而陸、賈相合的道理，給後世造成一個極大的困擾，這是章實齋針對《漢志》提出的質疑。

章實齋痛惜班固當日不曾借用小序來說明自己所以作如此分類的義例，卻相信這三類賦「名類相同而區種有別，當日必有其義例」，並作猜測，說「然則三種之賦，亦如諸子之各別為家，而當時不能概歸一例者耳」——所謂諸子，其實是指作品風貌清楚、作品內容統一的著作。

章實齋既以詩賦比諸子，在〈詩教〉下篇說：

> 後世專門子術之書絕，而文集繁，雖有純駁高下之不同，其究不過自抒其情志。

說明集部與諸子淵源深厚、面目近同，因為二者同以抒發己見、表達自家感情為作品精神所在。立刻接著說：

> 戰國之文，先王禮樂之變也……明於戰國升降之體式，而後禮樂之分可以明，六易之教可以別，七略九流諸子百家之言可以導源而溯流，兩漢六朝唐宋元明之文可以畦分而勝別，官曲術業、聲詩辭說、口耳竹帛之變遷，可坐而定矣。

以為如果能牢牢抓住「自抒情志」這個特質去做文學家派的劃分，一切區隔將如提領以振衣般地清晰明白，所以章實齋主張詩賦的分家當如諸子之分流。

順此理路說下去，章實齋甚至相信：作品的精神呈現在作家的真性情中。只要性情相近、精神相同，都當劃作同一流派；即使傳統已作畫分的家派，也可以重作歸納——如他在〈詩教〉篇裡說：

> 後世雜藝百家，頌拾名數，率用五言七字，演為歌訣，咸以取便記誦，皆無當於詩人之義也；而文旨存乎詠嘆，取義近於比興，多或滔滔萬言，少或聊聊片語，不必諧韻和聲，而識者雅賞其為風騷遺韻也。故善論文者，貴求作者之意旨，而不可拘於形貌也。

將自抒情志作為統一詩與賦甚或是散文的橋樑，認為凡是具有情志的作品都是詩之流亞，借此跨越過文體的鴻溝，以各種文類盡皆劃入詩經的範疇。

章實齋在〈詩教〉下篇說：「情志蕩而處士以橫議，故百家馳說，皆為聲詩之變也」，正面地說，只要是具有真性情，是發抒情志的作品，不必管它是不是具有詩歌的格式，如押韻、對仗與平仄，都可以算是詩歌類。那相反的，如果不曾具有情志在內，那一切形式都不具意義。

因為重形式而輕內容，所以他還認為作品的內容是貫串古今的要素，只要能能掌握內容，形式如何轉化，其實都無傷大雅。章實齋在〈駁孫和碑解〉篇中說：「凡為文詞，必則古昔，得其意而已矣」，在〈詩教〉下篇中宣稱：「善論文者，貴求作者之意旨，而不可拘於形貌也」，並且怪罪後世，以為因為編者無識，不識古人流別，所以造成這種拘貌論文的錯誤，便都是類似的想法。〔註31〕

這代表章實齋認定：凡是作品精神、內容不同的，都該劃分為另一個家派。歷代謂各時代作家家派作劃分的，也是不少，可是章實齋則是少數能將劃分原理說得如此清楚的一個。〔註32〕

章實齋論作品必以宗旨為重，認為一切文采只是裝飾，這種理論的背後理念是作品以經世為目的，其結果是評論作品時往往以內容作形式的判別或分類，這造成了他對小說與文學理論的地位無法正視的缺憾。他在〈詩話〉篇中說：

> 《詩品》《文心》，專門著述，自非學富才優，為之不易，故降而為詩話；沿流忘源，為詩話者不復知著作之初意矣。猶之訓詁與子史專家，為之不易，故降而為說部，沿流忘源，為說部者不復知專家之初意也。

推尊《詩品》、《文心》，使與訓詁與子史專家的地位其齊平，這是種類比式的說法。意在此而言若彼，有所輕重，事所難免；但因為推尊太過，甚或因為抨擊袁枚，所以刻意壓低詩話的價值，相對地壓抑了說部的地位，便無法給文學理論與小說相當的地位了，這是章實齋的無意之失。

因為尊古，所以不免輕今，章實齋於文學發展，也因此而持著一種退化觀。他在〈文集〉篇中感嘆學術隨著世人的短視近利而益發鬆散，說：「著作衰而有文集，典故窮而有類書，學者貪於簡閱之易而不知實學之衰，扭於易

〔註31〕 〈詩教〉下篇說：「論文拘形貌之弊，至後世文集而極矣。蓋編次者之無識，亦緣不知古人之流別、作者之意旨，不得不拘貌而論文也。」

〔註32〕 編纂典籍是實齋故技。早在《校讎通義》的時代，他就提出了互注與別裁的理念，彰顯了他以內容為優先的思考取向。在互注與別裁裡，實齋打散了成書的編輯方式，但他不曾說明這種局限於原書格局以部目的目錄方法有什麼不好。一直到現在他才明說：文學不同哲學，不是文學的作品混入文集；入集之後的作品當依思想內涵分部，不可一依文體作區分。揚棄形式，專重內容。實齋本來就是以文旨為作品的生命所在；而實齋對文學本質的掌握，對文學理念的清晰掌握，讓他在編輯、在目錄學上，也能採取更嚴格的斷限。

成之名而不知大道之散」，又說：「治學分而諸子出，公私之交也；言行殊而文集興，誠偽之判也；聲屢變則屢卑，文愈繁則愈亂」，認為隨著制度的崩毀，純樸之蕩佚，讓文學形式愈顯複雜，也愈顯卑劣，便是一種退化的理論。這對任何的文學改革，都不是很公允的說法。

（三）韓愈對實齋的影響──蛻化自韓文的文學理論

由於持著一個史學經世的大旗子在手上，所以章實齋對韓愈，盡管也相當嘆服，承認他能「文起八代之衰」，他對韓愈的研究卻是不遺餘力，曾做過多本韓愈集子的序文，〔註33〕也不知不覺地受到韓愈的影響。

例如章實齋說作家須重文德，須具清真之氣，這便蛻化自韓愈〈答李翊書〉「根之茂者其實遂，膏之沃者其光曄；仁義之人，其言藹如也」，或〈答尉遲生書〉「所謂文者，必有諸其中，是故君子慎其實」這種先內修而後外發為文的文學主張。

又如章實齋說作品的重點是作品的內涵，是作者的理性與情志；這種主張，落實到學文方法，便和韓愈〈答劉正夫書〉「師其意不師其辭」的主張相通，因為兩人同具重視內容過於形式的主張。

又如章實齋重視文學的內與形式，但以內容為先，這種觀點也和韓愈〈答李秀才書〉「所志於古者，不惟其辭之好，好其道焉耳」的作法近似。

又如章實齋說學者除了內在品德的講求以外，更須廣讀群書，讓自己的作品具有更豐厚的理性內涵，這便與〈答李翊書〉「行之乎仁義之途，游之乎詩書之源」之內外兼修，有雷同的面貌。

至如章實齋說作品的精神由作者的情志與理性展露，並說學者當多養氣，使文氣更見旺盛，這種觀點，和〈答李翊書〉「氣，水也；言，浮物也；水大而物之大小畢浮。氣之與言猶是也，氣盛則言之長短與聲之高下者皆宜」，或〈送孟東野序〉這種以氣行文，而且足乎內則暢乎外，或「不平則鳴」的說法也有相當深的淵源。

又如章實齋經世之旨，說作品須能於世有益，這種主張和韓愈〈答李翊書〉強調君子「處世有道，行己有方，用則施諸人，捨則傳諸其徒，垂諸文而為後世法」，也極神似。

〔註33〕校讎通義中有〈朱崇沐校勘韓文考異書後〉、〈東雅堂校勘韓文書後〉、〈葛板韓文書後〉、〈朱子韓文原本考異書後〉、〈韓詩編年箋注書後〉、〈韓文五百家注書後〉等文。

當然章實齋不可能對韓愈的主張照單全收，如韓愈〈答李翊書〉強調讀書須取法高古，於是「非三代兩漢之書不敢觀」，又在〈答劉正夫書〉中強調學文「宜師古聖賢人」這種行徑作一修正。天下無處不是史料，，無物不可入文，只要能是有經世意的作品，都可以是學習的對象，都該兼容並蓄，交相參考。

章實齋浸潤韓文深邃，所以文論內容近同處極多。然則章實齋自己長歎自己為學常在寂寞之途，不得時人的理解，此時此刻，不知韓愈在〈答李翊書〉對當時評價「笑之則以為譽，譽之則以為憂」，〈與馮宿論文書〉之說寫作者不必懷疑眼前自身名望之小大「，然以俟知者知耳」，甚至是「不祈人之知」，或〈答劉正夫書〉期許對方「能自樹立，不因循」，這種種說詞，是否也是章實齋寂寥時的一種慰藉？

第三節　結語——實齋的文論是史論的翻版

章實齋的文論是史論的翻版。史論說史德，文論就說文德；史論說史學史，文論就說文學史；史論說經世，文論就說實用；史論說種種著史條例與筆法，文論也說各種創作論。這是第一個證明。更以創作目的來說，在章實齋的想法裡，文論之所以值得進行，本來就是為了成就志書、史傳的寫作而已。這是第二個證明。他又常論到文史之間的牽連與分異的說詞，例如他由官學私學之斷限，說戰國始有私人著述，作文學斷代的評議；又如他就鋪張的文風而強調諸子出自六藝，尤以詩教為要，以說文學淵源；此外他又以形式與內容說諸子出於《禮》，文集出於《詩》，以說明文體發展的歷史；又由命意架構論入，說文學發展完成於戰國，以論文體論。這是第三個證明。所以說，章實齋根本就是「借史學的架構、通過經世的需求」，來成就文論的。

在文學理論的範疇裡，形式與內容的孰輕孰重，是章實齋常常思考的問題，因為文以載道的傳統論點，以及文學所以成就史著的思路，或許還因為清代桐城學者總將文章義法喊得震天價響，為了與相頡頏，所以讓章實齋不知不覺地本著他的經世精神，推出「文章純為世間服務」這一觀點，並讓他斷然提出：「文章的內容重於形式」這個結論。

章實齋認為，作家如果沒有掌握住創作所以濟世的根本方向，則濟世之器可能翻成為害人之具。他在〈評沈梅村古文〉中說：「文士懷才，譬若勇夫握利

兵焉。弓矯矢直，洞堅貫札，洵可謂利器矣——或用之以爲盜，或用之以禦盜，未可知也，此則又存乎心術矣」，諄諄告誡，耳提面命的，正是要人注意文學的濟世功能，以爲能掌握住這個重點，才算掌握住創作的正確方向。因爲重視經世，所以儘管章實齋常常論說文學技巧的重要性，但他總會優先考量內容的必要性，而形式所以成就內容，這是章實齋最明顯的文論觀點。

如何加強內容的深度與厚度，章實齋以爲須靠勤讀書、接近良師益友，刺激自己建立更深厚的學識、培養更健全的人生修養。如他在〈文理〉篇中便就修養與文法之講求兩條，提出細密的闡述，說：「古人論文多言讀書養氣之功，博古通經之要，親師近友之益，取材求助之方，則其道矣」，以爲學者必須具有豐厚的內在修養，廣博的知識背景，加以師友的浸潤，並細緻的講求文法等四個途徑。

因爲重視修養，所以章實齋要學者注意養氣。他在〈與陳鑑亭書〉中說：「學文之要，在乎養氣；養氣之功，不外集義。中有所主而不能暢然於手於心，則博稽廣覽，多識前言往行，使義理充積於中，然後發而爲文，浩乎其沛然矣」，認爲多看多學，是把作品寫好的必要條件。這種看法有蘇轍〈上樞密韓太尉書〉的影子，也是曹丕文氣說的再拓展。他是內外兼修，共論文德與至公之心，並不單只講求清眞、商討義例而已的。這些重點雖然不足以形成一章一節來敘述，卻是章實齋相當明確的觀點，所以附記於此。

總之，章實齋是借史學的架構，通過經世的要求，然後才提出種種有關文學本質、形式內容，以及創作與批評的論述的。在他的觀念裡，必須能夠掌握「形式爲內容而服務」的前提，修辭才開始有其必要性，開始產生意義。而章實齋也於是才開始建構他的修辭學，論起文章義法。

他的修辭理論是以經世致用爲前提的，他是經世之實用義作爲文學形式是否必要的總基準的。在文學層面雖然不見得有多少超越古人的理論，但他以文史合流的論述方式，卻讓文學理論多了一些實用的功能與歷史的精神。

第六章　辨章流別的校讎論

　　所謂「校讎」，一般都只作校勘解。將校讎兩字作同義複詞用，著重於文字內容的比勘與正誤的層面，認定校讎只是「兩本重校」的意思──這是自校讎學的開山祖劉向以來便有的認定，〔註1〕也是清朝乾嘉學界的共同認定。所以一般乾嘉學者多將校讎與校勘劃上等號詞，認定校讎只是聚合眾本，以相覈校、以定訛誤、以別同異的學問。儘管他們在進行考據工作的同時，對於其他學門如輯佚、辨偽、版本、目錄等也會雜然並用，但終採分析的說法，把辨偽等類似學科，通通與校勘區隔開，視為與校勘等同的他種學門，決不壓抑它們作校勘一學的附庸。

　　可是章實齋另有堅持──他總將目錄、版本、校勘、收藏等學，並皆納入校讎的範圍，對「校讎」一詞始終採取廣義的解釋，綜融的講法，刻意拓展校仇的範圍到極限〔註2〕──在《校讎通義》卷一裡，章實齋將校讎分列為：〈原道〉、〈宗劉〉、〈互著〉、〈別裁〉、〈辨嫌名〉、〈補鄭〉、〈校讎條理〉、〈著錄殘逸〉、〈藏書〉等九個主題。顧名而思義，可以窺見章實齋所定義的校讎，究竟包蘊有多大的範圍？

〔註1〕　劉向〈別錄〉「校讎，一人讀書，校其上下，得謬誤為校。一人持本，一人讀書，若冤家相對為讎。」，以為：校讎也者，只是二人各執異本，以相覈校，直如仇家相對，所以名之。

〔註2〕　實齋決不讓校勘等同於他的「校讎」，他在〈信摭〉裡說：「校讎之學自劉氏父子淵源流別，最為推見古人大體；而校訂字句，則其小焉者也」，便是顯例。而他以劉氏的辨分流別對辯一般學者節取劉氏「怨家相對」的說辭，展現獨創一說的雄心，也饒有趣味。

　　如若仔細考量《校讎通義》包含的內容，可以發現，《校讎通義》卷一前四目鎖定「部錄」為原則，已是目錄學的部分；〔註3〕後五目除了〈校讎條理〉真在說校勘之方以外，其餘四目，更與傳統所謂的校讎不甚相干——或是說索引製作〔註4〕、或是說辨偽、或是說輯逸〔註5〕、或是說收藏，〔註6〕多超越了校勘一學的範圍——也就是說，《校讎通義》卷一九目除了〈校讎條理〉詳述校讎原則以外，其範圍早已大大地跨越了校勘的範疇。〔註7〕

　　章實齋為什麼要建構校讎學？對校讎的範疇為什麼要放得這麼大？為什麼一定要他富有考鏡源流的功能，這都是本章第一節要作的解答。

　　考鏡源流是章實齋給校讎學規定的目的。可是要如何達致這個目的，仍有一些必要的步驟須完成，章實齋在其間提出成套相環相扣的精緻理論，饒具苦心，也極稱精彩，這是本章第二節所要交代的重點。

　　最後再以第三節作結，說明章實齋校讎學與經世論、治教說的相互關係。

〔註3〕　如〈宗劉〉以辨章學術、考鏡源流為主題，以推尊向《錄》、劉《略》為宗旨，認為向《錄》、劉《略》是最能呈現古代學術發展本真的目錄著作，以為向《錄》、劉《略》是目錄的典範，後人盡當加以規仿。〈原道〉更以官師合一說為〈宗劉〉尋遠源、立根據，認定因為古代有官師合一的真實狀況，所以劉《略》才會選定六部的分類方式以反映古代的學術狀況。至於〈互著〉與〈〈別裁〉則主張為了學術宗旨的統一，任何書都可加以裁出，或在目錄上加以標示，以方便讀者觸類旁申，掌握全豹：是靈活〈宗劉〉成法而有的權宜之計。四目一組，專論部錄的技巧，屬精義之所在。

〔註4〕　這是〈辨嫌名〉的主題。說詳下文「善用索引」一節。

〔註5〕　〈著錄殘佚〉說明藝文志的登錄有時難免有殘缺，不可盡信，更不可直接取作辨偽或考訂存佚的最高依據。〈補鄭〉則教人善用輯佚之方，以救古書不全之憾；並提醒讀者注意，古代卷帙變幻不定，不可竟以卷帙之多寡，來定書籍之全缺。是《文史通義》〈篇卷〉篇立說的源頭。

〔註6〕　〈藏書〉，說明典藏書籍的必要與方法。

〔註7〕　除了這個證據此外，實齋在〈史考釋例〉裡也曾明白地劃分校讎為考訂與著錄兩大學門，以為：「考訂與著錄，事雖相貫而用力不同。著錄貴明類例，出於書之兩目者也；考訂貴求端委，求於書之精要者也。」強調校讎決不只是校勘一事，甚至將明明是目錄學的大著作，直接定名作《校讎通義》——而實齋對校讎果真採取了廣義的解釋。其實仔細想來，實齋之所以採取廣義的解釋，也不是無法將辨偽、版本、輯佚、目錄……諸學作一辨分，指示因為部次群書，常會串聯許多工作，如：聚眾版、比良窳以利登錄，備眾本、辨真偽以利甄審，訂脫誤、刪複重以清書文，條篇目、錄書冊以便翻檢，撮旨意、究得失以標書旨，明家法、溯源流以利部類，所以才如是主張的。如劉向本人的《別錄》，正是如此處理。然則實齋如此界義校讎，或許更接近劉氏的原意。

第一節　立說背景——目錄學盛行與編纂藝文書的經驗

章實齋所以堅持採用廣義來說校讎，實與他的時代有關。

以理論背景說，除了纂寫方志免不了要具備校讎知識，以利藝文志的編纂、方便學者因書究學，有強烈的經世需求以外，最根本的理由是因為章實齋堅持官師合一制的實存。

所謂官師合一說，具見章實齋〈史釋〉篇，他說：「以吏為師，三代之舊法也；秦人之悖於古者，禁《詩》、《書》而僅以法律為師耳」，強調：「以吏為師」是古法，以為官師合一是古制，以為向官員學習才是學術的產生原因和合法合理的惟一途徑。

章實齋說：

> 三代盛時，天下之學，無不以吏為師，《周官》三百六十，天人之學備矣；其守官舉職而不墜天工者，皆天下之師資也。東周以還，君師政教不合於一，於是人之學術，不盡出於官司之典守；秦人以吏為師，始復古制，而人乃扭於所習，轉以秦人為非耳。秦之悖於古者多矣，猶有合於古者，「以吏為師」也。（引同上）

強調古學發展有三階段，以為第一階段在東周以前，其時官師合一；第二階段是東周時期，其時諸子蜂出；第三階段為秦朝，其時稍復古制。〔註8〕而後便依據這種制度，提出：後世所以須為著錄部次，全因制度隨著時代的轉變，進入官師兩分的時期，而官府章程、師儒習業一分為二，因使書籍散在天下，無所統宗的講法；對遠古美好時光的消逝發出傷感，追想「官守學業皆出於一」、「私門無著述文字」的時代，羨慕「官守之分職，即群書之部次，不復別有著錄之法」的單純。且因之認定：即或今日官學已分，部錄群書，亦當使部類合乎官守之分職然後可。

〔註8〕　這段敘述和〈宗劉〉篇所說的很接近。他稱讚劉《略》，說劉《略》：
　　　　其敘六藝而後，次及諸子百家，必云某家者流，蓋出古者某官之掌，其流而為某氏之學，失而為某氏之弊。其云某官之掌，即法具於官，官守其書之義也；其云流而為某家之學，即官司失職，而師弟傳業之義也；其云失而為某氏之弊，即孟子所謂生心發政，作政害事。辨而別之，蓋欲庶幾於知言之學者也。
　　　　也將古代學術流變化分為實齋以官師合一、官失權而師說起，以及邪說蜂起三階段。前後兩說的差別只在第三階段。可是第三階段的差別也只就能否重用古制而已，其實仍是一體之兩面。沒有什麼不同。

　　這種堅持，不是一種執拗，或單只想替自己的目錄學設定一個社會學的立說基礎而已，在背後有強烈的愛慕古道的歷史情懷在裡面。〔註9〕而也正因為這種堅持，所以章實齋一定要以目錄入校讎。而實齋所以如此堅持，若論時代背景，則有下列幾個可能。

　　章實齋他生長在一個考據學盛行的時代。考據學的盛行，帶動了目錄學的盛行，讓章實齋沈浸在目錄學的氛圍之中，激發他時時作這方面的思考，這是章實齋寫作《校讎通義》的第一個原因。〔註10〕

　　章實齋十九歲的時候，他的父親穉衢先生身任天門縣令，進行編纂《天門縣志》，章實齋在旁讚襄。方志之編纂除了編列人事資料與典章制度以外，一定會有地方人士之著作的編纂，那便是類似〈藝文志〉而章實齋稱作〈文徵〉的編纂工作。因為編纂藝文志（或稱文徵）的緣故，逼他著實的研究了藝文志的體例，〔註11〕建立了以《七略》為基礎的目錄體系，〔註12〕這是促

〔註9〕　實齋以部錄入校勘的主張，以及堅持古代官師合一的政制，且因為相信官師合一，所以論起校讎學的發展，必以官師的合分為轉關，以《七略》而四部為歷程，而以官師合一說見精神，所述或許未必合乎歷史的真實，卻帶有他的理想。因為獨尊部錄，才能夠凸顯劉《略》的學術價值；強調了劉歆分部的方法更勝四部分類法，才能夠反見官師合一在古代存在的真實；而能重建官師合一的圖像，自能夠顯現學以應世的實用精神。
　　　　誠然，古時官師是否合一猶可議，且古部錄之法是否真是即官守即部錄亦可疑（姚名達《中國目錄學史》〈溯源〉篇已經證明：目錄在夏商時期已經有所濫觴，所以實齋即官守即部錄的說法不甚可信），而勾連官守與部錄，且即用古以導今之態度也有幾分書呆氣，可是實齋既已如此堅信，於是主張：部次群書須依古代官守之分職為藍本，也就順理成章地成為實齋《校讎通義‧原道》一篇的主旨了。何況《七略》本身的分類方法頗能交代各個學門的歷史淵源，利便後人因流探學；部類有序，最便世人依類求書、因書究學，和實齋好史尚用的心態緊緊相切呢？
〔註10〕　因為進行考據需要豐富的資料，豐富的資料有賴於眾多的版本，眾多的版本又須條理的目錄編置。所以考據風氣一盛，便會促成目錄學的興起。
〔註11〕　實齋一切有關目錄學的知識一定是先由《漢書‧藝文志》入手的，因為〈漢志〉是現存史書目錄之祖。質諸《校讎通義》裡有極大篇幅（幾占三分之二）在討論〈漢志〉本身，以及後代學者討論〈漢志〉的得失問題，可以證明實齋對研究〈漢志〉一定相當用功。
〔註12〕　〈漢志〉是濃縮《七略》而成的作品，實齋既然長久浸淫在〈漢志〉的研究之中，又認可〈漢志〉的種種體例，甚至藉著〈漢志〉的內容建立自己的目錄條例，如互著、別裁等等，當然也會認可《七略》的主張，甚至藉著《七略》，強調官師合一的制度，以為目錄學必需以呈現學術源流為主要功能了。

成章實齋寫作《校讎通義》的第二個原因。〔註13〕

　　後來《四庫全書》開館，除了章實齋自己消極的功名動機以外，〔註14〕四庫館以經史子集分類的思考方式，跟章實齋一向堅持的《七略》體系完全不同，也將激發他在目錄學方面嘗試做更深入的思考，〔註15〕這是促成章實

〔註13〕豐富的部書經驗造就了實齋清楚的校讎理念。實齋的校讎經驗，早在二十七歲裏贊其父纂修《天門縣志》時已啓其端，四十二歲爲《校讎通義》時發展成完整的學說體系，五十歲立意纂《史籍考》時臻於成熟。

他在上天門令〈修志十議〉第四條「議徵文」時說：

人物之次，藝文爲要。近世志藝文者，類輯詩文記序，其體直如《文選》，而一邑著述目錄，作者源派始末，俱無稽考，非志體也。今擬更定凡例，一傲班《志》、劉《略》，標分部彙，刪蕪擷秀，跋其端委，自勒一考，可爲他日館閣校讎取材，斯則有裨文獻耳。

這段文字除了屬於方志學範疇——選文須具實用（志藝文者，類輯詩文記序，其體直如《文選》）、以備國史取擇（可爲他日館閣校讎取材，斯則有裨文獻耳）的說法以外，已經有強調目錄不可但立書目，卻沒附註敍錄，（一邑著述目錄，作者源派始末，俱無稽考，非志體也）而部書須依劉氏成法（一傲班《志》、劉《略》）的主張。「一傲班《志》、劉《略》」，雖然未曾明確地說出班《志》、劉《略》的具體優點，卻可以看出實齋信服劉氏之誠與用功斯道之早，是《校讎通義》〈原道〉、〈宗劉〉一說，早在此期已經紮根。

此後實齋齋時常應聘修志：三十六歲作《和州志》，四十一歲纂《永清志》，修志不斷，部書經驗益加豐富，所以有關校讎理論的作品也益形增多。

例如〈和州志藝文書例議〉已儼然堪作《校讎通義》之前身，已具實齋《校讎通義》之雛形。試看《和州志》〈藝文書例議〉幾乎是實齋《校讎通義》的雛形，便可略知實齋的校讎理論與志書理論淵源之深。

凡此作於《校讎通義》前的作品固然可以視作《校讎通義》的前身，作於《校讎通義》之後的，依舊可以當作《校讎通義》的發展。等到纂修《史籍考》時，提出種種部書觀念，實齋的校讎理論便算完成了。

〔註14〕四庫館中著名學者頗多，實齋的恩師朱筠和桐城派大師姚鼐負責校辦、修纂各省送到中央的遺書，戴震以及好友邵晉涵同時榮任校勘永樂大典纂修官。身邊的友人榮登要職，一定讓他相當羨慕，甚至忌妒。他對當代學者常常表示輕蔑，或許是這種忌妒心態的變形；而實齋大力創作目錄學的理論，也可能是想要引起當局注目，贏得青睞這種想法的轉化。是看實齋屢屢向邵二雲表白自己對功名的想望，便可以了解實齋的深心。

〔註15〕四庫指經史子集四部。四部的分法由西晉荀勗《新簿》首創，當時純粹因應史部著作大增，所以創爲甲乙丙丁，等到唐玄宗時，才確立爲四部經史子集的名目。四部的分法和《七略》的分法有極大的差異，因爲《七略》分作六部，四庫的經與集部雖與經籍詩賦兩部相當，但《七略》沒有史部，而且子部分爲諸子、數術、方技三部，詳略與分合和四庫的分法有極大的差異。這種差殊，不管會不會讓實齋一面慨歎自己的所習和功令相左，一面懷疑自己的堅持是不是有錯誤，但帶給實齋的刺激一定相當大。實齋自己對部類群書的分法，在二十七歲寫〈修志十議〉、三十六歲寫《和州志》時都堅持部書當

齋寫作《校讎通義》的另一個原因。

朱彝尊編《經義考》，給歷代經學做了一個總整理，而且目下系存書序，方便學者就第一手資料掌握書旨，呈現目錄學的另一個面貌，必也激盪了章實齋做《史籍考》的靈感。〔註16〕此外，章實齋自己讀書、與人論學、為人做序，種種因緣，都讓章實齋在目錄學上做了更多的研討，〔註17〕共同形成了他在目錄學上的成就。

第二節　學說內容

章實齋對自己的目錄學說相當自豪，曾說自己「於編書義例及著錄考訂之處」有獨特的見解，頗能辨析其中原委。〔註18〕細細考量章實齋《校讎通

用《七略》的方式，但到四十二歲寫《校讎通義》時便改口說：「七略之流於四部，如篆隸之流為行楷，皆勢之不容己者也」。實齋說法有改變，不確知是受到多少外在環境的衝擊，但他之說法有所改易，便知他在這個範疇上，時常在作思考，並且不忌諱放寬自己的堅持，以向真理靠攏。

〔註16〕朱氏編《經義考》採用的格式是在按經典種類分類後，便搜集所有這個部類的著作編系其下，務求齊全，但會分類標明是實存或是逸散。這種求全的作法和實齋為了求書類的全備，不惜裁篇別出，另加互著標明的脾性很像，所以實齋極為欣賞。除此以外，《經義考》在書名以下又會系存原書一些重要的序文，這種作法和實齋要求書目要有大序、小序的說法也很像（而且是第一手資料，比起目錄學者所寫的大小序更具參考價值），所以實齋更是表示激賞，在〈史考釋例〉裡說朱能「博綜貫串」，成為「專門考求」的典範，。進且規彷它的形式，另外規劃了《史籍考》的寫作，希望能和朱氏分庭亢禮，在史學上提出和朱氏一般的成就。

〔註17〕實齋自己讀書寫下有關目錄學的著作，散見於《校讎通義》內外篇。如內篇二、三論〈漢志〉，外篇讀唐代文集如元結、劉蛻以及多篇有關韓愈集的札記、序跋文便屬之。《校讎通義》外篇如〈吳澄野太史歷代詩鈔商語〉、〈與邵二雲書〉屬論學類，其他如〈代擬續通典禮典目錄序〉、〈陳東浦方伯詩序〉等則屬代序類。除此之外，實齋更曾就目錄學作專題的探討，所以實齋自己說：「鄙著《文史通義》有〈繁稱〉、〈匡謬〉、〈文集〉、〈文選〉、〈韓柳〉諸篇，專論編次文集、目錄之事」（〈與胡雒君簡〉），雖然其中有些作品已經散逸，但依現有的篇章來看，都可證見實齋思考之用心與功力之深厚。

〔註18〕實齋在〈吳澄野太史歷代詩鈔商語〉曾說：「鄙人於詩，無能為役，……惟於編書義例及著錄考訂之處，輒因管窺所及，用報下問殷懷，亦未敢遽以為然，聊備采擇可耳」。除此之外，也在〈天玉經解義序〉裡說：「君以手著楊氏天玉經解義問序於余，余以此道茫然，而間嘗從事校讎，略辨其中源委，請附君所解而還質於君」；在〈與嚴冬友侍讀〉裡說：「鄙人所業，文史校讎。文史之爭義例，校讎之辨源流……天性於此見優」；在〈與孫淵如觀察論學十規〉

義》以及系列相關作品，〔註19〕可以知道章實齋所言不虛。今依照部錄工作的進行，分考訂、部錄、檢索、收藏四步驟說明章實齋的校讎理論。

一、考訂功夫

（一）精密校勘

章實齋一向認定：考訂與著錄，事本一貫，〔註20〕因在提出目錄學的同時，也提出「考異宜精」、「刻板宜詳」、「採摭宜廣」的主張。〔註21〕因爲重視目錄學，所以章實齋對基本的校勘工作也相當注意，曾在〈校讎條理〉中提出校書須備眾本、校讎須講方法、校文宜存其舊、校者宜立專官或專家四個意見。他說：

一、「校書宜廣儲副本……夫博求諸本，乃得讎正一書，則副本固將廣儲，以待質也」，主張廣泛搜集不同的版本以資比較——「博求諸本，乃得讎正一書」一節，是這基本校讎原則的明確宣言。與章實齋部書要求「廣搜古逸」的想法相呼應，〔註22〕也是章實齋〈藏書〉篇一再暗示潛在圖書資料極其豐

裡講：「文史校讎二事，鄙人頗涉藩籬」；在〈上辛楣宮詹書〉裡說：「學誠從事於文史校讎，蓋將有所發明」；在〈家書二〉中說：「至於史學義例，校讎心法，則皆前人所未言及」；並同時自得於一己在校讎學上的成就。

〔註19〕除了《校讎通義》以外，與校讎關係最密切的是各方志的〈藝文書例義〉。儘管志書的〈藝文書例議〉大多散佚，可是《文史通義》一書中泛論校讎之篇章仍然觸目皆是。例如：〈繁稱〉與〈匡謬〉兩篇分說名號之統一與篇題之擬定，〈文集〉與〈篇卷〉二文分述四部之演化過程與書號、篇卷之變革經過，〈史釋〉篇替「官師合一論」找根源，並是實齋跨越自家藩籬，特論校讎之學的篇章。

〔註20〕〈史考釋例〉說：「考訂與著錄，事雖相貫而用力不同。著錄貴明類例，求於書之面目者也；考訂貴詳端尾，求於書之精要者也」，但「同一治經，而各爲目錄，即各有家法，非考訂不爲功也」，所以實齋要目錄學家也注意校讎的工作。

〔註21〕說法並見〈論修史籍考要略〉，在文中，實齋提出修纂史籍考須注意十五個原則，而校讎方法便居其三，比重不可說小。《文史通義》中的〈繁稱〉、〈匡謬〉、〈文集〉、〈文選〉、〈韓柳〉諸篇，雖然都在論是文集目錄，其實也都有關校讎的技巧。實齋的校讎跟目錄果是深深糾混在一起的。

〔註22〕在《校讎通義》之外，實齋也有很多有關版本的理論，例如〈補鄭〉曾斥責鄭氏妄以篇卷多寡論書籍全佚的說法，〈看錄殘逸〉更爲申說此意，說：「凡著錄之書，有當時遺漏失載者，有著錄殘逸不全者。（如）《漢書·藝文志》……《舊唐書·經籍志》集部……校讎家所當歷稽載籍補於藝文之略者也。」指明即使最爲信史的史志也有疏失——或經久傳而脫逸，或初寫定已有誤——以爲史志所述卷帙數目已不可盡信，何況製作態度謹嚴遠遜之他家目錄？

富的根本理由。

二、「古者校讎書，終身守官，父子傳業，故能討論精詳，有功墳典，而其校讎之法，則心領神會，無可傳也。近代校書，不立專官，眾手為之，限以程課，畫以部次，蓋亦勢之不得已也。校書者既非專門之官，又非一人之力，則校讎法不可不立也」，強調目錄和治史一樣，有專門心法，最好有家學，講方法。尤其在工作龐大，眾手合作（如四庫全書館的組織）時，於工作進度、負責範疇等種種層面，最好能夠訂定更精嚴的凡例或法則，才能保證工作的品質。

三、「古人校讎，於書有訛誤，更定其文者，必注原文於其下；其兩說可通者，亦兩存其說；刪去篇次者，亦必存其闕目；所以備後人之采擇，而未敢自以謂必是也」，主張任何資料的更定，即使新說法超越舊說法，在換上新說法的同時，一定要以自注、並列、存目等種種方式，保留舊有的說法在新說底下，給後人實地作比較。章實齋這種想法是學術上的謙遜，因為他不自以為是；也是一種心地上的寬厚，因為他不掩舊善。這種想法既源自嚴謹的校讎學風，也和他的方志學說「舊志宜存」這一主張，有相當深的淵源。

四、「校書之人，則不可與諸子同業也。必取專門名家……否則文學之士但求之於文字語言，而術業之誤或且因而受其累矣」，認為目錄工作面對的多種內容迥異的學門，而人非通才，即使天分再高，也難以掌握全部的知識。在知識有所限制的狀況底下，貿然去作分布分類的劃分工作，一定會有分部錯誤的危險；而部類錯誤，想要學術源流有清楚的呈現，那更是緣木求魚的幻想。為了分部正確、源流清楚的目錄要求，章實齋主張部錄時應該聘請專家，並以為如果該主事的專家知識不夠淵博，不妨另外聘請學有專長的專家學者通力合作。〈補校漢藝文志 10－4〉說：「任李二家，部次先後，體用分明，能使不知其學者，觀其部錄，亦可瞭然而窺其統要，此專官守書之明效也」，要求專官守書，表現了章實齋對這門學科的重視。

（二）釐別名實

除了以上所述的校勘原則，在部目上有種更單純，但如果不小心，卻會讓部錄工作前功盡棄的狀況，那就是編次錯謬。

有關編次錯謬，章實齋以為可以分作兩種形態：一則一書兩入，一則一書兩名。所謂「一書而兩入」，是指：內容完全相同的一本書，因為書籍數量種類太多，部書者一時粗心，忘記了這本書早已被編排入目，竟然將他重新

編配，劃入全新的另一類。至於「一書而兩名」則錯謬更甚，指的是：同一內容的書籍，卻以該書具有兩種（或以上）的書名，而部書者未經詳覽的手續，便直接想當然耳地以二本書（或以上）的方式，將這原本是同一本書的作品部入兩個以上的類屬。〈辨嫌名〉說：

> 部次有當重複者，有不當重複者。漢志以後，既無互著之例，則著錄之重複，大都不關義類，全是編次之錯謬爾。篇次錯謬之弊有二：一則門類疑似，一書兩入也；一則一書兩名，誤認二家也。

說的就是這兩種情況。〔註23〕

　　為了避免「門類疑似，一書而兩入」，章實齋在〈辨嫌名〉中提出：「但須先作長編，取著書之人與書之標名，按韻編之，詳著一書源委於其韻下；至分部別類之時，但須按韻稽之；雖百人共事，千卷雷同，可使疑似之書一無犯複矣」的說辭，建議編目者在部書前可以事先建立書目對照表。表格先以韻分類，然後將編目者過眼的書籍，就書名與作者名的基本資料一一列入。

　　由於書籍是一一登入，所以書籍一定沒有遺漏；由於是按韻編入，所以書籍只要有相同的名字，隨時可已查覺，所以不會有重複登錄的毛病出現。即使編目工作是多人合作的狀態，也可以讓編目的工作條理井然，部類的眾人，相互之間默契十足。章實齋在〈論修史籍考要略〉中說：「古人之書，或一書歧名，或一書同名者多矣，皆於標題之下，註明同異名目，以便稽檢。仍取諸書名目，仿珮文韻府之例，依韻先編檔簿，以俊檢覈，庶幾編次之時，乃無疑漏複疊之患。」正是〈辨嫌名〉一說的具體運用。

　　〈辨嫌名〉這段文字已經初步說明要解決一書兩名而誤作兩家」的錯誤一定要去翻查書本內容。就似補足這種說法一般，章實齋在《文史通義》的〈繁稱〉篇中也曾提出接觸直接資料的建議。他說書籍的名義，有「本質而名文，本文而名質，書全而名偏，書偏而名全」的幾種狀況，以為讀者或目錄學者如果不經仔細研讀，所謂見名不見書，也容易產生誤判，要人踏實地翻讀原典，功夫便更進一層了。

〔註23〕《文史通義》的〈繁稱〉篇也在說辨嫌名。只不過他不是就全書說，只就文章內容談而已——他說：《左傳》之稱名，《史記》之列傳、五代之諧隱、唐之郡望、宋之字號，都是容易引起混淆的地方——所論範疇比較小。又〈焦竑誤校漢志12－3〉也有細查名實的要求，只不過他說〈奏議〉當入《尚書》而不該列入集部，主要的理由是這本〈奏議〉「其實與疏解講義之體相類」，這是一種名義容易相混的狀況，又屬於辨嫌名的另一種形態了。

除此之外，章實齋更在〈辨嫌名〉中提出建議，說：

> 至一書兩名誤認二家之弊，則當深究載籍，詳考史傳，並當歷究著
> 錄之家，求其所以同異兩稱之故而筆之於書，然後可以有功古人而
> 有光來學耳。

建議學者廣搜間接資料以作驗證，要學者留心古書裡（載籍）、史志中（史傳）
或目錄裡（著錄之家），一切有關這本書的任何資料，以免部類上的產生錯誤。
都展現了章實齋學術功夫踏實的一面。

試以〈漢志諸子 14－2〉所舉的例子來說吧，章實齋以為：《周政》、《周
法》這兩部書當入官禮，不當歸入儒家，這種判定，如若不是經過編目者就
內容作正確的研讀，這如何可能？難怪〈論修史籍考要略〉中談論修《史籍
考》的條例中一定要標出「嫌名宜辨」一條了。

二、部錄原則

（一）考鏡源流

章實齋對校讎的根本要求是要有目錄，對目錄的根本要求是要能辨分學
術流派；所謂「考鏡源流」，正是章實齋論述校讎學的精神所在。〔註24〕因為
他堅信官師合一的事實，對治教不分的政治理想懷有憧憬，所以主張學問不
該和行政分家。〔註 25〕以為在官師合一，群書部次即官守分職的古代可以即
官員之守職作為分部的基準；在私門著述蜂起，學術流別將亂的後世也可以
官員之守職作圖書分部的依據。

為了證明自己的堅持——目錄必需具有考鏡源流、辨彰學術的功能——
的正確，章實齋提出劉向、劉歆父子作論據，說他們是目錄學史上首先揭櫫
「考鏡源流，因書究學」一原則的代表人物，〔註26〕以為「劉《略》、班《志》

〔註24〕 辨分流派的目的是讓學者能清楚地掌握學術之流變，方便學術研究之進行。
讓目錄不僅是目錄，卻能兼具學術史的功能性，所以實齋在「考鏡源流」之
後，立刻接著說：「因書究學」。

〔註25〕 實齋讓他的校讎理論包含目錄學的範圍在裡面，不僅作考訂文字；讓他的目錄學
須能辨章學術源流，不僅做圖書分類或編目。考訂文字和辨章學術，明屬兩事，
二者不得混淆。若文字不得諟正，則無從知文意；若文意不明，則學術要旨不得
而知，源流不得而明；可見目錄之學與校訂文字各有其功，不能並論而褒貶甲乙。
章氏應知二者之別，而由持論若此，那是因為他堅信官師合一說使然。

〔註26〕 〈原道〉：「由劉氏之旨以博求古今之載籍，則部錄部次，辨章流別，將以折
衷六藝。宣明大道，不徒為甲乙紀數之需。」

乃千古著錄之淵源」（〈補校漢藝文志〉），是群書考訂之初祖。〔註27〕認定劉氏父子，是自古以來最能呈現官師合一說的現象，掌握學術必述淵源之史學精神的目錄學家；〔註28〕肯定劉《略》的辨析能力，以爲既以呈示學術流變，方便學者掌握學術流程，更可以反見古代學術淵源，糾正後代目錄學者圖書分類的錯誤，〔註29〕要所有的目錄家都向他們看齊。

　　劉向《別錄》今日全篇留存者固然不多，但由僅存之〈荀子〉、〈國策〉、〈晏子〉、〈管子〉、〈列子〉、〈韓非子〉、〈鄧析子〉、〈山海經〉諸作看來，也可確見劉向解題碰觸的範疇實在很廣闊，不僅在考存佚、說版本、定書名、辨眞僞而已；其中乃且或敘作者生平、或說思想淵源，並論其體系、議其是非、斷其價值，顯然已有因錄以見學術淵源以及流派的意思，並不自限其學於校勘文字之中——不知是不是劉向這種作法刺激了章實齋去思考新的校讎概念，也支持了章實齋勇敢地挺出，在清儒一律以「仇家相校」爲校讎的狹隘觀念之中，要時人添注辨析學術源流的觀念進入到校讎裡面，〔註30〕但章

〔註27〕　〈史考釋例〉說：「就劉氏父子之業而論，世人但知其〈經籍〉、〈藝文〉所祖而已，不知劉歆部次《七略》，爲漢隋諸志所祖，而世有其傳耳。至劉向所爲，條其篇目，攝其旨意，錄而奏上之言，劉歆部《七略》時所稱爲「別錄」者，乃考訂群書之鼻祖，而後世鮮有述焉者也。」

〔註28〕　〈宗劉〉：「深明乎古人官師合一之道，而有以知乎私門初無著述」是實齋稱許劉《略》最具體的言論。官師合一說，是實齋建構〈禮教篇〉所有理論的基礎；六藝皆先王之政典，也是實齋〈易教篇〉亟欲證明的理論；然則校讎與經術於實齋根本是糾葛在一塊的論題。我們不敢比附說實齋之所以提出官師合一說是爲了借校讎解決經學的問題，引免引來倒果爲因的譏諷；但至少我們可以說，當實齋在提出官師合一這類意見時，是和當代研究經學的風氣相推移；儘管當代專研考據，而實齋重在學術流變，而又不同的學術面貌與學術走向。但這不更證明實齋的學術精神一直與當代有所差異嗎？

〔註29〕　〈宗劉〉說《略》：「就四部之成法，而能討論流別，以使之恍然於古人官師合一之故……而《七略》之要旨，其亦可以有補於古人矣」，極力稱許劉《略》。而且依此做根據，提出許多辨別學術源流的說辭，如：一、類書不可混入子部，宜入故事或總集——說見〈宗劉〉2－5。二、史鈔、書鈔和類書也有區隔，不宜混同——說見〈宗劉〉2－6。三、評點之書也和文史評不同，不可混淆——說見〈宗劉〉2－7。都是顯例。

〔註30〕　實齋的〈宗劉〉篇。曾一再強調劉歆《七略》分別群書部類的方式具有卓識。所謂《七略》，是劉歆部錄群書後所作的目錄的名稱。所以稱「七略」，是因爲除了總述其他六略的〈輯略〉以外，劉歆將全部圖書分立了六藝、諸子、詩賦、兵書、數術、方技等六略的緣故。也就是說，七略，基本上是一種將全部書劃分爲六個部類的圖書分類法。
　　當然，這六個部類，如果再往上推，可以再濃縮，成爲經、子兩部類。因爲

六藝屬經部，諸子屬子部；而詩賦是經部詩經類的附庸，收納一切文學作品；兵書、數術、方技則跟子部同科，涵有一切與兵戰、方術等專科技能有關的著作。所以儘管劉歆劃分全部圖書作六大分支，重點仍然只在經子兩類，根本是一種以經統子，再以經、子分統其他四類的圖書分類法。

這種「經中心」的圖書分類方式，代表劉歆重視的是經學。這是漢代獨尊經術的自然反映。而這種以經爲編目中心的思考模式，和清初一切學問並以經學爲重心和出發點的治學方式完全吻合，這種類同，或許是實齋重視劉略的隱性原因。

此外，實齋相當欣賞劉歆的分類法，認爲他能尊重學術的獨立，說他懂得分科專人負責（說見下文類書有法一節）、說他體現了古代「官師合一」的文化圖像（說見下文作用上講求實用一節），以劉《略》說法最能識得古代官師合一之實，最能保存古代制度，最得古學精神，都可以看出實齋深受劉《略》影響的痕跡。

除了《七略》以外，實齋汲取營養的最大來源是鄭樵的《校讎略》。

因爲重視鄭氏，所以實齋在《校讎通義》裡的〈補鄭〉篇，稱美鄭氏，以爲是自向、歆父子以來，在校讎學界最爲巨擘，並在《校讎通義》稱揚：「後世部次甲乙、紀錄經史者代有其人，而求能推闡大義、條別學術異同，使人由委溯源，以想見於墳籍之初者，千百之中不十一焉。鄭樵生千載而後，慨然有會於向歆討論之旨，因取歷朝著錄，略其魚魯亥豕之細，而特以部次條別，疏通倫類，考其得失之故而爲之校讎，蓋自石渠天祿以還，學者所未嘗窺見也」，在世人輕詆鄭氏時，補作〈申鄭〉、〈答客問〉來發其覆，用〈釋通〉、〈橫通〉來闡申其微義。盛誇鄭《略》能「承通史家風而自爲經緯，成一家言」（〈申鄭〉），以爲有「獨斷之學」（〈答客問〉）。

因爲尊崇鄭氏，所以實齋有關校讎的理論也多取成乎其間，例如：鄭氏特重類例與層級的辨析，著有〈編次必謹類例論〉、〈編書不明分類論〉，以爲「學之不專者爲書之不明也，書之不明者爲類例之不分也。」因於部書時詳訂類、家、種三級以統系群書，想要借此層級的區來區別諸學的本末輕重，同時闡明各家的淵源與流派——而這正是實齋《校讎通義》中最重要的堅持——實齋部類時總是以層次分明、淵委清楚爲部類書籍的基本要求（說詳下文晰分層級一節）。他曾借「道器」的觀念來說明部書必需有倫類的事實。說：「形而上者謂之道，形而下者謂之器。」善法具舉，本末兼該，部次相從，有倫有脊，使求書者可以即器而明道，會偏而得全，則任宏之校兵書，李柱國之校方技，庶幾近之」，且在〈漢志詩賦第十五〉中確言層級之分，自古有之，以爲：「漢志分藝文爲六略，每略又各別爲數種，每種始敍列爲諸家，猶如《太玄》之經，方洲部家，大綱細目，互相維繫，法至善也。每略各有總敍，論辨流別，義至詳也」。這種「部書特重類例」的想法，便多得鄭氏的啓迪。

此外，實齋〈漢志諸子〉篇之主張：「書當求其名實，不以人名分部次」，未嘗不是鄭《略》「部書不可以書類人」一說之再強調。〈辨嫌名〉之要求避免一書而兩入，〈著錄殘逸〉之主張「當錄殘存之書」，顯然亦自有得於鄭樵「見名不見書」、「編次必記亡書」諸論的醒發。因爲鄭樵〈見名不見書〉一論，要人部書不可苟且，不可但見其名實未見書，或但看前半而未竟全書，就輕率地斷言全書的實際內容，以致一書而誤作兩書說；這種說法和實齋的〈辨

實齋說法確實因此與時賢大大不同，則是不爭的事實。〔註31〕

　　總之，劉向《別錄》已使章實齋論述校讎名義膽敢跨越時賢藩離，劉歆《七略》更讓章實齋肯定校讎範圍必需考鏡源流，對章實齋的校讎理論，有極大的影響力。因使章實齋提出「辨章學術」與「考鏡源流」作校讎學的第一要義。

　　章實齋要求目錄須能呈現學術源流，使他的目錄學像是學術史，帶有濃厚的史學意味，這是章實齋目錄學的第一個特質。

　　「史學傾向」這個特質，展現在章實齋的許多作品裡，《校讎通義》依舊如是——章實齋在《校讎通義》中開篇就獨尊《七略》，強調源流，〔註32〕稱許劉《略》最具大用，最便學者因錄求書，因書究學，〔註33〕正因史學特質

　　　嫌名〉論旨幾乎全同，又，鄭樵〈編次必部亡書〉一論，以爲「亡缺之書有所繫，故可本所繫而求」，說法也是實齋《校讎通義》「殘逸之書當錄」一主張所本。而〈校讎條理〉一文之屢屢稱美……「鄭樵「求書遣官、校讎久任」之說，直得校讎之要義」姑不論，即其所述，正亦實齋制定「志乘科房」之遠源也有蛛絲馬跡之可尋（請立志乘科房，說見實齋《方志略例》〈州縣請立志科議〉），以此更可見鄭《略》影響實齋學術的鉅大。
　　　然則實齋《校讎通義》才三卷，論〈鄭樵誤校漢志〉之文字竟能獨佔一章，便也不是無因而至的現象了。儘管他仍有〈補鄭〉篇在糾補鄭樵《校讎略》之誤失。（按：實齋對對鄭樵的《校讎略》，眞是相當推崇，曾尊美之，以爲是唯一能與向、歆父子《七略》、《別錄》相提並論的作品。但是前修未密，後出轉精，實齋生鄭氏數百年後，論及校讎之學時，自然又有許多進境。所以也能精確地指陳鄭《略》不能盡如人意處。於是或在〈辨嫌名〉六之一說鄭樵論事太輕易：「鄭樵論書有名亡實不亡，其見甚卓，然亦有發言太易者」。或在〈辨嫌名〉六之二說鄭樵論學養稍有不足：「若求之於古而不得，無可如何而求之今有之書，則又有采輯補綴之成法，不特如鄭樵所論已也」。或在〈辨嫌名〉六之三說鄭樵論書時有錯誤：「鄭樵論書有不足於前朝而足於後世者，以爲《唐志》所得舊書，盡《梁書》卷帙而多於隋……覓以卷帙之多寡定古書之全缺，則恐不可盡信也」。並屬言有所指，絕非無的放矢——是深能救正鄭氏之失，且大有益於輯佚學者的理論，只惜所論偏在輯佚，不能具見實齋巧技而已。）
〔註31〕雖然有許多現代學者不以實齋的做法爲是，認爲實齋淆亂名實。如姚明達《中國目錄學史》、田鳳台〈《校讎通義》商榷〉（《中華文化復興月刊》6卷10期）
〔註32〕在實齋的校讎理論裡，強調史學的意念觸目皆是。例如《校讎通義》總序以「辨章學術、考鏡源流」爲劉氏《錄》、《略》特色所在，並且將一干流俗的編目者引來做比較，說他們大不如劉氏，以爲只有劉氏，或其嫡系編目者，如班固、鄭樵等人，才能掌握到重視「條別學術異同，使人由委溯源」的特質。
〔註33〕實齋在序裡說：校讎之義，蓋自劉向父子。部次條別，將以辨章學術，考鏡源流。非深明於道術精微、群言得失之故者，不足以與此……後世部次甲已、記錄經史者，代有其人，而求能推闡大義，條別學術異同，使人由委溯源，

的發放。

因為歷史性格濃厚，所以章實齋論述史事一向重綜合而輕侷限，評鑑史體也是重通史而輕斷代。〔註 34〕而當「論史重視融通，論事強調綜合」的心態流注到部錄，自然時時以「透見學術源流」為主題，不僅在〈原道〉、〈宗劉〉、〈互著〉各篇同時要人以「辨章流別」進行部錄；〔註 35〕脫離理論，專事評論，〔註 36〕或自述其學時，也以能夠標明源流自期；〔註 37〕甚至在多年後寫作《和州志》時，在〈藝文書例議〉中依舊有類似的主張，〔註 38〕仍然堅持部錄必需能夠呈現學術源流。

其實，章實齋在校讎上重視呈現源流的主張不僅見於《校讎通義》、〈藝文書例議〉一些作品，更是《文史通義》中觸處皆是的想法，例如：

一、拿文集作一人之史，主張作家寫作時應該記存年月題注，以利後人考論。〔註 39〕

以想見於墳典之初者，千百之中，不十一焉。

〔註 34〕 例如他在〈史考釋例〉中初依時間之久暫，分別史體為通史、斷代與集史，再在〈書教〉下篇依照敘事格式之歧異，區分寫法為編年、紀傳與記事本末後，即以「通史最能範圍千古，牢寵百家，極古今之變」（〈釋通〉），「記事本末因事名篇，不為常格，文省於紀傳、事豁於編年」（〈書教下〉）為言，直取通史與記事本末為史著之常格，便是此一性格之展現。

〔註 35〕 〈原道〉說：「由劉氏之旨以博求古今之載籍，則著錄部次，辨章流別，將以折衷六藝，宣明六道，徒為甲乙紀數之需，亦已明矣」。〈宗劉〉說：「《七略》之古法終不可復，而四部之體質又不可改，則四部之中，附以辨章流別之義，以見文字之必有源委，亦治書之要法」。〈互著〉說：「古人最重家學，敘列一家之書，凡有涉此一家之學者，無不窮源至委，竟其流別，所謂著作之標準，群言之折衷也」。

〔註 36〕 如他在〈補校漢書藝文志第十〉評論〈漢志〉時，便說〈漢志〉最能標明學術源流：「漢志最重學術源流，似有得於太史〈敘傳〉及莊周〈天下篇〉，荀卿〈非十子〉之意。此敘述著錄所以有關於明道之要，而非後世僅計部目者之所及也。」

〔註 37〕 〈校讎通義敘〉說：「今為析衷諸家，究其源委，作《校讎通義》，總若干篇，勒成一家，應於學術淵源，有所釐別，知言君子，或有取於斯焉」。

〔註 38〕 〈和州志藝文書例議〉裡說：「自有著錄以來，學者視為記數簿籍，求能推究同文為治，而存六典識職之遺者，惟劉向、劉歆所為之書而已……學者苟能循流而溯源，雖曲藝小數，詖辭邪說，皆可返而通乎大道。而治其說者，亦得以自辨其力之至與不至焉。有其守之，莫或流也；有其趨之，莫或歧也。言語文章，胥歸識職，則師法可復，而古學可興，豈不盛哉？」強調《七略》、《別錄》是目錄學中，最能呈現學術流變之本真、官師合一之事實的著作，以為《七略》、《別錄》深能幫助學者掌握學術本源。

〔註 39〕 例如〈韓柳二先生年譜書後〉說：文集者，一人之史也；家史、國史與一代

二、因為以文集比作一人之史，所以章實齋強調作文人研究者必需傳志
　　互參，以求互得其詳；有近代文學研究不僅作文本研究，且參考作者
　　生平，以與作品相印證的考量在。〔註40〕

三、又因為以作品為歷史，所以他也以為學者可以從部錄之記存，考見
　　時代的風潮。〔註41〕

四、進一步地，章實齋也以為認為目錄和傳記應當合讀。以為傳記所以了
　　解作者生平，甚至交代學派傳承，而著作所以考見作者思想。〔註42〕

五、有時章實齋還要學者參觀其他書籍，如：若想要了解經學，除了參
　　閱〈儒林傳〉以外，也要參讀《莊子·天下篇》。〔註43〕

六、主張學者要盡量辨析各家學術淵源。如：賈誼當收入儒家，又要互
　　見法家；又要求學者辨析學術流派的分合，如：以為儒與名家、法家
　　有相同的淵源、《呂氏春秋》跟《史記》的關係密切、編目將賦擺在
　　詩的前面是一種時序上的錯亂等，〔註44〕都有歷史的考量點在內。

七、此外，章實齋告誡學者研究論據盡量求全，不可因為個人的價值觀，
　　便將不合乎一己所好的資料棄去不用，相對的要學者就各門學術尋根
　　以索流，〔註45〕同樣都是重視歷史的轉型。

之史，亦將取以證焉。不可不致慎也。……故凡立言之士，必著撰述歲月，
以備後人考證；而刊傳前達文字，填勿輕削題注與夫題跋評論之附見者，以
使後人得而考鏡焉。

〔註40〕〈漢志六藝第十〉上說：藝文一志，實為學術之宗，明道之要，而列傳之與
　　　　為表裏發明，此則用史翼經之明驗也。

〔註41〕實齋在《校讎通義15-9》中主張：「漢志詳賦而略詩，豈其時尚使然歟！」
　　　　認為漢代因為辭賦創作風氣盛、作品多，所以漢志著錄作品時，便如實地作
　　　　了「詳賦而略詩」的反應。

〔註42〕〈漢志諸子13-3〉：「史家存其部目於藝文，載其形勢於列傳，所以為詳略互
　　　　見之例也……藝文據籍而記，其於現書部目之外，不能越界而書，故其勢也。
　　　　古人師授淵源，口耳傳習，不著竹帛者，實為後代群集所由起，蓋參觀於列傳
　　　　而後知其深微也。」徹底說明書目的限制，與研究書目必需參閱列傳的緣故。

〔註43〕〈漢志諸子14-23〉：「六藝之書與儒家之言，固當參觀於儒林列傳；道家名
　　　　家墨家之書，則列傳而外，又當參觀於莊周天下之篇也」，參讀儒林傳，一同
　　　　前則所說的目錄與傳記合讀；參讀天下篇，則是參考資料的盡量運用。這種
　　　　想法不必是史學精神的展現，卻也是考據精神的變形。

〔註44〕賈誼一條，說見〈漢志諸子14-5〉。《呂覽》一條，說見〈漢志諸子14-29〉。
　　　　詩賦一條，說見〈漢志詩賦15-3〉。

〔註45〕〈漢志諸子14-20〉說：「凡曲學支言，淫辭邪說，其初莫不有所本。著錄之
　　　　家，見其體用分異而離析其部次，甚至拒絕而不使相通，則流遠而源不可尋，

凡此都是章實齋以史學貫串校讎學的顯證。然則,我們應該可以說:章實齋是一個以史學論目錄的專家學者。

(二) 釐分層級

為了有條理地呈現學術原委,章實齋接著「考見源流」之後提出「層級清楚」這個原則。

層級清楚,其實只是類似「系統樹」層層分出的作法。例如以四部的部類法來說,經史子集屬第一個層級;經部下分群經,屬第二個層級;群經下再分傳注,屬第三個層級。如此層層分去,哪門學術較根本、較重要便一目了然。如果能在各層級中再加入時間先後的序次,那對學術發展的流變便能作更清楚的呈示。章實齋在〈漢志詩賦〉中說:「《漢志》分藝文為六略,每略又別為數種,每種始敘列為諸家」,以為這種作法「大綱細目,互相維繫,法至善也」(引同前),便是這種意念。

除了經部以外,章實齋對諸子的部書也有類似的想法。他說:「善法具舉,本末兼該,部次相從,有倫有敘,始求書者可以即器而明道,會偏而得全,則任宏之校兵書,李柱國之校方技,庶幾近之……任李二家,部次先後,體用分明,能使不知其學者,觀其部錄,亦可瞭然而窺其統要」(〈補校漢藝文志 10-4〉)。並強調:「自立門類,別分道法;大綱既立,細目標分,豈不整齊而有當乎」(引同上,10-5),也是相同的要求。

這種析分層級的理念和他的道器論很像。因為道器論有道為形上、器為形下的層級分隔,而部類時每一層級對它的下一層級都有類似母子的親密關係,可以用形上形下的關係來統系。儘管以時序來說,章實齋的校讎理論成形較他的道器論早,只能說是道器論的雛形,但以理論來說,章實齋的道器論抽象性十足,大可以做層級說的理論基礎。我們一旦掌握住道器的關係,層層上推,便能掌握注層級的綱領,反推到學術的本源;層層下衍,也能夠透視各層級的網目,了解到每一個後起的學術在每一個學術風潮中的流變;能夠掌握到整個學術、甚至是文化、社會等種種流變,能夠知道哪一種學術該放在哪一個位置,作何等的評價。章實齋在〈論修史籍考要略〉說:「家法分明,庶幾條理可貫」,便是由這個角度著眼的。

章實齋認定學術層級只要能分清楚,學術流變儘管多樣,學者也因為提綱

雖欲不氾濫而不可得矣……蓋百家之言,亦大道之散著也。奉經典而臨治之,則收百家之用;忘本源而釐析之,則失道體之全矣」。

而能振領，並不會有所迷眩。即使學術流派有時不是那般清晰——它或許源仍在而委已消，如墨家在漢代以後潛隱不彰；或許原委具在而中間一段全是讓人摸不著頭緒的伏流，如《春秋》流為三傳而三傳在流為史部，或諸子之流為文集；或許是只有尾聲，前源完全不見，如子部竟然源出王官——這種種迷障都會讓學者產生迷惑。可是章實齋卻自信學者只要能本著以上統下的層級理則去掌握一切流變，便似登天頂、在雲間去辨分群山高下一般，儘管山山聳立，狀似難辨，孰高孰卑，卻也是一目了然。因此章實齋自己拿著這個想當然耳的綱領作衡量學術發展的尺度，去衡量歷代目錄部類的高下與得失。

例如以經部來說，章實齋一定要將經傳作一區分，以為經傳不同層級而傳不如經，所以儘管後來有些傳在後世也被躋之為經，章實齋卻要追本溯源，辨明遠古只有六經這一名謂，不讓其他傳注混淆視聽，搞亂了學術發展的真面目，章實齋在〈漢志六藝13－1〉裡對論語爾雅孝經，也強調它們「非六經之本體」，是「學者崇聖人之餘緒而尊以經名」，不許學者混為一談。又〈漢志諸子14－11〉以《易》統諸子的陰陽與數術的陰陽。〈漢志諸子14－3〉以《春秋》統支系如《左傳》、流別如《春秋繁露》、旁證如《荀子》、《韓非》，也是相同的想法。

再以史部來說，章實齋也能反溯其源，說史之淵源在《春秋》；能歸源其根，說儀注類其實當系本於《三禮》類，在〈補校漢藝文志10－4〉裡提出：「充類求之，則後世之儀注當附《禮》經為部次，《史記》當附《春秋》為部次」的主張，以為「縱使篇帙繁多，別出門類，亦當申明敘例，俾承學之士得考源流」。

至於集部，〈補校漢藝文志10－4〉所謂的「篇帙繁多，別出門類」，指的是詩賦類別出《詩經》的情況。說明由經到集的轉化過程。

經史集部章實齋已然都用層級說來說明，至於子部，何嘗會有例外？章實齋也會用層級說詳說明諸子之間的先後淵源。以數術、方技和兵書來說，如前所引，章實齋已經說過「任李二家，部次先後，體用分明，能使不知其學者，觀其部錄，亦可瞭然而窺其統要」，若再細說，如〈諸子略〉與〈數術略〉中各有陰陽家的奇怪現象，章實齋大膽地運用道器論的觀點，說一個是「論理」，一個是「徵數」（〈漢志諸子14－11〉），何嘗不是一種層級說的解釋形式？此外章實齋或說陰陽家當系源於易經（〈漢志諸子14－13〉）；或說名家與法家的淵源很深（〈漢志諸子 14－17〉），法家跟道家也有很深的牽扯（〈漢

志諸子 14-〉)，或天文地理類（〈補校漢藝文志 10-6〉)、法律類（〈補校漢藝文志 10-8〉)以及文集源出諸子（〈陳東蒲方伯詩序〉)等種種牽扯……，沒有一個不是運用層級說而取得的洞識。

當然層級的區分不只是同屬裡大類與小類的上下切割，它也可以是異屬的方式交叉分類，例如他可以在家派之外，再以文體分類，〔註46〕甚至雜用各種分類法，如詩歌便有分代、分家、分調、分類、分體之別。〔註47〕如此交叉使用，層級的功能就顯得越大了。而章實齋便正如此嘗試。

總之，層級說在章實齋手上運用相當靈活，運用得也相當透徹，是章實齋校讎手法中相當重要的一條原則。

（三）周全部類

章實齋的層級說除了用以清晰學術體系的建構、學派發展的源流以外，章實齋更用層級說這個方法，去反思學術發展的可能的軌跡、假想學術發展該有的可能、批判目錄學者部類不該有的失當。

他認定陰陽蓍龜雜占三條當附《易經》爲部次，曆譜當附《春秋》爲部次，五行當附《尚書》爲部次（〈補校漢藝文志 10-7〉)，不僅將《易經》與陰陽家歸爲同一流派，並且保有母子般的先後關係，是由清楚地辨認到《易經》與陰陽家共有的玄奧本質，以及經學爲古代學術根源的理念所形成的──這是運用流派觀以及層級說提出的觀點。

他怪罪劉歆「不知律令藏於理官，章程存於掌故」（〈補校漢藝文志 10-2〉)，也是由律令藏與理官，章程與掌故的緊密關係聯想，只不過多了一點現代制度的考量。因爲在當時的社會裡，理官以律令治獄，掌故偏多檔案。

他強調「周史六弢當入兵家而不當入儒家」（〈漢志諸子 14-1〉)，以爲六弢是論兵法的作品，不可被周史這個人名炫惑，誤歸爲儒加一類，一樣是由學術本質的掌握，而作家派分合的規劃。

章實齋對群書分部相當的注意。他在〈漢志諸子 14-2〉裡說司馬遷能溯源流，班固只能辨形跡，所以班固系書常常不如史遷正確，並以爲分部太少，當分未分，常會使部類書籍產生困難；也認定勉強歸類，將會造成讀者的混淆：

〔註46〕實齋〈與胡雒君論校制戚集二簡〉說：「編次集目，當先定其人家學流派，然後可以甲乙諸體」。
〔註47〕實齋在〈吳澄野太史歷代詩鈔商語〉說：「古人編詩，各有所主，約有分代、分家、分調、分類、分體之別」。

> 大抵漢志不立史部，凡遇職官、故事、章程、法度之書，不入六藝
> 部次，則歸儒雜二家，故二家之書，類附率多牽混。

強調部類要周全，然後目錄學者類書才容易適洽。並以為圖書分部如果不夠
周密，將使上下母子的關係不清楚──「聞以部次治書籍，未聞以書籍亂部
次也」，章實齋在〈和州志藝文書例議〉中這麼表示，正是這個緣故。

另外，章實齋在〈史考摘錄〉裡說：

> 著錄部次，須明流別。同一古書之中，情理稍別，極各有家法，不
> 容相混。

這一節話更將部次周全與源流清晰的關聯性說得透徹。確言周密的分部，是
使圖書層級清楚，學術源流明晰的保證。

（四）橫跨書籍

章實齋以為部書當以書旨為重。

他認定一本書的部分章節，如果在本旨上該當劃入別的學術流派裡，不
管那是因為套用時的誤引、傳述中的迷誤或聚合時的牽強，部書者都該勇敢
地將它裁裂開來，依其本旨，使之獨立成篇；或改入這個章節本該歸屬的學
術體系中；不必拘限於原有的成書格式，所以他在〈別裁〉裡說：

> 蓋古人著書，有採取成說，襲用故事者，如〈弟子職〉必非管子自
> 撰，〈月令〉必非呂不韋自撰，皆所謂採取成說也。其所採之書，別
> 有本旨，或歷時已久，不知所出；又或所著之篇，於全書之內自為
> 一類者，並得裁其篇章，補苴部次，別出門類，以辨著述源流。至
> 其全書，篇次具存，無所更易，隸於本類，亦自兩不相妨。蓋權於
> 賓主重輕之間，知其無庸互見者，而始有裁篇別出之法耳。

章實齋又強調古人部書有一種共識，那就是：一本書如果同時具有兩個以
上家派的內容，部類者即使不想作裁篇別出的大動作，至少也要在編目底下加
注，說明此書的某些章節篇目可以跟某些同一類題的書籍共同參考，顯豁學派
的流變軌跡，方便學者掌握學術的真相，以增加書籍的實用性。所以他又在〈互
著〉裡說：「古人著錄，不徒為甲乙部次計……至理有互通、書有兩用者，未嘗
不兼收並載，初不以重複為嫌，其於甲乙部次之下，但加互著以便稽檢而已」。

章實齋所以提出互著與別裁，是因為部書者在部書時會碰上「書非純體」
與「書籍由單行合為專著」這兩大困擾，讓部書者無法清楚呈現學術源流的
緣故。所謂「書非純體」指：學術本因應世之治而生，不為圖書所分之類而

有，常多義有兼賅而各具其用的內容，如章實齋歎惋的：《易》與陰陽五行出入、《董仲舒治獄》與法家相通、《中庸》可入儒家，《國策》通乎兵書之權謀與諸子之縱橫家等便是一種無可避免的真實。所謂「書籍由單行合為專著」指：劉向編纂群書時，因為想化渙散為齊整、刪重複為單一，所以他纂合各單行本為全書。但因為彙總群文時免不了要犧牲部分作品的特殊性去將就全書的共同性，難免會使學術流變的實象遭到扭曲。

這兩種現象讓圖書分類產生侷限，使再精細的圖書分類也未必能如實、合宜地歸類某些圖書；讓圖書分類與系存無法達到「部次門類，既不可缺，而著述源流，務要於全」這個基本要求。〔註48〕所以章實齋強調部書者當以軌跡的流貫與清楚為優先考量，以為編目者如果碰到一本書可以同時在兩個以上的學術流派裡出現，並且產生有作用的話，部書者可以，也當超越書本的限制，同時讓它出現在兩個以上的學術軌跡中，決不忌諱重複系存；並認定這個動作是一種編類上的特識，不以為這是一種疏忽。〔註49〕

為了證明這是一種特識，章實齋特地到劉《略》與班《志》中找證據。例如章實齋在〈鄭樵誤校漢志 11－3〉裡說：「劉略（對兵刑權術之於道家）重複互載」，〈11－5〉中引用班劉有互著之例，並援用其法說：「以劉歆、任宏重複著錄之理推之，《戰國策》一書當與兵書之權謀條、諸子之縱橫家重複互著」，又在〈漢志六藝〉發端直到〈13－9〉說：《易》部古五子其書當互見於數術類之陰陽類災異、《書》部五行傳記當互見於五行類、《詩》部《韓詩外傳》當互見於《春秋》類、《禮》部《中庸說》當互見於諸子的儒家類、《樂》部雅樂歌詩當互見於《詩》部及《詩賦略》的雜歌詩、《春秋部》的《董仲舒治獄》當互見於法家與律令之書；甚至在〈諸子第十四〉全篇理詳細說明諸子各篇當互見於他子的種種意見。

又如章實齋在〈別裁〉中舉：「《管子》，道家之言也，劉歆裁其〈弟子職篇〉入小學；七十子所記百三十一篇，《禮》經所部也，劉歆裁其〈三朝記〉

〔註48〕語出〈補校漢書藝文志十之七〉。
〔註49〕實齋一向強調部錄群籍，須能呈現學術源流，更能便人「即類求書、因書究學」，當然堅持部錄者有權利、亦有義務，即本諸義，使分繫多門，如：史部之職官可與故事相出入、子部之儒家可與經部之經解相出入、史部之食貨可與子部之農家相出入。使學者掌握到最周延的學術源流，能即類而相參，不須遠紹旁蒐而盡得其用，不致摘此而遺彼、掛一而漏萬。若想避忌外人譏作這是編目上的疏失，以致有一書兩入的現象，那也只要在裁篇別出的書籍底下加注「出」、新添的部類底下加注「入」就行。

篇入《論語》」爲例，也在說明：只要篇旨可通，且自成一類，不忌裁篇別出。

　　章實齋甚至以爲如果不是依據這種法則來進行的時候，都是劉歆或班固的疏失，例如他在〈互著〉裡說：

> 理有互通，書有兩用者，未嘗不兼收並載，初不以重複爲嫌……如避重複而不載，則一書本有兩用而僅登一錄，於本書之體既有所不全，一家本有是書而缺而不載，於一家之學亦有所不備矣。

便認爲互著是編目必要的舉措。

　　此外，有關別裁之術章實齋更曾實地運用，例如章實齋在〈論修史籍考要略〉文中揭呈三例，主張：經部宜通、子部宜擇、集部宜裁，在〈漢志兵書第十六〉強調部書不可以入類書，卻須以書類人，便都是運用〈別裁〉理念導出的想法。〔註50〕

　　互著目的在使「部次流別，申明大道，敍列九流百氏之學，使之繩貫珠聯，無少缺逸」(〈互著〉)、別裁的目的在使「明學術原委而使會通於大道」(〈焦竑誤校漢志 12－9〉)，〔註51〕同樣是籠罩在「考見源流」這一主題下的產物，所以終須以〈原道〉、〈宗劉〉「辨章學術、考鏡源流」之基本要求爲規範。〔註52〕

　　如果不知道本源而妄事裁篇，便免不了破碎紛擾、救弊益弊的缺失──是章實齋所以在〈和州志藝文書例議〉裡再三耳提面命：

〔註50〕 實齋強調目錄須見源流，而周密的學術源流須靠精細的分部呈現。可是精細的分部若是無書可補，除了採用先前提過的：先用別裁而加互著的方式填補以外，有個更簡捷的方法，那就是搜訪遺書，以作填空。實齋在〈論修史籍考要略〉中說：「古逸宜存」，說明搜集古逸書，可以填補學術史短缺的源頭；又說「逸篇宜採」、「遺篇逸句，散見群書，稱引亦可寶貴」，以爲任何章節，都是極可珍貴的學術史料，便是類似的看法。

〔註51〕 〈補校漢藝文志 10－7〉說：「部次門類既不可缺，而著述門類務要於全，則又重複互著之條不可不講者也」，〈和州志藝文書例議〉說：「夫篇次可以別出，則學術源流無闕聞不全之患也；部目可以互見，則分綱別紀無兩歧牽掣之患也」，指陳的是類似的理想狀況。

〔註52〕 實齋的校讎學成就當然很高，可是就似白璧微瑕一般，這裡頭卻仍有一段學術公案在，那就是互注與別裁的提出，究竟是不是脫化自祁承㸁的說法。祁氏的說法的確與實齋的說法相雷同。而實齋時代又緊嫌在祁氏之後，當然脫不了有所承襲這個嫌疑。可是實齋並沒有自述自己的講法跟祁氏有任何的淵源。以實齋在〈言公〉篇表現對一切襲奪他人想法的不誠實行爲表示唾棄來看，實齋應當不會亂掩祁氏之善才是。其實天下學術，供天下學者思考，未必不會有一致而百慮，殊途而同歸的情形出現；然則祁氏與章氏兩家說法的神似，我們乾脆就以不約而同，先後輝映來說這兩位學者，也許更好。

然校讎之家，苟未能深於學術源流，使之徒事裁篇而別出，斷部而

互見，將破碎紛擾，無復規矩章程，斯救弊益以滋弊矣。

的緣故。〔註53〕

（五）以義類書

為了清楚呈現學術源流，章實齋首先在部類上要求層級清楚、門類周全，接著在門類上用互著、別裁以及與之相反相成的辨嫌名相補足。可是如果編目者忘卻了編目的主要目的在呈現學術源流，呈現學術源流的主要途徑在辨析書旨，以致於在部類群書時，竟將闡明書旨這一條見擺在其他條件的下面，那便犯了必需糾正的錯誤。針對這種狀況，章實齋提出：應當以書類人，不可以人類書的建議。

所謂以書類人，即思想內涵、書中文旨的層級比作者本身要高；目錄學者部書時當優先考量書旨的意思。以人類書則相對地錯把人的層級置在書旨之上，章實齋深不以「以人類書」為是，〈漢志兵書16-2〉因舉例：

太玄、法言、樂箴四書，類於「揚雄所敘」三十八篇，新序、說苑、

世說、列女傳四書類於「劉向所敘」六十七篇。

說這是「漢志之疏」，指漢志犯了「以人類書，不能以書類人」的錯誤。

本著這個觀點，章實齋再反過頭來，說這些作品都當依內容分置各部類之中，就如「孫子八十二篇，用同而書體有異，則當別而次之」一樣，〔註54〕其中可能有道器之別、經傳之分，甚至可以別作形勢、陰陽、技巧等家數，決不可以籠統地以孫子一個人名涵蓋住這些細膩的分疏。〔註55〕

〔註53〕這種形態有點像互著，因為互著也有一書而分系兩類的現象，可是「一書兩入」的分入兩類純屬編者的粗心，不是編者的慧識，所以必需作一區隔——目錄重在辨明學術源流，而互著別裁則是兩種相似而同所以補足學術流變的方法已如前述。可是互著與別裁是編目者的特識——是編目認清書籍內容的義蘊龐雜，為掌握學術軌跡，大膽脫離書帙限制，裁分原書格局，使作重新部類的編配方法。這種特識和不能辨析一書而有歧名，以致一書而編入兩種以上部類的粗心不同。

〔註54〕以〈漢志16-2〉這段文字看來，以書類人的主張是更廣義的別裁。只不過別裁是同一本書裡不同書旨的幾段篇章的辨識、抉出過程；而異書類人則明明已是不同的書本，書旨不同的情形相當清楚，抉出故事必然，而辨識功夫不是那般困難。因為同樣有抉出的結果，所以都是別裁；因為辨識較容易，所以說是廣義。

〔註55〕正因為對書旨的堅持，所以實齋在〈漢志諸子14-1〉說：周史六弢一書，班固自注：「或曰孔子問焉」，以此收入儒家類，也有以人類書，而不能注重書本身的誤失。又〈鄭樵誤校漢志11-4〉說：「鄭樵譏漢志以世本、戰國策、

　　章實齋重視學術思想流變，所以刻意強調，必需掌握住思想，然後可以添入其他的分類方法，如〈漢志詩賦 15－4〉說：

　　　　著錄之家，先明家學；同列一家之中，或從人次，或從時次，可也。

主張思想源流、內涵是所以區分群籍的第一要素。以為能依據思想作歸類，然後可以依時代排下，或依人物身份、或依總集別集、或寫作形式，如雅頌屬詩，和賦體不同等種種不同的分法。〔註56〕

　　而除了思想、身份、時代總集、別集等種種分類方法以外，章實齋更用心區分文集、類書、書鈔和評選的差殊。〔註57〕為後代示範最精細的圖書歸類方法。強調了個人部書必先明源流的根本主張。

三、檢索方法

（一）建立眾序

　　章實齋認為目錄的根本目的在考見源流，考見源流的根本方法在晰分層級而周全分部。他的目標定得高遠，可是層級如何劃分，部類如何切割，這裡頭除了本於學術本身發展的理則以外，也關乎目錄學家本人的慧心與洞識。某些書之所以分或所以合，所以系於單一部類或分系諸多部類，若沒有目錄學者以序來做說明，單單觀看各部類的標示，即使層級標示的再清楚，一定有許多作者的深意是讀者不能透見的。章實齋以此提出製作序文的必要。

　　例如章實齋自己在〈漢志諸子 14－10〉發出浩歎，說：

　　　　秦大臣奏事、漢著記為春秋類，是鄭樵未嘗知春秋之家學也」。並說：「漢志不立史部，以史家之言皆得春秋之一體，故四書從而附入也」。說以上四書附入春秋，是就史籍卻必系入春秋，純因《七略》只有經部春秋類，卻沒有史部的將就作法；說法極有見地。可是鄭樵的說法正是不肯「以類類書」的看法，實齋的說法確實常有脫化自鄭樵的軌跡可尋。

〔註56〕〈漢志詩賦〉除了在 15－4 提出以人次、以時次的編書法以外，他有說：「詩賦前三種之分家不可考矣，其與後二種之別類甚曉然也。三種之賦，人自為篇，後世別集之體也；雜賦一種，不列專名而類敘為篇，後世總集之體也。歌詩一種，則詩之與賦，固當分體者也。」則是就身份、時代，總集、別集，文體不同等多種類的區分法。

〔註57〕〈和州志藝文書例議〉「明時」一節說：專門之學亡，專以著作為榮華的是文集；缺乏創見，但以纂組抉擇見長的是類書；不僅只是刪略他人著作，甚至缺乏本旨，但以取便省覽為主意的是書抄；專以句調工拙為準而摘比辭章的作品是評選。所述不僅有月旦高下、指示學者創作標的的意味，更將面貌近似的作品集作一清楚的劃分。

> 陰陽二十一家與兵書陰陽十六家，同名異術，偏全各有所主，序例
> 發明其異同之故抑亦可矣，今乃缺而不詳，失之疏耳。

說的便是這個道理。

所謂偏全，指分類層級高低有所不同，章實齋自己在此條下說：他們有「空論其理而不徵其數」與「顯徵度術而不衍空文」，一道與一器的差別。面對這種差別，因為大小序都不曾做說明，所以讓後世讀者頗費疑猜。更何況但作部錄而無序，更是叫後世讀者如墮入五里霧中了。

此條還好仍有章實齋會心一解，才讓我們摸清楚這兩家所以必需劃分為二的差別。有些部類，卻是如果編目者不曾加以說明，讀者就無法理解。例如章實齋在〈漢志詩賦 15－1〉裡說：

> 詩賦一略區為五種，而每種之後更無序論，不知劉班之所遺耶，抑
> 流傳之脫簡耶？今觀屈原賦二十五篇以下共二十家為一種，陸賈賦
> 三篇以下共二十家為一種，孫卿賦十篇以下共二十五家為一種。名
> 類相同而區種有別，當日必有其義例。今諸家之賦，十逸八九，而
> 敘論之說，缺焉無聞，非著錄之遺憾歟？

感歎詩賦略明明同屬一類的賦體作品，為什麼還要劃分做屈原賦、陸賈賦、孫卿賦三種，並因為沒有小敘說明分類的原因，讓人莫名所以。

雖然章實齋後來以文學為諸子之流亞，而諸子有分流分家的體例來做推論，說這三種賦「亦如諸子之各別為家」，以為：。

> 古之賦家者流，原本詩騷，出入戰國諸子：假設問對，莊列寓言之
> 遺也；恢廓聲勢，蘇張縱橫之體也；排比諧隱，韓非儲說之屬也；
> 徵才聚事，呂覽類輯之義也，雖其文逐聲韻，旨存比興，而深探本
> 源，實能自成一子之學……然則三種之賦，亦如諸子之各別為家，
> 而當時不能蓋歸一例者也。

但到底只是臆測之詞，即使說得再有理，也只是一種推理而已。

總之，編目者如果不曾作序，則他本人所以分部的原理便沒辦法清楚地讓讀者了解，所以其存在有相當的必要。何況作者分部常常是他所以存古、復古的苦心所在，如劉歆《七略》之保存官師合一制的遺形，要是不作說明，其作用也一定會大打折扣。更證明大小序在目錄書中的之不可或缺。

除了部類的深意需要序文作說明以外，有時候目錄者自家對作品見地也可以借序文作說明：

古人誦詩讀書，尚友論世，自三百篇迄於近代，詩篇存者多矣，其
間實有篇章字句毫無改易，而說詩意致有殊，則詩意之貞淫厚薄，
與詩詞之工拙優劣，霄壤相懸，則譜詩序詩較之注詩，更不易為，
然其實不可不為者也。

〈吳澄野太史歷代詩鈔商語〉正說明了序文在另一層面的必要。〔註58〕

然則，部錄群書之外，更作大小序文，確是部錄工作少不得的一道工夫。

（二）善用索引

章實齋真正的理想目錄，除了源流清晰以外，他還希望能為讀者作進一
步的服務，嘗試將類似的作品通通組成一個相互參照的索引體系方便讀者尋
索他想要的資料。

首先，他在〈辨嫌名〉中，如前節考訂工夫所述，提出按韻編目的建議，
主張作者名與書名都要按韻編下，以利編目者檢覈。

這個說法除了得以澄清內容與書名某些不必要的誤解以外，它還具備索
引的功能。因為它雖然沒有清楚地說要將作者名與書名分開系屬，但是若以
書名居前，則成了書名索引；相對的，若以作者名居前，則是作者索引──
不管何者居前，章實齋總是提出了編制索引的建議與方法。

除了〈辨嫌名〉的建議以外，章實齋更在〈校讎條理〉七之一條下提出
廣泛製作各種索引以利學者進行校讎的論述。他說：

> 竊以典籍浩繁，聞見有限，在博雅者且不能悉究無遺，況其下乎？
> 以謂校讎之先，宜盡取四庫之藏，中外之籍，擇其中之人名地號，
> 官階書目，凡一切有名可治，有數可稽者，略倣佩文韻府之例，悉
> 編為韻；乃於本韻之下，注明原書出處及先後篇第，自一見再見以
> 至數千百，皆詳注之，藏之館中，以為群書之總類。至校書之時，
> 遇有疑似之處，即名而求其編韻，因韻而檢其本書，參互錯綜，即
> 可得其至是。此則淵博之儒窮畢生年力而不可究殫者，今即中才校
> 勘可坐收於几席之間，非校讎之良法歟！

「典籍浩繁，博雅者且不能悉究無遺」說明了編制索引的目的在減輕學者遨
遊無涯學海的負擔。「盡取四庫之藏，中外之籍」說明了索引的搜材要廣泛而
周全。所謂「按韻編目」則是專為利便學者依錄訪書所作之書籍索引，其制

〔註58〕，實齋的〈匡謬〉篇有一些關於序文寫作重點的文字，雖然它是屬於一般文
　　　　人代撰或自作撰的書序類，但也不妨互見以作參考。

略如今日圖書館中之尋書卡。只是今日館中所設，大體上有作者卡、書名卡、分類卡(或更添上主題卡)幾類，而章實齋所設，雖然尚未確立主題卡、分類卡的名目，但他在人名、書目、地號、官階……以至一切名數的類型上，都想一一建立索引，看來比近人的作法更見細膩。儘管人名卡、書名卡，和〈辨嫌名〉所說的相似，地號卡、官名卡，其實也是人名卡的變形（這和章實齋在〈繁稱〉篇中感於喟各種名謂的混亂，有相呼應的現象），所以我們大可懷疑，章實齋所能思考到的索引，也大概僅止於這些種類而已。但是章實齋既然已經宣稱：「凡一切有名可治，有數可稽者，略倣佩文韻府之例，悉編爲韻」，假以時日，章實齋所思考的種類，可能超越當代，也是說不定。

四、典藏處所

（一）妥善藏書

部錄工作完成之後，需要注意的便是收藏典籍的工夫。否則有目無書，學者如何進行研究工作？章實齋在〈藏書〉中說：

> 孔子欲藏書周室，子路以謂周室之守藏史老聃可以與謀，說雖出於《莊子》，然藏書之法，古有之矣。太史公抽石室金匱之書成百三十篇，則謂藏之名山，副在京師，然則書之有藏，自古已然。

說明藏書的必要性，以爲這是古往今來的共識，要人注意藏書的工夫。〔註59〕

第三節 結語──集大成的校讎理論

總合看來，章實齋《校讎通義》的主意在：

〔註59〕 〈著錄殘逸〉曾經提出古書登錄容有誤失的缺憾，〈藏書〉則更拓進一層，說明古書有未經登錄，卻載在他錄，或雖載入《佛藏》、《道藏》一類叢書，卻依舊可以跟儒學相通相發的事實。以爲倘能不避煩苦，不自我設限於儒學一門，遠紹旁蒐，盡納入目，一定可以彌補今日之不足。說明典籍收藏的重要性以外，更說他有補足殘佚書籍的功能在。實齋說：「書之有藏，自古以然，不特佛老二家有所謂《道藏》、《佛藏》已也。鄭樵以爲性命之書往往出於《道藏》，小說之書往往出於《釋藏》……然則尼山、泗水之間，有謀禹穴藏書之舊典者，抑亦可以補中秘之所不逮歟！」建議學者努力搜訪佚書，以豐富學術收藏，健全學術原流的軌跡，可將實齋想要盡得遺書的企圖。其實，若以聚納眾書以成大用一意來看，〈藏書〉與〈互著〉、〈別裁〉二論，亦有相當程度之等同；只是〈互著〉、〈別裁〉在移易一類、一書之形制侷限，而〈藏書〉乃更擴而大之，以爲凡可通用，即屬目錄之限制，亦無妨打破而已。

一、學術目的須以應世。

二、學說基礎在古代果然力行官師合一制。

三、目錄學最好的典範是劉歆的《七略》。因為這本書最能體會學術的實用意義，能夠方便學者考見古代官師合一制度的實情。

四、目錄學的主要工作在因書目的部類以呈現學術史的軌跡，方便學者因書目層次分明的編錄，按部就班的去做深入的研究。

五、為了清楚地呈現學術的流變，部類書籍時應當超越書本本身或是部類的限制。一本書可以因為它的內容兼容二部類以上的豐富性與曖昧性而做靈活更動，不僅可以由一本書裁裂出來，也可以讓它分列在兩個以上的部類。只要是因為要呈顯清楚的學術流變，所做的種種更易便是目錄學家的特識。這和一般一書誤入兩家的粗心失誤是不可同日而語的。

六、現今最值得研究的目錄書籍是《漢書藝文志》，因為《漢志》是規摹《七略》而成的著作。在已經無法窺見《七略》全貌的今日，《漢志》是所以重建古代官師合一最有價值的典籍。

而其價值在：

一、他給校讎兩字全新的定義。在章實齋之前，校讎通常僅指考據範疇的學問。章實齋推而廣之，認定他該包含目錄的工作在其間。

二、給部書工作負擔一個更大的責任。在章實齋之前，部書的主要工作是圖書分類，章實齋開始強調學術史的交代。

三、給校讎一個確實的功能。在這之前的校讎，只是校勘一類的學問，章實齋卻要賦他們予經世的功能。

四、給部書更自由的空間。在章實齋之前，大多目錄學者總是受限於書籍本身的卷帙、冊數，章實齋卻大膽的以內容為準，讓書籍可以割裂，或同時出現在兩個以上的部類裡。

章實齋的校讎理論，相對於傳統，說法頗多變革：

一、在範疇上，章實齋採廣義的說法，嘗試讓它包有目錄與校勘兩大體系。

二、在架構上，推尊劉向、劉歆的《七略》、《別錄》以及鄭樵的《校讎略》，認定《七略》才是系書的典範，說它比四部的分類法更能呈現古代學術政治合一的事實。

三、在依據上，提出「學出自然」與「官師合一」兩種理論，認為學術

的產生純因自然生活的需要，而在古代，其發展則與政治相偕而行。

四、在方法上，章實齋提出編目須見學術源流、可以裁裂書帙、應多建立索引，以及廣採遺集、書藏官府等建議，盡量讓落實編目的工作，擴大目錄的作用。

五、在精神上，他以歷史貫串校讎，以爲編系群書必需能因目錄而展現古代學術的流變，才是上等的編目方法。

至於極力擴充校讎的範圍，讓它有目錄的功能；在編目時盡量靈活其法，以方便學者尋索書籍；並要求編目時目錄能展見學術源流，利便學者因書究學；一以實用作校讎的目的，則是實用主義的展現。實用是章實齋建立校讎學的最終目的，清初學者提出的實學精神，早在章實齋青壯時期便已經融入他的生命裡了。

總之，在長期的研究歷程裏，章實齋用心研究古人校讎學的相關著作，〔註60〕時時思考校讎學的重要問題，〔註61〕並藉著編輯方志、纂修藝文志的機會，或是代人的著作、或是自己研讀古書寫序的因緣，寫了系列有關校讎理論的篇章，對校讎一事做了深刻的探討。累時積功，成績斐然，其成就不僅是四十二歲結集而成的《校讎通義》而已。

在漫長的學術生涯裏，章實齋不僅對校讎的範圍、目的重作定義，爲校讎的方法作說明，也爲古目錄之得失作了深度的辨析——他認定校讎須採兼包目錄、校讎、辨僞……諸學於一爐；目的不僅在部次群書，還須能考見源流；不僅批判了自《七略》以下的諸多古目錄的長短，提供了用索引、裂原書……等校讎技巧傳與後學應用；更編纂了《史籍考》，將一己的校讎理念作一次完整的展示——擴充了校讎的領域，強調了校讎的史學精神，靈活了校讎的編目方法，細密了校讎的技術，賦予校讎學以新意義，給中國校讎學帶入新的里程。

在當時的章實齋固已深深自信於自己的成就，在數百年後的今天，細細考索過章實齋的校讎理論後，我們不禁也要齊聲喝采，認可章實齋眞正「集古代校讎學之大成」。〔註62〕

〔註60〕《校讎通義》內篇二、三章皆在論述《漢志》，卷一也提到劉歆《七略》、鄭樵《校讎略》，比重之大，幾占《校讎通義》全書的三分之二，可見這幾本校讎典範之作，實齋浸淫之深，和對實齋影響之大。

〔註61〕《校讎通義》是實齋四十二歲的作品，至寫作〈史考釋例〉時，已經六十一歲。可以看到他在校讎學園地中的長期耕耘。

〔註62〕倉修良《章學誠評傳》第七章〈集古之大成的校讎學理論〉前言。

第七章　結　論

　　內聖與外王本來就是一條很難走通、很難平衡的道路，自《大學》獨標八德目以來，傳統儒者在這條路上便都走得辛苦，顧得了格致誠正，便顧不了修齊治平，而且往往陷溺在前半段，而無法打通後面的層層關卡，真能將這兩路走得穩妥的人沒有幾個。

　　宋朝理學界，由周敦頤開始，經歷過二程的奠基、朱子的集成、陸王的轉化等變遷，雖然變化繽紛，究其實，也只是越走越向內，總是朝著內心窺索的歷程。我們由他的名謂來說，或曰性理，或稱心性，雖似有變化；由他的研議修持來看，一意向自心追索的趨向則無二致。

　　因為總是一意向內，所以雖然有外王的名目，卻總是經由內聖，再做轉折；總得格過物，修過心了，然後敢嘗試另作開拓。就如朱熹之注《大學》，雖然標有修齊治平的崇遠目標，卻依舊要以格致誠正為焦點，一步一腳印地勸誘學者從敬儆其心的基礎做起。所以他甚至還要補《大學》，說《大學》原文有脫誤，要人更仔細地玩閱經典，讓修身的步驟更清楚、工夫更踏實。

　　宋人所以將修身治國的路徑說得這麼崎嶇，基本原因，實在是因為人心確實太難掌握了，對人性的掌握幾乎要耗盡宋朝學者大部分的心力，他們哪有餘勁可以往前走去？就如宋人老拿著《偽古文尚書》，說有十六字心傳，說道心惟微，人心惟危，要天下人時時儆醒，常保此心惺惺，證見他們對人性之私的戒慎恐懼。

　　宋人，其實也不只是宋人，由於對自己修養的講求太過認真，所以在走入這條路後，即使發現這條路極深邃，極不可知，卻也不肯轉頭；又由於他們對人性的光明面期許太深，對改善人性之惡習，使轉化為純善的責任感太

重，所以總是堅持，認為值得為「壓抑人性之私」這個人生命題而努力下去。可是他們沒發現，這個問題竟會讓他們一頭栽入，而且讓他們無法正視在外頭有更多的實務去完成。

一直到金兵入侵了，宗社垂危了，部份豪傑之士才開始有著必須改弦易轍的醒悟。他們說心性之外應該還有事功，修齊之上容或更有治平，說外頭有更多的苦難須解決，有更多的人民須援助，這便是事功學派。如陳亮唾棄道學家，以「為士者佗言文章行義，而曰盡心盡性；居官者恥言政事書判，而曰學道愛人；相蒙相欺，以盡廢天下之實」為不可（〈送吳允成序〉），與朱熹辯駁，強調「義利雙行，王霸並用」（〈復朱元晦書〉），為當世作一獅子吼。原來對事功的要求，反心性的呼籲，不須等到明末清初，早在北宋末年便是一陣強烈的呼籲。

類似的情況，在明末清初的時候，又重演了一次，而且情況似乎倍加嚴重。

原來陽明學派強調心性之學，提出致良知的口號。他們不屑宋代夫子的正襟危坐，也不以為修心之學是專屬於士夫階級的大人之學；強調人的自主心、自由度與平等性；他們說人人都有善性，都有成聖成賢的可能；於聖人賢者，常人的修持也許大有不如，他們卻和聖人一樣，有最純美的天性。陽明先生曾以金屬作比譬，他說常人的斤兩也許不如聖賢渥厚，卻同樣都是十足十的純金；陽明學派的每一位先生，對人性之純美，本都有著不可救藥的信心。

滿街都是聖人的說法，代表學者相信人人都有成聖的可能。這是脫化自孟子人人皆有善性的說詞。可是他比孟子更浪漫；因為他在其中加入了人人都有佛性的佛理；孟子求放心、講擴充的工夫簡省了，放下屠刀、立地成佛的便利性突出了；一切修養的完成似乎是那麼的輕易，那麼的順理成章。「浙中、泰州，所在設教，鼓動流俗，跡近標榜」，便是這種景況的代表典型。

心學學者他們將孟子的性善學說發展到極致，強調依照人性之真，自然顯現的一切，便是一個個最美好的局面。這種說法，是對道問學的針砭，原也有其深刻的社會意義在，可是自信過度，往往便是跋扈；講求人性之善過度，便是束書不觀，棄事不管；這便是明末清初的經世學風之所以興起，而另一批入世心重的學者，所以對之屢發詬病的原因。

清初學者承著明末東林學者「家事、國事、天下事，事事關心」的熱情，一一強調學問必須對當世起一個實際的作用。黃宗羲以《明夷待訪錄》為後

世提出根本解決君權與民權的平衡點，陳确怪責窳劣的學風，說：「今之學者，考其行，則鮮孝悌忠信之實；聽其言，則多精微義理之旨；此宋以來學者通藪」；王夫之說：「無其器則無其道」；傅山主張「寓通幾（哲學）於質測（科學）」；顧炎武以為「捨經學無理學」；顏元強烈抨擊空談命理，強調「習行」，李塨說「理在事中」。他們不再談心論氣，他們一概只就實物說去。提倡即事以言理，意在扭空疏為質實。

　　他們開始踏實地整理所有的政治、社會、經濟資料，將之作有條理的鋪陳，希望提供最有效、最簡潔的治世良策給政府、給社會、給世人。他們不以為說事功是一種錯誤，一種卑劣——經過了宋朝事功學派的洗禮，他們已有膽識提出自己的想法。由他們的手中，興起了實學的風氣，儘管其間也有如乾嘉考據學這股伏流。

　　細考乾嘉考據學的興起，可以發現，那是源於清初學者對宋明理學解經方式提出質疑所致。這批學者懷疑：假若不是過去的解經方式出了問題，聖人用以救世的經典，怎會對當時的整個時代起不了絲毫的作用？余英時〈清代學術思想史重要觀念通釋〉首條：〈從尊德性到道問學〉以為：清代經學即使轉入考據一途，可是它的根本精神乃在這批學者懷疑：同是研治聖人之書，為什麼宋、明學者所說並皆不能抵禦外侮，同讓祖國淪亡；打算抽絲剝繭、從根治起；要由文字、聲韻的基礎，踏踏實實地追索聖人的本意。

　　乾嘉考據研究自有可觀之處，只可惜這個學派走到後來，只把握住研經這個空殼子，卻淪失了救世的熱情。他們認為宋明學者的空疏根本就是狂恣，以為除非透過一字一句的踏實解釋，否則不足以得到正確的經意，所以他們嘗試由另外的途徑入手，而開始了研音考字的詁經方法；而後更由師弟相傳，朋伴相引，逐漸形成了一些明顯以考據為重心的治學方式和學派，如吳派，皖派。雖然其中治學的堂廡有大有小，但以訓詁為基本的研究方法則相當一致。

　　這批乾嘉學者認為，如果能用最篤實的訓詁方法去驗證聖書的原貌，掌握住聖人的思想，已提供世人治事的參考與法度，便是一種超越前人，糾正前朝的良好治學方式。他們全力投入研究儒家經典的行列，也以全新的研究方式去詮釋前期的儒家經典。他們用所謂的考據方法替代宋明的講經方式，視經典為一種研究對象，就之剖析，希望能研究出最正確的經義。雖然這種做法引起了這批學者想像不到的副作用。

　　乾嘉之學不要說理談氣的抽象，也不要談心論性的空洞。他認為落實地

研究經典才是眞正的道問學。這種精神其實也和章實齋相類似,但是乾嘉學風到底有它見大不見小、見樹不見林的流弊,逼得章實齋不得不挺身而出,對它做出強烈的糾劾。

章實齋有意將一切的思考都納入經世的理路之中。

以校讎學來說,辨彰學術的本質固然是一股史學求倫序的精神在流竄;卻也是意欲方便學者因錄求書、因書成學、因學成事、因事濟世的深心在推動。他所有有關治目錄學的種種方法,都是爲了實用的目的。

例如:他主張目錄一定要能標示源流,以爲「著錄之義,固所以明大道而著百家也」,〔註1〕想要幫助學者「因錄尋書,因書成學」,根本意向固在實用。主張晰分層級、橫跨部類,好讓學派的分總關係更加清楚;建立眾序所以說明層級之所以分、部類之所以析合的緣故,目的也在呈現清楚的學術源流。此外,章實齋又強調晰別圖書要謹愼,部類群籍要清朗,其實都是接著清楚的建立部目後該有的堅持。因爲如果歸類圖書時不曾按照該書的內容,則一切分部的功夫都是白費;不能依照內容爲優先的原則去歸類圖書,也將使讀者尋書訪書的方便性大打折扣。而也正是爲了方便讀者的尋書訪書,所以章實齋才會建議編目者建立種種索引,希望因應讀者各種不同的需求。至於他強調官師既合而爲一,故即部錄即官守,無須另爲部錄之法的主張,當然也是一種實用精神的展現。

以方志學來說,章實齋在〈記與戴東原論修志〉中說:「修志非示觀美,將求實用也」,在〈答甄秀才論修志書〉中說:「選文必需有關政務、有俾風教」,在編《天門志》時說:「志書必需有益於治道」,總以資治爲主意──志書必需有益世道,這是貫串章實齋一生的理念;不管是他在論志書、議志法,或是立志例,都是一樣的。

這個理念,早在章實齋論述志學最早的篇章〈答甄秀才論修志書〉中便可看到。他說:「選文必需有關政務、有俾風教」,既展現了個人重視政務的入世傾向;對道德與教育的強力講求,也確立了個人一生撰述志書的基本方向。

章實齋在二十七歲寫作《天門志》時,更落實了「志書必需有益於治道」的主張:依照已爲殘卷的《天門志》來看,他在其中選了藝文、五行、學校三個主題作考(其實考體和正史裡的書、志相當,只是因爲方志既然已經稱「志」,爲了避免犯重,所以稍稍改易其名)。其中藝文所以列考是因爲藝文

〔註1〕 〈漢志諸子14-12〉語。

跟史志可以「交相裨佐」的緣故；五行一目，章實齋雖然明知有牽合比附的缺失，〔註2〕卻依舊入考，全是因為「祥異固有爲而作」。〔註3〕而學校入志，則是因為「學校固與吏治相爲表裡」的緣故。可見三志的成立，都是因爲有益於治的實用功能。

等章實齋在三十七歲創作《和州志》時，繼續發展了這個「有益於治」的主張。他曾在其中，爲官師、選舉、氏族立表。因爲官師所以成治立化，選舉所以拔選人才、氏族所以儲備人才，〔註4〕都對「政務」大有作用。此外，章實齋在《和州志》裡又有〈田賦書〉、〈輿地圖〉和〈政略序〉。田賦說的是一州的經濟，輿地不僅關涉到經濟、更牽連到軍事，政略說的則是對本州有過大貢獻的官員，所述也都是大有關於政事的項目〔註5〕——章實齋寫作志書確實有重視政事的傾向。

《永清志》是章實齋四十二歲的作品，重實用的傾向依然。《永清志》之於《和州志》，多出了〈恩澤記〉、〈建置圖〉、〈水道圖〉、〈六書〉、〈烈女傳〉五目。〈恩澤記〉是仿本記一體制作的篇章，所以統貫全書，有醒豁眉目的作用。〈建置圖〉、〈水道圖〉當是〈輿地圖〉的分支，只是〈輿地圖〉所述的是全面的大略圖樣，和〈建置圖〉之專說建構、〈水道圖〉之專說河道不同，但所述同屬經濟、政治範疇則極明確。至於〈六書〉明與教育有關，而〈烈女傳〉與教化有關，所述仍然多是環繞著政經文化一事而談。

章實齋五十三歲作《亳州志》。《亳州志》今存〈人物表〉與〈掌故〉兩篇。在〈人物表〉中章實齋說人表有三大作用。一以分尊卑，二以收系一切

〔註2〕　〈天門縣志五行考序〉：「於以爲祥異固有爲而作，亦有不必盡然，難以附合者」。
〔註3〕　陳正祥先生《中國方志的地理學價值》頁15說地震、頁16說節氣、頁17說龍捲風、頁18說冰雹，頁22水旱災，以爲志書中這類有關災的異記載都是很好的經濟社會史料。這個意見正好可以爲實齋所謂「有爲」的意義作補注。
〔註4〕　實齋在〈和州志氏族表序例〉說自己建立氏族表的目的在：收繫譜牒之書，以明人倫。這個說法不如他在〈湖北通志族望表敍例〉說的：氏族是國家人才培育中心的講法來得中肯。從這前後期的說法中，可以發現實齋在志學上的修爲，是不斷在進步的。
〔註5〕　《和州志》今存〈皇言記〉、〈官師表〉、〈選舉表〉、〈氏族表〉、〈輿地圖〉、〈田賦書〉、〈政略傳〉、〈人物傳〉、〈缺訪傳〉、〈前志傳〉、〈文徵〉等十一篇。三表、書、圖與〈政略傳〉明顯與政務有關不必多說。〈皇言記〉是記錄皇帝對本地頒與的詔告，決定了當地未來的施政方向，當然有關政務。〈人物傳〉所錄多與道德風化有關，當然也有實用意義。至於〈缺訪傳〉、〈前志傳〉與〈文徵〉，目的都在保存文獻，作用當然用其他篇章相同，所以都有利於施政。

不能獨立爲傳卻於古史有徵的的人物，三以縛繫一切小德小行的地方人物，以收繁繫瑣、簡淨文字，兼具索引功能爲最基本的功用。〔註6〕至於〈掌故〉則是幫助書志，跟書志一爲總綱、一爲資料，而相互爲用的體制。〔註7〕一以釐清史體，使更簡潔；一以收系資料，使更豐富；二者也都深有實用功能。可見章實齋在中年時期依舊秉持著青年時期認定的：志書須「有關政務、有俾風教」的一貫主張。

最後章實齋更以〈湖北通志凡例〉，落實了他的堅持。例如他在該書的〈沿革考〉中說：「建置沿革……考訂不厭精詳……至星土之說，存其大概。以天道遠而人事邇也」──他以「天道遠而人事邇也」這句話傳達了個人：重人間、重實際與重實用的傾向。在〈政略〉下直就傳主不是當地人，卻要收入方志的尷尬現象作說明。說：「今於人物概列爲傳，而名宦則稱政略，蓋人物包該全體，大行小善無所不收，而名宦則僅取其政事之有造於斯地耳」──

〔註6〕 其實人表不僅可以輕重小大兼收，兼可做人物通揀，於史書正有極大的邊際功能。例如〈亳州志人物表例議下〉有：「前代帝王后妃，今存故里，志家收於人物。於義未安，削而不載，又似缺典，是以方志遇此，聚訟紛然；而私智穿鑿之流，往往節錄本紀，巧立名目，輾轉位置，終無確當；今於傳刪人物，而於表列帝王，則去取皆宜，永爲成法，其善一也」一說，說的是帝王不當入傳，又不當以本紀體攔入，以免與國史爭光而生尷尬的處理。面對這個困難，實齋採行的方法是：不入人物傳，不刪本紀文，但以帝王表寄存即可。這便是人表可以繫存瑣屑史料的顯例。其後又有：「史傳人物本詳，志家反節其略，此本類書摘比，實非史氏通裁；然既舉事文歸於其義，則簡冊具有名姓，義必不能一概而收如類纂也。茲於古人見史冊者，傳苟無可登，列名人物之表，庶幾密而不猥，疏而不漏，其善二也。」一節，說的是如果古人曾經見諸史籍，但卻沒有足夠資料、充分的價值值得登錄的困境。實齋以爲這種情況依舊可以用人物表來系存。而後實齋又說：「鄉黨自好、家庭小善，義行但存標題，節操只開年例，史法不收，志家宜具，傳無可著之實，則文不猥煩；表有特著之名，則義無屈抑，其善三也。」這卻是第二類說法的補充了。只不過前面說的是古史提及的小人物，而這一條說的是當地的地方性人物。至於所謂「傳無可著之實，則文不猥煩；表有特著之名，則義無屈抑」這個對句，則更是畫龍點睛地說出了人表的基本功能──它能讓史體潔淨，而史料仍然保持完整，有簡淨史文的大作用。

〔註7〕 〈湖北掌故序例〉說：「自唐宋以後，正史之外，皆有典故會要以爲之輔，故典籍至後世而益詳也。方志諸家則猶和史氏文裁與官司案牘混而爲一。文士欲掇精華，嫌其蕪累；有司欲求故事，又恐不詳，陸機所謂：離之則雙美，合之則兩傷也。惟於志文之外，別爲掌故一書，則義例清而體要得矣。」便說明了掌故一體和史籍裡的書志是輕重互補、相輔相成的兩種體例。作用略如正史之與會要。一是總綱，而一似資料的事實。

以爲當傳主曾有遺澤留在當地的時候，不管他是不是出身當地，都可以採行變通的辦法，將之登錄入志〔註8〕——有大影響便可入傳，可因事功而衝破籍貫的限制，這當然是極爲務實的說法。而章實齋既以有以益當地而爲名宦立傳，他也以類似的理由爲族望立表。他說：「夫以司府領州縣，以州縣領氏族，以氏族率齊民，天下大計可以指掌言也……茲錄諸府縣之土著族姓爲族望表。凡族有進士二人及京官四品、外官三品、武職二品者，皆得列表。」（〈湖北通志族望表敍例〉）雖然以爲士夫貴盛而黎民輕賤的說法太過封建，但是衡諸事理，若以氏族書香傳家，較諸布衣之族，確實更能培育出力堪治國的政治家或軍事家——然則章實齋的這種看法也是無可厚非的。可見，不管如何說，章實齋的志書總是以資治爲主意而訂立的。

而正因爲章實齋述志，一以有益於治爲基準，所以他論斷古志便常與一般學者不同。例如他評《吳郡志》之疏說：「范氏成大撰《吳郡志》……縣記不以建置沿革爲主，而但記廨署亭台；其志沿革城池，則又有郡無縣，是屬縣沿革皆無所考。此蓋范氏之疏，不可法也」〈湖北通志府縣考敍例〉以爲他以風景爲主，而疏忽了政務，在焦點上有失誤。有人說這是因爲范氏針對吳郡多亭池的特色而寫。可是以章實齋來說究竟美中不足，因爲章實齋始終認爲志書的第一要義是要爲經世而著的。〔註9〕

總之，由青少到年老，由與友人論學到真正從事志書編纂，由《天門志》到《湖北通志》，章實齋都是一以實用爲寫作焦點的。我們或許可以說：章實齋製作志書，的確是以有益當世爲基準，與他的治教說相呼應，

以史學與經學說，除了章實齋常常掛在口上的「史學所以經世」的口號以外，章實齋在〈易教〉說「六經皆先王得位行道，經緯世宙之跡也……六經皆先王之政典」，已將經學史學化；而〈浙東學術〉如前所說，以「史學經世」一句作文眼，將史學實學化，並在政事上說官師不分，治教合一，便可見章實齋的史學主張與經學主張同以應世義爲主軸。

章實齋借《周官》推演自己的學說，建構自己的理論；他的治學目的是史學的、社會的，卻不見得是經學的。例如他強調孔子立教的目的在以學術經世，

〔註8〕 這種方法和皇言可以收入志首是一樣的，都是因爲傳主或史料於當地曾發生過大作用。只是皇言劃入本記，而名宦劃入世家、列傳而已。

〔註9〕 他評《武功志》，說康海「載所不當載，爲燕爲僭，以言識不足也」，也是怪他取材無關於資治的緣故

說孔子「取周公之典章，所以體天人之撰而存制化之跡」；並緊緊抓住一個經世義，在〈經解下〉說：「古之所謂經，乃三代盛時典章法度見於政教行事之時，而非聖人有意作爲文字以傳後世也」，強調六經本是先王政典，絕不背離人生；認爲「六經初不爲尊稱，意取經綸爲世法耳」，才是經書的基本精神。〔註 10〕強調經書實爲政典的本質。章實齋努力提點政府對人民的責任，於是《三禮》的範疇被拓寬，禮的意義被重新思考，孔子深層的心理世界、孔子的眞正理想也被重新揭露，讓《周官》雖然猶存經名，卻已脫出孔門教本的侷限，進入爲掌故、爲史料的領域，讓它除了教學意義，更加添了政治和史學意義。

　　爲了讓史事的記載法更臻於完善，章實齋總是盡量靈活其方，所謂：「記言記事之窮，別有變通之法」，便是一種不守成法的表現。而章實齋也特地將史學的觸鬚伸入經學的範疇裡面，以談史學的方式談《書經》。邵晉涵跋〈書教〉本文，說：「記傳史裁，參仿袁樞，是貌同心異；以之上接《尚書》家言，是貌異心同。是篇所推，於六藝爲支子，於史學爲大宗，於前史爲中流砥柱，於後學爲蠶叢開山。」——「於六藝爲支子，於史學爲大宗」說明雖以〈書教〉名篇，但論述焦點不在〈書經〉的經學意義，而在他的史學理趣。「記傳史裁，參仿袁樞，是貌同心異；以之上接《尚書》家言，是貌異心同」揭言了章實齋對創新史裁的興趣，所以參仿的對象，以及對參仿對象的去取原則；「於前史爲中流砥柱，於後學爲蠶叢開山」，判定了本文在史學史上的價值，這段話很精確的標示出了該文的宗旨與價值。

　　其實，章實齋論《書經》，與時賢果然大異其趣。當時學界承著嚴若璩對《僞古文尚書》的釐清，得以全力對《今文尚書》作全面的梳理，在方向上雖然十分正確；可是在方法上，總是脫不了考據的窠臼，仍是從語言、文字、音韻、詞彙、語法等訓詁方面著手，〔註11〕這和章實齋之以史學界定《書經》的本質，認爲《書經》和《春秋》同科，以爲《書經》和後世的奏義類文字性質有相通之處的想法，確實大不相同。而那正是因爲章實齋以史學爲用的緣故。

　　以文學說，章實齋在〈與史餘村簡〉說：「文章經世之業」，在〈答沈楓

〔註 10〕強調經的的政治實用價值，這不僅是「官師合一」說的衍伸，也和〈與孫淵如觀察論學十規〉篇之說：「春秋以前，凡有文字，莫非官司典守，即大小術藝，亦莫非世氏師傳，未有空言著述，不隸官籍，如後世之家自爲書者也」，認定群經只是百官用以治事、教民，且以此見特色的掌故專書，意趣是類似的。

〔註 11〕說見劉啓釪《尚書學史》八章四節：清學主力對《今文尚書》的研究整理與清代一般《尚書》著作。大陸中華書局 78 年版頁 370～371。

墀論學〉說：「文貴發明，亦期用世」，在〈答周篯谷論課蒙書〉中說：「古學俗學之分不在文字，在乎有為而言與無為而言」，在〈評沈梅村古文〉說：「不患文字之不公，而患文字之徒工而無益於世教」，都很明確地標示出了文學創作的根本目的正在應世之用。〔註12〕

以道論說，章實齋在〈原道〉說：「道不離器，猶影不離形」，強調「道由器顯」的整體概念；以為道不能脫離現實人事而獨立；宣稱現實世界才是他個人學術的重心。他以為如果一意為學卻遺漏了對人事的關懷，則一切努力都不復具有意義——章實齋在〈說林〉篇所說的：「學問所以經世而文章期於明道」，正明確地標出了個人的學術傾向。此外，章實齋在〈姑熟夏課甲編小引〉中說「議文史」者不可「自拒文史於道外」，也有求於學者論道必不可偏離人生；有經濟自期的積極用意。

然則，我們可以說章實齋的學術是一意朝著經世在推動，而章實齋的學術地位自當由此經世的理念中去定位才對。

章實齋對考據學提出的抨擊確實中肯而有力，但他的想法相當傳統，相當保守，純是出乎學術的良心，與對社會的一份關懷，卻不必是源自什麼政治熱情，或民族意識。他有經世精神，這種傾向雖似隱隱與清初的學風相接，實際上卻與之相隔，並沒有什麼密切的牽連。這是本論文最後要提出的重點。

因為清初學術的動力，有極大部分是來自面對家國淪亡的不忍——當時學界多用地坼天崩的辭彙來描述一己的激動；面對無可挽回的絕局，學者多用合理化的方式安慰自己。他們開始提出自然權利說、公欲論，作阿Ｑ式的解說，希望藉由人民的權利，來均衡國君的控制，尤其是滿族人的控制。可是章實齋只是做個順民，他總是稱滿族皇帝為天子，視清朝為天朝，不曾有一私一毫的夷夏觀念在心中——這由他的方志一定要編著皇言一紀作全書的開端清楚地看出來。

〔註12〕 文章經世這種觀念和明末清初所流行的實學觀念相彷彿。例如：一、顧炎武《日知錄》卷二十一〈文須有益於天下〉一條說：「文之不可絕於天地之間者，曰明道也、紀政事也、察民隱也、樂道人之善也，若此有益於天下，有益於將來，多一篇多一篇之益矣」，強調文章須有益於世道與人心。二、魏禧〈上郭天門老師書〉說：「文之至者，當如稻粱，可以食天下之飢；布帛，可以衣天下之寒。下為來學所稟承，上為興王所取法」，認為作品必需能夠經世而濟民。三、顏元《存學篇》中說：「人之歲月精神有限，誦說中度一日，便習行中錯一日；紙墨上多一分，便身世上少一分」，則由反面攻擊一切舞文弄墨之無謂。然則對文章必以經世的要求嚴格到什麼程度，可以再逆向推知。

再從整本《文史通義》看，其中也不免帶有一些封建思想的渣滓，如：強調經書是政典，如果不曾居聖君之位，其他人絕對不可以仿作；以為揚雄、王通之屬擬經而述作為狂妄；便是以君為尊，崇奉中央太過的觀念。如編方志時主張《一統志》、《州志》跟《地方志》當有層級之區隔，除了校讎學系統分類的觀念導出以外，也難保沒有幾分以地方拱衛中央的尊君觀念在影響。又如《校讎通義》一再以《七略》對應朝廷的四部編書法，相當可能是對朝廷輸誠不得而產生的一種變形作為。難怪他雖然一再宣稱《七略》之優點，最後卻又不得不示弱，說朝廷之用四部，是一種因應時代局勢的正確作法——以君為尊，崇奉中央這種觀念的確時時洋溢在他的《文史通義》之中。

他所以提出經世觀念，跟清朝初年的學者完全不一樣。他提出經世的理論是因為他對考據學的深度厭倦，是一種直覺的學術反應，並沒有什麼家國之痛，他和清初學術的契合，是一歪打正著式的契合。

章實齋對政治，與清初學術傳統沒有深契，對文學也是一樣。

清初學界對宋明理學的性理或心性學說相當的反感，系列學者的人性論都傾向於自由與自然。因為理學家的刻苦壓抑，讓明朝後期的學者文人轉向截然不同的天地。他們崇尚天然，講求自由，他們在哲學上提出了天真說，在文學上開出了公安派，而延續著這種想法，在清朝便有性靈派。

這種崇尚自由的人性論，和因之引生的文學論，其實都可以跟章實齋認定的考據學禁錮人心的呼籲相呼應，但章實齋卻不曾對這種理論施以青睞，他反而對他們大加抨擊。他不明白性靈學派認為人性才是文學創作主要根據。這和他的清真說相近；他抨擊袁枚為名教罪人，還慢慢地向理學靠龍——試看他的方志中，所記錄所欣賞的人物，都屬傳統觀念才會給予高評價的人物，便可以知道章實齋思想的傳統性。雖然有些研究小說的專家對章實齋提出描寫人物形貌聲口必須肖似人物身分，以為最符合近代小說創作觀念，卻不知道這只是章實齋極不起眼的枝節說法，並不能當作章實齋的代表意見。章實齋實在是與時代思潮相外的。

章實齋往往不自覺地向朝廷、向利祿靠龍。他在目錄學上所以提出以《七略》為基本分部法，有相當大的成份是因為四庫開館，卻未蒙召用，有意跟當位者互別苗頭的緣故。所以當朝廷堅持說四部時，章實齋也只好節節敗退似地，由堅持六部分法，到改用四部了。他終是以朝廷的意思為意思的，他在政治上的自覺性沒有前輩學者那麼強。

　　再看他的方志學說。章實齋主張志書層級一定要劃分清楚，由《一統志》
到州郡志到縣志，層層分等，反映了章實齋對傳統、對官方體制的擁護，他
說一切志書都當作國史補編，更見得章實齋以中央爲思考圓心的傾向。

　　又以流貫在章實齋許多學說中，並爲其思想根基的官師合一說來講，不
也仍是一種向慕大一統、獨以朝廷爲尊的意念之影射？《周官》是我國學者
對亂世不滿，因此借現世制度，添上許多理想，假構出來的烏托邦，在這種
社會體系裡，一切都井井有條，一切都按部就班，章實齋對這種條理相當傾
倒，所以他一再強調這種制度的完美，甚至認可秦人的禁絕民間教育，轉入
一種極權專制，未嘗不是一種大一統的觀念在作祟。

　　當然章實齋不再有那麼強烈的夷夏觀念，是由於他所處的時代已經是清
朝的太平盛世，清朝統治漢人已久，一切反清復明的想法已經淡出於歷史舞
台的緣故，而偏偏民國立國，就是直接引取清初諸大家的民主主意的意見爲
號的，所以章實齋對民國之成立，影響便少了許多。除了引發近代政治學術
改革的梁啓超以下的史家，確曾受到章氏的啓迪，而章實齋眞正發揮其影響
力的地仍在史學界。這是本文不得不提出的惋惜。

參考書目

一、論　著

1. 《章學誠遺書》（吳興嘉業堂刊），章學誠，北京文物，1985 年。
2. 《新本文史通義》，章學誠，台北華世，1980 年。
3. 《文史通義校注》，章學誠，北京中華，1994 年。
4. 《文史通義校注校讎通義》，章學誠（葉瑛校注），台北里仁，1984 年。
5. 《文史通義彙印本》，章學誠，台北鼎文，1977 年。
6. 《文史通義》，喬衍琯，台北時報文化，1995 年。
7. 《章學誠評傳》，倉修良、葉建華，江蘇南京大學，1996 年。
8. 《章學誠和文史通義》，倉修良，北京中華，1984 年。
9. 《章實齋以史統文的文論研究》，王義良，高雄復文，1995 年。
10. 《論戴震與章學誠》，余英時，台北東大，1996 年。
11. 《清章實齋先生年譜》，胡適著、姚名達訂，台灣商務，1970 年。
12. 《章實齋先生年譜彙編》，存萃社，香港崇文，1975 年。
13. 《章實齋的史學》，吳天任，台灣商務，1979 年。
14. 《章實齋的史學理論與方法》，張鳳蘭，台北里仁，1997 年。
15. 《日知錄》，顧炎武，台北明倫，1960 年。
16. 《思復堂文集》，邵廷彩，台北新文豐，1989 年。
17. 《戴震文集及孟子字義疏証》，戴震，台北河洛，1975 年。
18. 《二十二史札記》，趙翼，台北洪氏，1974 年。
19. 《史通》，劉知幾，台北華世，1975 年。
20. 《方望溪集》，方苞，北京中國書社，1991 年。

21. 《述學》，汪中，台北廣文，1960 年。

22. 《清人文集地理類彙編》，譚祺驤編，浙江人民，1986 年。

23. 《方志學》，李泰棻，台灣商務，1987 年。

24. 《中國方志學通論》，傅振倫，台灣商務，1966 年。

25. 《方志今議》，黎錦熙，台灣商務，1990 年。

26. 《方志新論》，毛一波，台北正中，1954 年。

27. 《中國地方志》，來新夏，台灣商務，1995 年。

28. 《方志學與地方史研究》，林天蔚，台灣國立編譯館，1995 年。

29. 《方志學研究論叢》，宋晞，台灣商務，1980 年。

30. 《中國方志的地理學價值》，陳正祥，香港中文大學，1965 年。

31. 《方志學管窺》，杜學知，台灣商務，1973 年。

32. 《中國歷史研究法》，梁啟超，台灣商務，1925 年。

33. 《史學方法》，王爾敏，台北東華，1977 年。

34. 《史學方法論》，Robert Jones shafer（趙干城、鮑世奮譯），台北五南，1980 年。

35. 《史學方法論》，杜維運，台北三民，1982 年。

36. 《史學方法論文選集》，杜維運編，台北華世，1980 年。

37. 《史學方法論叢》，黃俊傑，台北學生，1981 年。

38. 《史學通論》，甲凱，台北學生，1985 年。

39. 《史學與史學方法》，許冠三，台北自由，1958 年。

40. 《史學與傳統》，余英時，台北時報，1982 年。

41. 《史學導論》，J. Tosh（趙干城、鮑世奮譯），台北五南，1991 年。

42. 《歷史知識的理論》，droysen, Johann Gustav（胡昌智譯），台北聯經，1986 年。

43. 《歷史知識與社會變遷》，胡昌智，台北聯經，1988 年。

44. 《歷史的反思》，burckhardt, Joco（施忠連譯），台北桂冠，1992 年。

45. 《歷史的理念》，R. G. Collingwood（陳明福譯），台北桂冠，1984 年。

46. 《歷史研究法》，呂思勉，台北五南，1995 年。

47. 《歷史哲學》，牟宗三，台北樂天，1973 年。

48. 《歷史與思考》，吳光明，台北聯經，1991 年。

49. 《歷史與思想》，吳光明，台北聯經，1976 年。

50. 《歷史編纂法》，林君成、簡俊聰，台北五南，1993 年。

51. 《歷史學的本質》，林君成、簡俊聰，台北五南，1989 年。

52. 《歷史學研究》，許倬雲，台灣商務，1966 年。

53. 《劉知幾的實錄史學》，許冠三，香港友聯，1983 年。

54. 《史學與中國文化傳統》，陳其泰，北京書目文獻，1992 年。

55. 《大史學答問》，許冠三，台北桂冠，1996 年。

56. 《史學三書新銓》，林時民，台北學生，1997 年。

57. 《中國古代史學史綱》，鄒賢俊，華中師大，1989 年。

58. 《中國近代史學思潮與流派》，胡逢祥，華東師大，1991 年。

59. 《中國史學名著評介》，倉修良，台北里仁，1994 年。

60. 《中國史學家評傳》，陳清泉，中州古籍，1983 年。

61. 《新史學九十年》，許冠三，香港中文大學，1989 年。

62. 《宋代修史制度研究》，蔡崇榜，台北文津，1991 年。

63. 《史學三書評議》，張舜徽，台北弘文館，1986 年。

64. 《史傳通說》，汪榮祖，台北聯經，1988 年。

65. 《史學概論》，賈東海，中央民族學院，1992 年。

66. 《目錄學文獻學論文選》，彭斐章，書目文獻，1991 年。

67. 《中國目錄學史》，姚名達，台北商務，1957 年。

68. 《目錄學研究》，汪辟疆，台北文史哲，1973 年。

69. 《目錄朵發微》，余嘉錫，台北華聯，1969 年。

70. 《校讎目錄學纂要》，蔣伯潛，台北正中，1969 年。

71. 《校讎新義》，杜定友，台灣中華，1969 年。

72. 《校讎學系編》，楊家駱，台北鼎文，1977 年。

73. 《校讎學史》，蔣元卿，台灣商務，1967 年。

74. 《校讎學》，胡樸安，台灣商務，1968 年。

75. 《校讎廣義》，程千帆，齊魯書社，1991 年。

76. 《四庫全書答問》，任松如，天津古籍，1991 年。

77. 《宋明思想與中華文明》，祝瑞開，北平學林，1995 年。

78. 《宋明理學概述》，錢穆，台北學生，1987 年。

79. 《從理學到樸學》，benjamin a elman（趙剛譯），江蘇人民，1995 年。

80. 《宋明理學》，蔡仁厚，台北學生，1970 年。

81. 《宋明理學研究》，張立文，中國人民大學，1985 年。

82. 《宋明理學史》，侯外盧，中國史學社，1984 年。

83. 《中國思想傳統的現代詮釋》，余英時，台北聯經，1987 年。

84. 《清代學術史研究》，胡楚生，台北學生，1988 年。

85. 《走出理學》，姜廣輝，遼寧教育，1997 年。

86. 《逝去的啓蒙》，朱義祿，湖南人民，1995 年。

87. 《明清啓蒙學術流變》，蕭萐父、許蘇民，遼寧教育，1995 年。

88. 《清代文化》，南炳文，天津古籍，1991 年。

89. 《乾嘉學術研究論著目錄》，林慶彰，中央研院中國文哲研究所，1995 年。

90. 《清儒學案新編》，楊向逵、徐世昌，齊魯書社，1985 年。

91. 《中國思想通史》，侯外盧，中國人民，1987 年。

92. 《中日實學史研究》，葛榮晉，中國社會科學，1992 年。

93. 《中國經學史論集》，林慶彰，台北文史哲，1993 年。

94. 《清代學術概論》，梁啓超，台北水牛，1981 年。

95. 《中國近三百年學術史》，梁啓超，台灣中華，1956 年。

96. 《中國近三百年學術史》，錢穆，台灣商務，1983 年。

97. 《浙東學派研究》，王鳳賢，浙江人民，1993 年。

98. 《浙東學術史》，管敏義，華東師大，1993 年。

99. 《乾嘉文論》，何石松，作者自印，1992 年。

100. 《中國文學批評史》，劉大杰，台北文匯堂，1985 年。

101. 《中國文學批評史》，郭紹虞，台北莘文堂，1975 年。

102. 《中國文學理論史》，黃保真、成復旺、蔡鍾翔，台北洪葉，1994 年。

103. 《文學批評的視野》，龔鵬程，台北大安，1980 年。

104. 《文學理論》，Rene & Wellek（梁伯傑譯），台北水牛，1987 年。

105. 《戴震評傳》，李聞，南京大學，1992 年。

106. 《趙翼傳》，杜維運，台北時報，1985 年。

二、論　文

（一）期刊論文

1. 〈論章學誠的道與經世思想〉，鄭吉雄，《台大中文學報》第五期，1992 年 6 月。

2. 〈明清實學研究的現況及展望座談〉，姜廣輝等，《中國文哲研究通訊》二 卷四期。

3. 〈學術經世：章學誠之文史論與經世思想〉，周啓榮、劉廣京，《近世中國 經世思想研討會論文集》，1984 年 4 月。

4. 〈章學誠道的歷史哲學初探〉，曾慶豹，《哲學與文化》第一八七期，1989年。

5. 〈章學誠論道〉，楊志遠，《中國文化月刊》第二一九期，1998 年 6 月。

6. 〈以史證經——學誠「六經皆史」意義新詮〉，王保頂，《孔孟月刊》三十五卷九期，1997 年 5 月。

7. 〈論六經皆史〉，陳振風，《臺南家專學報》第十二期，1993 年 6 月。

8. 〈章實齋的禮學〉，賴哲信，《輔大中研所學刊》第五期，1995 年 9 月。

9. 〈論章學誠的「六經皆史」〉，何兆龍，《中國文化月刊》第一九八期，1996年 4 月。

10. 〈試論劉知幾與章學誠對「春秋」理解的異同〉，李紀祥，《簡牘學報》第十五期，1993 年 12 月。

11. 〈讀章學誠濼志後有感〉，朱重聖，《史學彙刊》第九期，1978 年 10 月。

12. 〈章氏方志學管窺〉，婁良樂，《學粹》十四卷三期，1972 年 4 月。

13. 〈章實齋的史學思想〉，王克明，《致理學報》第五、六期，1985 年 11 月。

14. 〈闡明章實齋之史學倒退以及通史觀念的真意〉，簡俊華，《史學會刊》第十四期，1975 年 6 月。

15. 〈章實齋的史學思想章實齋史學溯源〉，蘇慶彬，《新工學報》八卷二期，1968 年 8 月。

16. 〈史家四長的分析〉，許冠三，《大學生活》五卷二十二期，1950 年 4 月。

17. 〈章學誠史學的缺失〉，林時民，《中國書目季刊》二十八卷三期，1994年 12 月。

18. 〈同時代人論述章學誠及相關問題之編年研究〉，黃兆強，《東吳文史學報》第九期，1991 年 3 月。

19. 〈試論劉知幾與章學誠對「春秋」理解的異同〉，李紀祥，《簡牘學報》第十五期，1993 年 12 月。

20. 〈試由章學誠的「博約論」管窺其學術觀〉，鄭文倩，《中國文學研究》第五期，1991 年 5 月。

21. 〈章實齋的史意〉，劉正忠，《國立編譯館館刊》二二四卷二期，1995 年12 月。

22. 〈商明與沈潛——論章實齋的史學思想〉，陳振風，《臺南家專學報》第十三、十四期，1995 年 6 月。

23. 〈章實齋的史學思想〉，簡俊華，《史學會刊》第十二期，1974 年 7 月。

24. 〈章學誠的史學〉，內藤虎次郎，《文藝復興》第二期，1960 年 2 月。

25. 〈章學誠的歷史哲學思想〉，羅光，《哲學與文化》九卷二期，1982 年 2月。

26. 〈戴密微撰章學誠及其史學之提要〉，陳祚龍，《中華文化復興月刊》四卷十期，1971 年 10 月。

27. 〈史學經世——試論章學誠文史通義獨缺春秋教的問題〉，周啓榮，《師大歷史學報》第十八期，1980 年 6 月。

28. 〈劉知幾鄭樵章學誠的史學理論及其比較〉，林時民，《中興大學臺中夜間部學報》第二期，1996 年 11 月。

29. 〈章實齋的史意〉，劉正忠，《國立編譯館館刊》二二四卷二期，1994 年 12 月。

30. 〈章實齋與「歷史主義」〉，蘇世杰，《史學》第十九期，1993 年 6 月。

31. 〈章學誠史學的缺失〉，林時民，《中國書目季刊》二十八卷三期，1994 年 12 月。

32. 〈劉知幾與章學誠〉，甲凱，《東方雜誌》八卷三期，1974 年 9 月。

33. 〈章實齋的文德論〉，王義良，《中華文化復興月刊》十六卷五期，1983 年 5 月。

34. 〈章實齋「文理」論探微〉，王義良，《中國國學》第二十一期，1993 年 11 月。

35. 〈章實齋之詩話論〉，王玫珍，《嘉義農專學報》第三十六期，1994 年 2 月。

36. 〈文史之儒——章實齋〉，龔鵬程，《淡江大學中文學報》第一期，1992 年 3 月。

37. 〈章實齋論古文義法〉，賴麗娟，《古今藝文》十八卷四期，1992 年 8 月。

38. 〈文章瑕病——從「文心雕龍·指瑕」到「文史通義·古文十弊」篇〉，方元珍，《國家圖書館館刊》八十五卷一期，1996 年 6 月。

39. 〈章實齋的「文理」論〉，朴英姬，《中國文化月刊》第二一○期，1997 年 9 月。

40. 〈章實齋之校讎學〉，賴哲信，《實踐學報》第二十一期，1980 年 6 月。

41. 〈章學誠文史校讎學對後世的影響——以張爾田、孫謙爲例〉，邱炫煜，《僑大先修班學報》第六期，1998 年 7 月。

42. 〈同時代人論述章學誠及相關問題的編年〉，黃兆強，《東吳文史學報》第九期，1991 年 3 月。

43. 〈六十五年來之章學誠研究〉，黃兆強，《東吳文史學報》第六期，1988 年 1 月。

44. 〈章學誠文史校讎考論〉，余英時，《中國文化》第十期，1994 年 8 月。

45. 〈章學誠與文史通義〉，甲凱，《中央月刊》五卷十一期，1973 年 9 月。

46. 〈評介倪文孫章學誠的生平與思想〉，黃克武，《史學評論》第九期，1985

年 1 月。

47. 〈章學誠的經世思想〉，楊志遠，《吳鳳學報》第五期，1997 年 6 月。

48. 〈戴震義理思想的基礎及其推展〉，張壽安，《漢學研究》十卷一期，1992 年 6 月。

49. 〈中國方志中的文學資料及其運用〉，劉兆佑，《漢學研究》第六期，1975 年 12 月。

50. 〈論地方志在史料學上的地位〉，宋晞，《漢學研究》第六期，1975 年 12 月。

51. 〈從社會文化史觀點論方志的發生發展〉，翁同文，《漢學研究》第六期，1975 年 12 月。

52. 〈修志的理論與實際〉，謝浩，《台灣文獻》三十卷四期，1983 年 12 月。

53. 〈論方志在史籍中的地位及功用〉，何光謨，《察哈爾省文獻》第十五期，1984 年 7 月。

54. 〈論清代方志學〉，王明妮，《幼獅學誌》二十卷二期，1988 年 10 月。

55. 〈方志學與歷史學〉，宋晞，《國史館館刊》第五期，1988 年 12 月。

56. 〈論方志的史地兩源及其發展〉，林天蔚，《政大歷史學報》第七期，1980 年 1 月。

57. 〈論方志與中國歷史地理的研究〉，李晃世，《成大史語所論文集》第一期，1988 年 3 月。

58. 〈中國史學體例的流變〉，簡俊聰，《北師院學報》第二十三期，1992 年 6 月。

59. 〈劉知幾的史學〉，甲凱，《輔仁學誌》第十三期，1984 年 6 月。

60. 〈邵廷采的史學〉，吳志鏗，《師大歷史學報》第十七期，1989 年 6 月。

61. 〈近十年來國內史學方法論的研究及其新動向〉，黃俊傑，《漢學研究通訊》第六、七期，1983 年 7 月。

62. 〈中華民國歷史學博士論文內容及方法之評析〉，李東華，《史學評論》第八期，1984 年 3 月。

63. 〈中國上古史春秋部分史官制度章讀記〉，陳槃，《中國國學》第十一期，1983 年 9 月。

64. 〈香港的明清史學者及其研究動向〉，李金強，《近代中國史研究通訊》第十五期，1993 年 3 月。

65. 〈道嘉史學——從考據到經世〉，陸寶千，《近史所集刊》第四期，1974 年 12 月。

66. 〈中國傳統知識分子對歷史知識的態度〉，古偉瀛，《史學評論》第十一期，1986 年 1 月。

67. 〈史學方法新論〉，周虎林，《幼獅學誌》十四卷二期，1977 年 5 月。

68. 〈史通析微〉，龔鵬程，《幼獅學誌》二十卷四期，1989 年 10 月。

69. 〈編年史研究〉，蔡學海，《書目季刊》十三卷四期，1986 年 3 月。

70. 〈漫談史學的傳記寫法〉，李國祁，《國史館館刊》第七期，1989 年 12 月。

71. 〈漫談國史纂修與研究的幾個層面〉，李雲漢，《國史館館刊》第七期，1989 年 12 月。

72. 〈對纂修國史的一些看法〉，張玉法，《國史館館刊》第七期，1989 年 12 月。

73. 〈鄭樵的「通志略」及其史學〉，林時民，《興大歷史學報》第五期，1995 年 6 月。

74. 〈詮釋的歷史與歷史的詮釋〉，宋家復，《九州學刊》七卷一期，1996 年 1 月。

75. 〈清代文家論文舉例〉，甲凱，《簡牘學報》第十二期，1986 年 9 月。

76. 〈中國傳統史學的經世精神〉，杜維運，《歷史月刊》第三期，1988 年 4 月。

77. 〈史學經世思想及其歧點〉，梁庚堯，《史繹》第六期，1965 年 7 月。

78. 〈明清實學與中國傳統價值觀念的轉變〉，葛榮晉，《哲學雜誌》第十二期，1995 年 4 月。

79. 〈實學觀念的歷史考察和現代詮釋〉，林樂昌，《哲學與文化》二十卷二期，1993 年 2 月。

80. 〈「實學」概念的檢討〉，林慶彰，《中國文哲研究通訊》二卷四期，1992 年 12 月。

81. 〈明清實學研究現況與未來展望〉，詹海雲，《中國文哲研究通訊》二卷四期，1992 年 12 月。

82. 〈乾嘉實學研究展望〉，張壽安，《中國文哲研究通訊》二卷四期，1992 年 12 月。

83. 〈明末清初的實學〉，何佑森，《臺大中文學報》第四期，1991 年 6 月。

84. 〈由顏李之學初探清初學術思想風格之丕變暨其歷史因〉，劉振維，《哲學雜誌》第二十三期，1998 年 2 月。

85. 〈「心即理」說的動搖與明末清初學風之轉變〉，王汎森，《中研院史語所集刊》六十五卷二期，1994 年 6 月。

86. 〈明末清初經世思想興起因素平議〉，韓學宏，《中華學苑》第四十四期，1994 年 4 月。

87. 〈清季民初經學的邊緣化與史學的走向中心〉，羅志田，《漢學研究》十五卷二期，1997 年 12 月。

88. 〈清代考據學爲什麼興起〉，張麗珠，《故宮學術季刊》十五卷一期，1997年秋。

89. 〈格物觀的轉變與清代考據方法〉，高源，《二十一世紀》第十八期，1993年8月。

90. 〈乾嘉考據學興起的一些線索〉，黃啓華，《故宮學術季刊》八卷三期，1991年春。

91. 〈從「性理精義」的編纂看清初學風的轉變〉，蔡忠道，《中國國學》第二十五期，1997年10月。

92. 〈從浙東史學談清初義理學之發展〉，張麗珠，《故宮學術季刊》十二卷四期，1995年夏。

93. 〈試論「浙學」的基本精神〉，吳光，《中國文哲研究通訊》三卷四期，1993年12月。

94. 〈論浙東學派的豪傑精神〉，李志林，《中國文化月刊》第一五四期，1992年8月。

95. 〈近十五年來兩岸「明清實學思潮」研究評介〉，李宜茜，《歷史學報》（師大）第二十六期，1998年6月。

96. 〈試論王船山先生之經世思想〉，陳允成，《臺中商專學報》第三十期，1998年6月。

97. 〈萬斯同的經世之學〉，鄭吉雄，《臺大中文學報》第八期，1996年4月。

98. 〈顧炎武的經世思想〉，陳振風，《臺南家專學報》第十五期，1996年6月。

99. 〈趙翼經世致用的史學思想研究〉，陳鵬鳴，《中國文化月刊》第一九六期，1996年2月。

100. 〈清代經世思潮〉，何佑森，《漢學研究》第二十五期，1995年6月。

101. 〈經世家顧炎武的史學精〉，程一凡，《中研院近史所集刊》第二十四期，1995年6月。

102. 〈蹣跚與曲折——從經世思潮到漢學考據〉，陳祖武，《歷史月刊》第八十一期，1994年10月。

103. 〈明末清初經世思想興起因素平議〉，韓學宏，《中華學苑》第四十四期，1994年4月。

（二）學位論文

1. 〈章實齋學記〉，董金裕，政大中研所，1973年。

2. 〈清章學誠六經皆史說研究〉，林釗誠，高師中研所，1985年。

3. 〈論章學誠的方志理論與方志學〉，宋天瀚，文大中研所1996年。

4. 〈章實齋之方志學說〉，洪金進，高師國研所，1979 年。

5. 〈章學誠史學思想之研究〉，楊志遠，東海史研所，1991 年。

6. 〈章學誠撰寫傳記之研究〉，許晉溢，文大中研所，1997 年。

7. 〈章實齋文學理論研究〉，羅思美，師大中研所，1976 年。

8. 〈章實齋及其文論研究〉，王義良，政大中研所，1992 年。

9. 〈章實齋對乾嘉學說的批評與修正研究〉，林勝彩，中山中研所，1994 年。

10. 〈章實齋的知識理論〉，張光前，輔大中研所，1992 年。

11. 〈章實齋歷史、文化哲學研究〉，朱敬武，輔大哲研所，1995 年。

12. 〈章實齋的歷史構想與比較研究〉，宋家復，台大中研所，1992 年。

13. 〈西方漢學家研究《文史通義》的商兌〉，白安理，台大中研所，1983 年。

14. 〈明末清初經世文論研究〉，林保淳，台大中研所，1990 年。

15. 〈經史與經世——清代浙東學者的學術思想〉，鄭吉雄，台大中研所，1990 年。

16. 〈邵念魯在清代學術史上的地位〉，吳季霏，東海中研所，1986 年。

17. 〈戴震倫理思想研究〉，趙世瑋，中山中研所，1995 年。

18. 〈清代反樸學研究〉，江俊逸，文化中研所，1996 年。

19. 〈顧炎武經史論——明末清初學術之變遷〉，李慶龍，台大中研所，1990 年。

20. 〈全祖望之史學經世研究〉，謝凱蒂，政大中研所，1993 年。